ROMEON
VERLAG

Nowhere to go
1. Auflage, erschienen 2-2021

Umschlaggestaltung: Romeon Verlag
Text: Michael Krausert
Layout: Romeon Verlag

ISBN: 978-3-96229-313-0

www.romeon-verlag.de

Bibliografische Information der Deutschen Nationalbibliothek:
Die Deutsche Nationalbibliothek verzeichnet diese Publikation in der Deutschen Nationalbibliografie; detaillierte bibliografische Daten sind im Internet über *http://dnb.dnb.de* abrufbar.

Michael Krausert

Nowhere to Go

Inhalt

Kapitel 0 [Prolog]

Bis jetzt war es ein Tag wie jeder andere, hier in dieser kalten Einöde, besser bekannt als Südpol. Ein amerikanischer Forscher war mit seinem Schneemobil auf dem Weg, die Proben eines Virenstammes abzuholen. Sie wurden einige Kilometer vom Basislager entfernt im Schnee vergraben. Das Control Disease Center, oder auch CDC, wollte herausfinden, was Kälte für Auswirkungen auf dieses Virus hat. Doch die Entdeckung, die er in Folge dieses Ausfluges machte, waren interessanter sowie gefährlicher, als es das Virus jemals hätte werden können.

Vor ihm tat sich ein riesiger Krater auf. Als Tage zuvor einer seiner Kollegen nach dem Virus geschaut hatte, war dieser noch nicht da gewesen. Um herauszufinden was passiert war, trat er näher heran. Er vermutete das es einen Erdrutsch gab. Denn dass das Eis seit dem letzten Besuch, dermaßen verschwinden würde war nahezu unmöglich. Denn sollte das Eis am Südpol schmelzen, würde eine Stelle im Landesinneren noch lange davon verschont bleiben und erstmal die Gebiete, die nah am Wasser liegen würden, verschwinden. Nur wenige Meter vom Abgrund entfernt sah er es vor sich.

Doch was er dort genau sah, konnte er sich nicht erklären. Eine undefinierbare, pechschwarze Masse schien sich langsam, aber sicher genau in seine Richtung zu bewegen. Mit bloßem Auge war es nur schwer zu erkennen, erst das Geräusch von sich berstendem Eis brachte ihm Sicherheit. In dieser Substanz war nicht das geringste bisschen einer Lichtreflexion zu erkennen. Nachdem er den Schock der Entdeckung überwunden hatte, griff er sofort nach seinem Funkgerät. Er wollte unverzüglich seinen Kollegen in der Basis über seinen Fund berichten. Es gab ein leichtes Knacken beim Anschalten, dann sprach er hinein:

„Ich habe hier etwas sehr Ungewöhnliches gefunden, ihr werdet es mir zwar nicht sofort glauben, aber ich versichere euch, dass es real ist.“ Die kalte Luft brannte bei jedem Wort in seiner Kehle.

Von der anderen Seite auch erst ein leichtes Knacken danach die Worte:

„Was denn genau, versuch es doch wenigstens, vielleicht glauben wir dir ja doch, immerhin begegnet man hier oft etwas Ungewöhnlichem?“ Jeder von ihnen wurde immer wieder aufs Neue überrascht. Für sie war es vor ihrer Abreise nichts weiter als ein weißer Kontinent, auf dem es nichts als Schnee und Eis zu finden gab. Schon am ersten Tag wurden sie deshalb vom Gegenteil überzeugt.

„Ich steh hier direkt vor einem riesigen Krater, darunter ist so eine komische pechschwarze Masse oder Substanz, keine Ahnung, was es genau ist, aber es scheint sich auf jeden Fall langsam …“

Stille, bis die andere Seite fragte:

„Alles in Ordnung, kannst du mich hören?“ Zuerst dachten sie daran, dass er ihnen einen Streich spielte, da sie ihm seine Entdeckung wirklich nicht glauben wollten. Doch nachdem einige Minuten vergangen waren, in denen sie immer noch keine Antwort hatten, begannen sie langsam sich Sorgen zu machen. In dieser Situation hätte es wenig gebracht einen Suchtrupp loszuschicken. Wenn jemand an diesem Ort verloren geht hilft es nur noch einen Satelliten anzufordern. Sie machten sich Gedanken, ob er vielleicht den Krater runtergefallen war. Als die Bilder des Satelliten ankamen, dachten sie allerdings, es sei ein Fehler bei der Übertragung oder so Ähnliches aufgetreten. Sie wollten noch weitere Bilder aus derselben Gegend, doch auch auf diesen Aufnahmen hatten sie im wahrsten Sinne des Wortes fast nur schwarz gesehen. Sie erinnerten sich dann jedoch an das, was sie alle zuerst für einen Scherz gehalten hatten, weshalb folgende Frage in den Raum geworfen wurde.

„Was wäre, wenn das gar kein Fehler, sondern irgendeine Art

Lebewesen oder Sturm ist?", kam es aus der einen Ecke des Forschungszeltes.

„Also ich will hier nicht bleiben und es herausfinden, wenn es sich wirklich auf uns zubewegt, wie er uns vermutlich sagen wollte, als der Kontakt abgebrochen ist. Wenn das wirklich so ist, verschwinden wir früher oder später noch genauso wie er da draußen. Wir wissen ja nicht, wie schnell was auch immer das ist sich fortbewegt", schallte es aus einer Ecke des Forschungszeltes.

„Wollt ihr ihn etwa einfach so zurücklassen", fragte ein Kollege, der öfter mit dem verschwundenen Mann zusammengearbeitet hatte.

„Wir wissen nicht, was das ist und ich habe ehrlich keine Lust darauf es herauszufinden. Zumindest nicht aus dieser Nähe. Und jeder, der auch dafür ist, sollte jetzt die Hand heben." Am Ende hob jeder die Hand und es war beschlossene Sache.

Der Militärhubschrauber, der sie abholen sollte, müsste in 12 Stunden zur Stelle sein, um sie und die gesamte Ausrüstung zurückzubringen. Eigentlich genug Zeit, um alles abreisebereit zu machen und sogar noch mal etwas Herzhaftes zu essen. Was hier viel eher hieß sich dieselben Fertiggerichte wie jeden Tag reinzuziehen. Wenn es etwas gab, auf das sie sich deshalb nach ihrer Rückkehr freuten, dann war es das gute Essen in der Heimat. Auch wenn sie bei jeder weiteren Mahlzeit an ihren verschollenen Kollegen denken würden, den sie einfach so zurückgelassen hatten.

Erst eine Stunde vor der voraussichtlichen Ankunft fingen sie an das Zelt abzubauen, da sie sonst noch zu lange in der klirrenden Kälte hätten warten müssen. Zum Glück gab es keine Probleme und die Mitfluggelegenheit konnte gut landen. Auch wenn die Masse noch sehr weit weg war, beeilten sich alle mit dem Beladen. Als alles eingeladen war und alle eingestiegen waren, ging es zurück in die Heimat, wo sie sehnsüchtig von den führenden Politikern und anderen Wissenschaftlern erwartet wurden. Jeder von ihnen hatte auf dem einen oder anderen Weg davon erfahren. Doch dieses Mal hatte man es geschafft die Medien aus allem rauszuhalten. In einem abhörsicheren Raum sollten sie dann über ihre Entdeckungen berichten. Auch hier machte sich anfangs wieder Unglaube breit, doch als sie ihnen dann die Bilder vorlegten, glaubten ihnen selbst die Skeptischsten unter ihnen und leiteten alles Mögliche in die Wege.

Die Öffentlichkeit wurde erstmal nicht über die Umstände informiert, da man verhindern wollte, dass eine Massenpanik ausbrach. Doch mit wem Kontakt aufgenommen wurde, waren die Regierungen anderen Länder, doch nicht, um sie über die neue Entdeckung zu informieren, sondern um von ihnen Unterstützung bei der Untersuchung und möglicherweise auch bei der Lösung zu erhalten. Natürlich alles im Geheimen.

Seitdem waren bereits eineinhalb Jahre ins Land gezogen und die schwarze Masse steht bereits vor den südlichsten Inseln Japans. Doch obwohl man etwas gefunden hat, was diese Substanz aufhalten kann, sind Millionen von Menschen bereits davon verschlungen worden. Schwarze Verdammnis, Schwarze Decke, im Laufe der Zeit wurden der Bedrohung von Leuten, die davon wussten, alle möglichen Namen gegeben.

Kapitel 1 Hiobsbotschaft

Nobu, ein Junge mit kurzen hellbraunen Haaren, saß gerade auf seinem Fensterplatz im zweiten Stock. Die Oberschule, auf die er ging, befand sich in der Präfektur Miyazaki in Japan. Dort war er gerade dabei seine grauen Zellen sowie seine Augen auszuruhen, während der Lehrer versuchte den Schülern anhand eines auf die grüne Tafel gemalten Graphen etwas über Exponentialfunktionen beizubringen. Das jedoch war Nobu herzlich egal. Er war einer der wenigen Schüler, die sich ein solches Verhalten überhaupt und ganz besonders drei Monate vor den Abschlussprüfungen leisten konnte. Er war immerhin der Zweitbeste des gesamten Jahrgangs.

Da der Lehrer wusste, dass das Thema für ihn kein Problem darstellen würde, ließ er ihn einfach weiter schlafen. Währenddessen versuchte er einen anderen schlafenden Schüler aufzuwecken, indem er ihn mit einem Stück Kreide bewarf. Wenige Zentimeter vor seinem Kopf traf sie auf dem Tisch auf und brach in zwei Teile. Einer der beiden Teile traf den Schüler dann am Kopf und weckte ihn auf.

„Im Unterricht wird nicht geschlafen", ermahnte ihn der Lehrer.

„Und was ist dann mit Nobu, der pennt doch in so gut wie jeder Stunde", verteidigte er sich.

„Würdest du so gute Noten schreiben wie er, dürftest du auch schlafen, da du das aber nicht tust, musst du weiterhin aufpassen. Also Augen auf die Tafel." Mit einem leichten Klapps gegen die Tafel bekräftigte er seinen letzten Satz. Die Anderen im Klassenzimmer begannen zu lachen, eigentlich hätte er es besser wissen müssen. Es war nicht das erste Mal gewesen, dass er das getan hatte, und jedes Mal wurde er vom Lehrer ermahnt.

All das störte Nobu in seinem Schlummer nicht im Geringsten, bis plötzlich aus den im Klassenzimmer angebrachten Lautsprechern die Stimme des Direktors ertönte und ihn aus dem Schlaf zurück in die Realität riss. Um der Ansprache besser folgen zu können, hob er genervt seinen Kopf, der ihm in diesem Moment so schwer vorkam, als hätte jemand Gewichte daran befestigt. Jetzt kamen auch seine tiefschwarzen, noch verschlafenen Augen zum Vorschein.

Den ersten Teil der Durchsage hatte er nicht komplett mitbekommen. Alles, was er mitbekam, war, dass der Direktor alle Schüler und Lehrer in die Sporthalle gerufen hatte. Dort hatte er wohl eine wichtige Verkündung zu machen, die das sofortige Erscheinen von allen in der Sporthalle der Schule voraussetzte.

„Dieses Mal sollen alle kommen, ja auch du Nobu", sagte er mit Nachdruck in der Stimme, wodurch wieder alle in der Klasse zu lachen begannen, der Betroffene jedoch stöhnte erst leicht und ließ seinen Kopf dann wieder sanft auf die Tischplatte fallen. Doch er wusste, dass der Rektor in Wirklichkeit recht hatte. Bei den meisten Veranstaltungen, außer bei denen mit wirklicher Anwesenheitspflicht, ging er für gewöhnlich auf das Dach und wartet dort auf die Pause und seine Freunde, die ihm dann in aller Kürze sagten, worum es ging. Noch nie war es vorgekommen, dass er dafür Ärger bekommen hätte. Im Allgemeinen war Nobu ein für die Lehrer meist unantastbarer Schüler, und all das nur wegen seiner Noten und weil er sich auch sonst nie etwas hat zu Schulden kommen lassen. Durch seine guten Noten konnten sie ihn nicht damit unter Druck setzen, dass er sein Leben wegwerfen würde, so wie sie es gerne bei den anderen Störenfrieden machten. Doch der Lehrer unterbrach das Lachen der Schüler mit der Aufforderung sich langsam, in Zweier-Reihen in die Sporthalle zu begeben.

Auf dem Weg in die Sporthalle schaute Nobu, welcher einen schlanken, aber dennoch gut gebauten Körper hatte, aus dem Fenster neben sich. Der Himmel war leicht bewölkt und gerade deswegen wunderschön. Das brachte ein schwaches Lächeln auf seine Lippen.

„Was glaubst du, worum es geht, wenn sogar du hinkommen sollst?“, fragte die Schülerin, die neben Nobu herging.

„Vielleicht ist einem Schüler oder Lehrer etwas passiert, oder die Polizei will etwas von uns. Ganz ehrlich, ich hab keine Ahnung“, gab Nobu zurück, während er sich den restlichen Schlaf aus den Augen rieb. Sie nickte nur stumm und lief weiter den Flur entlang. Der weitere Weg wurde von Schweigen erfüllt. Mit Nobu zu sprechen galt unter den meisten Schülerinnen als besonderer Moment. Er gehörte zu den beliebtesten Schülern der ganzen Schule, was besonders daran lag, dass er trotz seiner rebellischen Art zusammen mit seinen guten Noten nicht arrogant war. Auch sein gutes Aussehen war daran nicht ganz unschuldig. Ein weiterer Punkt war aber sicher auch, dass er jedem, der Hilfe brauchte, diese auch gab, ohne sich darüber lustig zu machen, dass diese Person etwas nicht kann.

In der Sporthalle angekommen konnte er trotz eingeschalteter Lüftung und der einen Spalt weit geöffneten Fenster, mehr war nicht möglich, immer noch den leichten Geruch von Schweiß wahrnehmen. Er wurde in all den Sportstunden, die dort schon stattgefunden hatten, in harter Arbeit von den Schülern bei allen erdenklichen Sportarten vergossen. Für andere war das nur der Gestank, den sie intensiver noch aus der Umkleide kannten und über den sie nicht weiter nachdachten. Doch nicht für Nobu, für ihn war dieser Geruch das Ergebnis von harter Arbeit und Leuten, die immer wieder über sich selbst hinausgewachsen sind. Manche von ihnen wurden später sogar prominente Sportler, doch die hatte er nie selbst kennengelernt.

Auch wenn Nobu eher der Denker war, erkannte er harte Arbeit egal welcher Art immer an, da es im Grunde von jedem Menschen ein und dasselbe abverlangte, nämlich Willenskraft, die bei weitem nicht alle haben. Und auch wenn es so schien, dass er sie nicht besaß, dadurch dass er immer wieder sein Desinteresse zeigte, sobald er sich für etwas interessierte, hatte er mehr Willenskraft als jeder andere. Den selbst wenn man etwas gut kann, ist es letztendlich die Willenskraft, die darüber entscheidet, ob du Erfolg hast oder nicht. Und Nobu hatte immer Erfolg, wenn er wollte.

Die Halle war gefüllt mit Stühlen, die für die Schüler bestimmt waren. Die Lehrer mussten sich neben die Reihen ihrer Klasse stellen und überwachen, dass keiner aus der Reihe tanzte. Die einzelnen Klassen kamen nun Schlag auf Schlag und füllten die vorher so leere Halle im Handumdrehen mit Leben. Wobei Nobus Klasse ungefähr in der Mitte saß. Neben Nobu saß rechts der Klassensprecher, ein Durchschnittstyp, kurze schwarze Haare und Brille, auch seine Noten befanden sich eher im besseren Drittel. Bei der Wahl wurde auch Nobu von vielen vorgeschlagen, lehnte aber ab, da er kein Interesse an dem Amt hatte. Links von Nobu saß das Mädchen, mit dem er dorthin gelaufen war. Erst jetzt machte er sich die Mühe sie näher anzusehen, dabei stellte er fest, dass das Zusammenspiel aus ihren Sommersprossen und den gefärbten roten Haaren recht süß wirkte. Die Luft im Raum wurde immer stickiger, selbst die Lüftung und die Fenster konnten nur noch bedingt helfen. Alle warteten bereits gespannt darauf, dass der Direktor oder einer der Lehrer das Sprachpult betrat, damit die angeblich so wichtige Verkündung beginnen konnte.

Zehn Minuten, nachdem der Saal vollgefüllt war, betrat der Rektor endlich das Rednerpult und begann mit seiner Ansprache. Anders als allerdings angenommen hielt nicht er die Rede, sondern er war nur der Mittelsmann, der die Ehre hatte den eigentlichen Redner vorzustellen. Nachdem der Direktor seine kurze Ansprache also beendete, betrat auch schon der Ehrengast die Bühne. Es war ein großer, schlank gebauter Mann in einem teuer aussehenden Anzug. Viele der Schüler kannten ihn aus den Nachrichten, es war der Governor von Miyazaki: Shunji Koto. Er sprach zu den Schülern über eine weltverändernde Nachricht. Wieso er gerade an dieser Schule diese Nachricht verkündete, war unbekannt.

Er begann damit, dass er von einer schwarzen Substanz berichtete, die sich langsam und unaufhaltsam über die Erde ausbreiten soll und dabei alles und jeden dabei verschlinge. Laut seinen Angaben blieben noch etwa zehn Tage, bis Japan davon betroffen sein würde, mit den südlichen Inseln würde es beginnen, bis dann Richtung Norden immer mehr Land verschlungen werden würde. In der ihnen noch verbleibenden Zeit sollten sich die Menschen in den Gefahrenregionen Richtung Norden aufmachen und dort auf weitere Anweisungen von Seiten der Regierung warten. Innerhalb der nächsten neun Tage würden in den Nachrichten Anweisungen für die Evakuierung gesendet werden.

Zuerst dachten die Schüler, sie würden verarscht werden, bis er ihnen Satellitenbilder zeigte, auf denen die Substanz zu sehen war, im Zeitraffer konnte man erkennen, dass es, was auch immer es war, sich wirklich voran bewegte; dadurch verstummten die meisten ungläubigen Stimmen.

„Warum wurden wir nicht früher über so etwas Gefährliches informiert?“ Es war ein Lehrer, der diese Frage stellte.

„Weil wir verhindern wollten, dass eine Panik ausbricht“, erklärte er ihm.

„Klar, ihr wolltet doch nur als Erstes euren Arsch retten“, sagte er leise in sich hinein. Der Governor konnte versichern, dass aktuell an einer „Safe-Zone“, wie er es nannte, gearbeitet wurde. Schon bald würde in den Nachrichten davon berichtet werden, und zwar noch bevor Japan betroffen sein soll. In dieser Safe-Zone soll es alles geben, was man für eine Weile zum Überleben benötigen würde, nur der Platz sei etwas begrenzt und auch wenn sie die einzelnen Wohnbereiche auf das Minimum reduzierten, würde nicht genug Platz für alle in Japan lebenden Menschen bleiben. Deshalb wurde entschieden, dass Menschen, die krankheits- oder altersbedingt kurz vor ihrem Tod stehen, nicht in die Stadt gelassen werden dürfen. Auch wenn es hart klingen mochte, musste die Regierung das Überleben von Japan im Gesamten sichern, da könne keine Rücksicht auf den Einzelnen genommen werden, wurde behauptet. Außerdem würden die Lebensmittel nicht lange genug reichen, wenn einfach jeder hineingelassen werden würde. Ebenfalls würden Verbrecher, die wegen schwerwiegenden Verbrechens verurteilt wurden und bei denen es seitdem keine Besserung in ihrem Verhalten gab, ausgeschlossen.

Man solle sich deswegen darauf einstellen, dass nicht alle Familienmitglieder gerettet werden können.

Auf einen Zuruf eines Schülers, was dann mit ihnen passieren wird, antwortete er ganz trocken, so als ob es ihm komplett egal wäre, dass wohl nichts anderes übrig bleiben würde, als sie in ihrem Zuhause oder im Gefängnis ihrem Schicksal zu überlassen. Auf weitere Fragen der Schüler wurde nicht mehr eingegangen, bevor er die Halle durch den Hinterausgang verließ, wo bereits weitere Anzugträger und eine Limousine auf ihn warteten.

„Typisch Politiker", dachte Nobu sich, „das Problem wurde mal wieder detaillierter beschrieben als die Lösung, von der man nur wusste, dass es sie irgendwie schon gibt, aber weder in welcher Form noch wo oder wann."

Der Direktor ergriff wieder das Wort und versicherte den Schülern noch einmal, dass alles, was sie gerade gesehen und gehört hatten, der Wahrheit entsprach. Außerdem teilte er den Schülern mit, dass sie ohne Umwege nach Hause gehen sollen und in den kommenden Tagen nicht mehr in die Schule zu kommen brauchen, sie wäre ab jetzt geschlossen. Die Klassen, die bald ihren Abschluss hätten, würden diesen in der Safe-Zone machen müssen. Sie sollen sich aber erst einmal um ihre Familie und deren Zukunft kümmern, die Schule sei in so einer Situation zweitrangig. Mit diesen Worten wurde die Infoveranstaltung beendet.

Es war kurz ganz still, da alle diese Nachricht erst einmal verarbeiten mussten. Doch dann brachen die ersten Unruhen aus und die Schüler liefen panisch zu den Ausgängen. Diese wurden dadurch allerdings total verstopft, sodass es nur noch spärlich voranging. Nobu war einer der wenigen, der auf seinem Platz darauf wartete, dass es ruhiger wurde und die Halle sich lehrte. Er suchte unter denen, die sitzen geblieben waren, nach seinen Freunden, doch es war zu viel los, als dass er jemand hätte ausmachen können. Die Lehrer, die zuvor auch nichts wussten, versuchten vor den Schülern die Fassung zu wahren und wieder für Ruhe an den Ausgängen zu sorgen. Man sah ihnen allerdings an, dass auch sie Angst hatten und nicht wussten, was sie jetzt tun sollten.

Weiter vorne fingen mehrere Schüler an sich zu streiten. Selbst die mahnende Stimme des Direktors über die Lautsprecher konnte sie nicht mehr beruhigen. Im Gegenteil, sie wurden noch lauter, bis ein paar der Lehrer die Störenfriede aus der Menge isolierten. Zum Glück half das, die anderen Schüler beruhigten sich wieder einigermaßen. Jetzt ging es zwar nicht unbedingt schneller, aber dafür leiser voran.

Es dauerte fast 20 Minuten, bis sich ein Großteil der Schüler wieder zurück in den einzelnen Schulgebäuden befand. Jetzt war es auch für Nobu an der Zeit, sich in sein Klassenzimmer zurück zu begeben, um seine Tasche zu holen.

Auf dem Weg in sein Klassenzimmer kamen ihm die anderen Schüler entgegen, die einfach nur so schnell wie möglich nach Hause zu ihren Familien wollten. Er stieß mit einigen von ihnen zusammen, diese bemerkten es aber nicht mal und liefen ohne irgendeine Reaktion weiter.

Im Klassenzimmer musste er feststellen, dass ein paar der Streithähne aus seiner Klasse kamen und der Streit von zuvor noch nicht beendet war. Es ging sogar einen Schritt weiter, gerade als Nobu den Raum betrat, fingen zwei von ihnen an sich zu prügeln. Schnell bildete sich eine Traube um die beiden und die kurz vorher noch so panischen Schüler beobachteten den Kampf, einige fingen an einen der beiden anzufeuern, wohl ebenfalls welche von den Unruhestiftern, während andere nur stumm nebendran standen.

„Hey!“, schrie Nobu, während er dabei war sein Zeug zusammenzusuchen. Damit hörte er auf und ging zwischen die beiden, um den Streit zu beenden.

„Ich weiß nicht, wer angefangen hat oder worum es überhaupt geht, und ich weiß auch nicht, wieso ich der Einzige bin, der dazwischengeht, es ist mir auch scheißegal. Aber ihr hört jetzt sofort auf damit, aufeinander einzuprügeln und vertragt euch. Sonst bekommt ihr es mit mir zu tun", drohte Nobu ihnen.

Einer der beiden schaute schuldig auf den Boden. Der andere hingegen fasste die Drohung von Nobu wohl als Herausforderung auf und ging auf Nobu los. Unter den Jungs gab es immer wieder welche, die Nobus Art als Arroganz bezeichneten und die ihm gerne mal das Maul gestopft hätten. Doch auch dieser schaffte es nicht, Nobu wich seinem planlosen Angriff seitlich aus und verpasste ihm einen gezielten Treffer mit dem Ellenbogen auf die Nase. Sein Gegner wurde von seinem eigenen Schwung und dem Schlag auf Nase zu Boden geworfen. Er windete sich vor Schmerzen und hielt sich seine blutende Nase. Jetzt interessierte es Nobu doch, worum es ging, weshalb er den anderen fragte. Es ging darum, dass Nobu trotz dieser Nachricht so ruhig bleiben konnte. Nobu verstand nun auch, wieso er ebenfalls angegriffen wurde. Mit enttäuschter Miene und schüttelndem Kopf ging er zu seinem Platz zurück.

„Nur noch Idioten", dachte er in seinem Kopf und nahm seine Tasche, ehe er mit ihr auf das Dach des Gebäudes ging. Seine Freunde warteten dort bereits auf ihn. Nachdem sie mal alle zusammen einen Film über eine Zombieapokalypse gesehen hatten, schworen sie sich, sie würden sich auf dem Dach der Schule treffen, sollte so etwas passieren. Obwohl es damals eher als Scherz gedacht war, war Nobu sich sicher, dass sie sich alle daran halten würden. Dennoch hatte niemand damit gerechnet, dass es je passieren würde, geschweige denn so schnell. Denn dass sie den Film gesehen hatten, war an seinem Geburtstag vor einem Dreivierteljahr.

Auch auf dem Weg zum Dach kamen ihm Schüler mit hastig gepackten Taschen entgegen, es waren jedoch schon erheblich weniger als zuvor. Er und seine Freunde waren vermutlich der Einzigen, die nun auf das Dach der Schule oder überhaupt in der Schule bleiben wollten.

Als er die Tür zum Dach öffnete, strahlte ihm die Sonne direkt ins Gesicht. Zu dieser Tageszeit schien sie genau auf die Tür. Normal würden sie erst eine ganze Stunde später, nämlich zur Pause, auf das Dach kommen und da wäre die Sonne lange nicht mehr so blendend. Um sich zu schützen, hielt also er seinen linken Arm vor sein Gesicht, bis er sich einigermaßen an das Licht gewöhnt hatte. In der Zwischenzeit füllte die Sonne seinen ganzen Körper bis in die Knochen mit Wärme. Endlich war er richtig wach.

Als er seine Augen endlich auch wieder ohne den Arm vor seinem Gesicht öffnen konnte, sah er seine Freunde, die bereits auf ihn gewartet hatten.

Ganz links stand Jinpei, ein schüchterner, eher stiller Junge mit mittellangen, schwarzen Haaren und ebenfalls schwarzen Augen, die aber anders als die von Nobu von Selbstzweifel und nicht von Selbstvertrauen erfüllt waren. Er war eine Klasse unter ihm. Durch seine schmächtige Statur und seine eher schüchterne Art war er früher das Opfer von Mobbing, bis Nobu ihn daraus befreite.

Rechts von ihm stand die beste Freundin von Jinpeis Schwester, ein Mädchen aus reichem Hause mit leicht welligen, für Japan eher untypischen langen blonden Haaren, womit sie farblich der Gegenpart zu dem schwarzen Rock der Schuluniform waren. Sie hatte unschuldig reinschauende grüne Augen. Ihr Name war Umeko. Mit ihren 1,60 Metern war sie ein gutes Stück größer als Jinpei und seine Zwillingsschwester.

Neben ihr stand die Hände verlegen hinter ihrem Rücken haltend Harui, ihre beste Freundin und Jinpeis Zwillingsschwester, anders als ihr Bruder wurde sie jedoch nicht gemobbt, war aber dennoch relativ schüchtern. Ebenfalls ein Unterschied zu ihrem Bruder war das kastanienbraune schulterlange Haar. Auf jeder Seite hatte sie sich mit einem schwarzen Haargummi einen Zopf gebunden, die ihr ganz entspannt auf den Schultern lagen. Die Haare wurden erst an der Spitze zusammengebunden und hatten ihr Volumen deshalb nicht verloren. Doch genau wie ihr Bruder und Nobu hatte sie schwarze Augen. Sie und Umeko waren sowohl in der Klasse als auch privat unzertrennlich.

Der Zweite von rechts war wieder ein Junge mit schulterlangen, außer beim Sport offengetragenen schwarzen Haaren und dunkelblauen Augen. Es war Nobus bester Freund Daisuke, der mit leicht angewinkelten Beinen auf dem Boden hockte. An seiner Schuluniform fehlte immer die Krawatte und der oberste Knopf war geöffnet. Er kannte Nobu schon seit der Grundschule und da die beiden keine Geschwister hatten, wurden sie schnell zu Brüdern im Geiste.

Ganz rechts außen lehnte sich mit verschränkten Armen Rei, die Einzige, die es notentechnisch mit Nobu mithalten konnte, am Zaun, der das Dach vom Boden trennte. Sie war eher still und ließ sich oft ihre Emotionen nicht anmerken. Sie war schlank und hatte langes tiefschwarzes Haar, das sie stets offen trug. Außerdem besaß sie braune Augen. Sowohl ihr gutes Aussehen als auch ihre Noten sowie ihre Persönlichkeit waren Gründe dafür, dass sie zu den beliebtesten Mädchen der Schule gehörte.

Jinpei brach das Schweigen als Erstes. Er fragte mit hörbarer Angst in der Stimme in die Runde, was als Nächstes kommen würde.

„Genau was passiert jetzt?“ Daisuke wiederholte die Frage allerdings diesmal ganz klar an Nobu gerichtet, da er sich gut vorstellen konnte, dass er auf dem Weg hierher bereits einen Plan entworfen hatte. Das stimmte zwar, war aber nichts Großes.

Er sah vor, dass sie erstmal irgendwo gemeinsam verharren

würden und dort auf weitere Anweisungen von Seiten der Regierung warten würden. Jinpei wollte wissen, was passiere, wenn sich nichts tue. Rei unterbrach ihn dann aber, da der Regierungsbeamte sonst nicht so selbstsicher aufgetreten wäre. Umeko schlug vor, dass sie bei ihr und ihren Eltern wohnen könnten, bis sich was Neues ergeben würde. Bei den meisten der anderen wäre nämlich vermutlich niemand zuhause.

Kapitel 2 Wohnsituation = Villa

Mit ihrer Vermutung hatte sie auch recht, denn Nobus Eltern waren wie so oft wieder beruflich im Ausland unterwegs. Diesmal würden sie sogar für mehrere Wochen außer Landes sein. Das war für ihn jedoch alles andere als schlimm, da er bis dahin das Haus ganz für sich alleine hatte und er machen konnte, was er wollte.

Daisukes Eltern sind schon vor Jahren bei einem Autounfall ums Leben gekommen, weshalb er seitdem bei dem Ausbilder seines Vaters aus Militärzeiten und einem seit jeher guten Freund der Familie wohnte. Ishikawa wollte ihm so viel Freiraum lassen, wie er sich von seiner Rente leisten konnte, doch mehr als eine kleine Wohnung für ihn alleine war nicht drin. Dennoch tat er sein Bestes, damit Daisuke aufwachsen konnte, ohne dass es ihm an irgendetwas mangelte.

Rei hat zwar ihre eigene Wohnung, doch zu ihrem Leidwesen hatte sie ihr nicht sehr viel Platz bieten können. Das lag daran, dass ihre Eltern aus beruflichen Gründen in eine weit entfernte Stadt ziehen mussten. Doch ihre Tochter wollten sie nicht aus ihrer vertrauten Umgebung reißen und waren damit einverstanden ihr die Miete für eine kleine Wohnung zu bezahlen, solange sie für die Schule lernte und sich gleichzeitig um das Essen kümmerte.

Bei Harui und Jinpei war zwar normal jemand zuhause, doch der würde sich, sobald er die Nachricht über die schwarze Verdammnis bekommen hätte, so schnell wie möglich aus dem Staub machen und die beiden einfach so zurücklassen.

Und das obwohl er nach dem Tod ihrer Mutter sogar das alleinige Sorgerecht für die Kinder bekommen hatte, genauso wie das Kindergeld. Das nutzte er aber meistens, um sich zu besaufen. Er war der letzte Freund ihrer Mutter, doch schon vor ihrem Tod war der Mann nicht im Ansatz freudlich zu den Kindern.

Alle bis auf Harui und Jinpei waren komplett mit ihrer Wohnsituation zufrieden, selbst Daisuke und Rei. Nach anfänglichen Schwierigkeiten in der kleinen Wohnung konnten sich beide daran gewöhnen und machten es sich zur Aufgabe, das Beste aus ihrer derzeitigen Situation herauszuholen. Doch wenn es darum ging, etwas mit den Freunden zu machen, trafen sie sich doch meistens bei anderen, wie zum Beispiel bei Nobu oder Umeko, oder einfach ganz woanders.

Es war also beschlossene Sache, dass sie sich alle bei Umeko treffen würden und dort abwarten wollten, was geschieht. Jedoch musste jeder zuvor noch einmal nach Hause und dort ein paar Sachen, die er für die Zeit dort brauchen würde, einpacken. Darunter fielen vor allem Klamotten und andere Dinge, ohne die sie nicht auskommen würden.

„Bis später." Mit diesen Worten verabschiedeten sich die sechs voneinander und gingen alle ihrer Wege. Auch wenn das bedeutete, dass sie sich fürs Erste nur in zwei Gruppen aufteilen würden.

Während Daisuke, Rei und Umeko schon längst nicht mehr da waren, hielt Hauri Nobu am Schultor auf und bat ihn mit ihnen zu gehen. Für den Fall, dass der Freund sich doch noch in der Wohnung aufhielt und auf Ärger aus sein sollte. Gerade weil es eine sichere Tatsache war, dass er Stress machen würde, ging er nur zu gerne mit. Zu allem Überfluss war es für ihn kein allzu großer Umweg. Denn die beiden wohnten auf dem Weg zwischen seinem Haus und der Schule. Wenn er gewollt hätte, hätte er jeden Morgen mit den beiden zur Schule laufen können.

Dass die beiden verunsichert waren, war kaum zu übersehen. Besonders für Nobu nicht, der Menschen meist wie ein offenes Buch lesen konnte. Aber selbst wenn er das nicht könnte, war diese Reaktion der beiden etwas, das nur allzu verständlich war.

„Ihr braucht euch wirklich keine Sorgen machen, es wird alles gut gehen." Er hoffte, dass das nicht nur ein leeres Versprechen war, um sie zu beruhigen.

In der kleinen Wohnung angekommen, kam Nobu zwar mit hinein, doch zum Glück für alle war der Peiniger der Geschwister nicht mehr dort, also half er Jinpei dabei seine Sachen zu packen. Sein Zimmer war eingerichtet wie das eines kleinen Kindes. Was vermutlich daran lag, dass er schon seit langem keine neuen Möbel oder andere Sachen bekam. Sogar die Tapete ähnelte der in einem Kinderzimmer. Das lag einfach daran, dass sie schon immer in eher ärmlichen Verhältnissen gelebt hatten. Da ihre Mutter keinen Vollzeitjob finden konnte, musste sie sich von Aushilfsjob zu Aushilfsjob hangeln. Trotzdem hatte sie alles, was sie verdiente, dafür ausgegeben, dass ihre Kinder eine einigermaßen angenehme Kindheit haben konnten.

Keiner von den beiden konnte es sehen, doch Harui war traurig, dass Nobu nicht ihr half. Wenn die beiden alleine waren, traute sie sich öfters mit ihm zu sprechen, denn die Stille, die dann herrschte, war für sie sogar noch peinlicher. Als sie ihren Kleiderschrank öffnete, hatte sie plötzlich nicht mehr so viel dagegen, dass er ihrem Bruder und nicht ihr half. Denn dort waren einige Kleidungsstücke verstaut, die er besser nicht sehen sollte. Alle waren es Geschenke von Umeko. Selbst hätte sie sich diese Sachen entweder nicht leisten können oder einfach nie geholt, weil es für sie viel zu freizügig gewesen wäre oder auch beides. Deswegen hatte sie viele von denen nur ein einziges Mal an, und zwar als sie gezwungen wurde sie anzuprobieren. Und auch wenn die Einzige, die sie dann gesehen hatte, ihre beste Freundin gewesen war, war es ihr unendlich peinlich. Es waren Klamotten, die Umeko normal privat trug. In der Regel wäre sie an solchen Sachen einfach vorbeigelaufen, doch Umeko hatte es immer geschafft sie davon zu überreden, sie zumindest einmal anzuprobieren, und sie am Ende dann für Harui gekauft. Diese Ausgabe war ihr der Spaß, den sie zuvor hatte, so gut wie immer wert gewesen. Trotzdem hatte sie ihr nicht nur solche Klamotten gekauft. Wenn überhaupt, war es ein solches Kleidungsstück im Monat, der Rest waren ganz übliche

Sachen. Harui war keinesfalls wegen des Geldes mit Umeko befreundet, für sie war es sogar immer unangenehm, wenn Umeko für sie etwas zahlte.

Hätte Nobu diese Klamotten gesehen, wäre sie vor Scham gestorben. Allein der Gedanke daran, er hätte sie darin gesehen, ließ ihr Gesicht auf einen Schlag erröten. Erst jetzt fiel ihr die Unordnung, die in ihrem Zimmer herrschte, auf, auch hier war sie froh, dass er es nicht gesehen hatte. Doch war sie keinesfalls unordentlich, es lag einfach daran, dass sie der Wohnung so lange wie möglich fernbleiben wollte. Das war auch der Grund, warum sie fast jeden Tag etwas mit Umeko unternahm. Aber auch mit den anderen aus der Gruppe traf sie sich öfters.

Obwohl Nobu ihnen sagte, dass er auch alleine zurechtkommen würde, sie also schonmal zu Umeko gehen können, haben sie ihn noch bis zu seinem Haus begleitet, um ihm Gegenzug dabei zu helfen sein Zeug zu packen. Harui war immer wieder darüber erstaunt, wie ordentlich sein Zimmer und auch das Haus im Allgemeinen aussahen. Wo er doch in der Schule eher den Eindruck machte, dass er ziemlich unordentlich war. Als sie fertig waren, bat er die beiden draußen auf ihn zu warten. Er sagte, er würde gleich kommen, er müsste nur noch schnell eine Nachricht für seine Eltern hinterlassen für den Fall, dass sie vorzeitig nach Hause kommen würden. Sie sollten sich nicht unnötig Sorgen um ihn machen. Die fertig geschriebene Nachricht legte er gut sichtbar auf den Küchentisch und kam dann heraus.

Währenddessen teilte Umeko ihren Eltern zuhause alles mit und bat um ihr Einverständnis. Ihre Eltern waren sehr verständig und stimmten zum Glück zu.

Zur gleichen Zeit packte Rei in ihrer kleinen Wohnung nicht viel ein. Bis auf ein paar Sachen, die ihr ihre Eltern schon früher kauften, besaß sie nicht wirklich viel. Denn seit knapp einem Jahr musste sie sich alles, was sie haben wollte, mit dem kleinen Lohn ihres Aushilfsjobs in einer Buchhandlung kaufen. Meistens ging dieser aber schon für die Lebensmittel drauf. Darum war das Einzige, was sie neben ihren Lieblingsklamotten einpackte, ein altes Holzschachbrett, das ihr Vater ihr vor langer Zeit schenkte. Damit hatte er ihr das Schachspielen beigebracht. Sie hatte vor sich mit Nobu damit hin und wieder die Zeit zu vertreiben, während sie auf das, was auch immer kommen würde, warteten.

Auch Daisuke hatte bis auf ein paar Klamotten nichts einzupacken. Was sich aber als weitaus schwieriger erwies, als zuerst angenommen, war Ishikawa, den Ausbilder seines Vaters, dem Daisuke viel zu verdanken hatte, davon zu überzeugen mit ihm zu kommen. Ishikawa jedoch wollte diese Woche lieber in seiner eigenen Wohnung und nicht bei irgendwelchen mehr oder weniger Fremden verbringen. Daisuke versprach ihm das er ihn wenigstens abholen würde, wenn es wohin auch immer losgehen sollte.

Wegen dieser kleinen Diskussion kam er auch als Letztes bei der etwas abseits der Stadt erbauten Villa von Umekos Familie an. Sie wurde damals von Umekos Großeltern mütterlicher Seite errichtet und hatte sogar den Zweiten Weltkrieg überstanden. Seitdem wurden immer wieder Anbauten errichtet.

Daisuke stand vor den großen Eingangstoren, die er passieren musste, um in den Innenhof zu gelangen, als er hörte, wie die Motoren ganz leise ihren Dienst taten, um das riesige Tor aufzuschieben. Der Vorhof bestand aus einem Pfad, der von wunderschönen Blumen gespickt war, daneben war eine Grünfläche, die offensichtlich mit größter Mühe gepflegt wurde. An der Haustür angelangt sah er, dass sie bereits offen stand und dort jemand bereits auf ihn wartete. Aus der Ferne konnte er es nicht erkennen, doch als er immer näher kam, wurde das Bild zunehmend klarer und er konnte ganz deutlich einen Frack, wie er von Butlern getragen wird, erkennen. Vor ihm stand einer der Butler des Anwesens. Es war ein bereits etwas in die Jahre gekommener Mann, der aber dennoch pflichtbewusst seinen Dienst tat.

„Guten Tag junger Herr, Ihr müsst Daisuke sein." Er hatte einen ernsten Blick. Daisuke nickte und verbeugte sich zur Begrüßung. Er war immer wieder aufs Neue davon überrascht, wie reich Umekos Familie war. Beide waren Ärzte und könnten damit schon im Luxus leben. Da kam aber noch das Erbe von Umekos Großmutter hinzu, ihre Familie gehört zu den reichsten in ganz Japan.

Der Butler zeigte ihm den Weg zu seinem Zimmer wie auch den anderen wichtigen Räumen, die er seiner Meinung nach in der Woche benutzen würde, er bestätigte ihm, dass er der letzte von seinen Freuden war und die anderen schon dabei waren sich in ihren Zimmern einzurichten. Es waren so viele Informationen auf einmal, dass er sich nicht alles merken konnte. Was er sich zum Glück merken konnte, waren die Wege zu Speisesaal, Toilette wie auch der Dusche. Das Wichtigste vom Wichtigen sozusagen.

Genau wie die der anderen lag auch sein Zimmer im ersten Stock des dreistöckigen Anwesens. Er bekam das Zimmer neben Harui, die ihr Zimmer wiederum neben dem von Nobu hatte. Auf der anderen Seite des Flures waren die Zimmer von Rei, die das Zimmer direkt gegenüber von Nobu bekam, daneben war das von Jinpei. Daisuke gegenüber hatte sich Umeko ihr Zimmer für die kurze Zeit eingerichtet. Eigentlich hatte sie es im zweiten Stock, doch sie wollte nicht von ihren Freunden getrennt sein, wenn sie schon mal alle zusammen bei ihr wohnten. Da Rei als Erstes vor Ort war, hatten sie und Umeko ihre Zimmer schon bezogen und waren nun dabei den anderen zu helfen. Umeko half ihrer besten Freundin ihren Koffer auszupacken. Nobu, der sein Bett seit Jahren selbst machte, war bereits fertig und musste nur noch seine Tasche auspacken und wollte danach Jinpei in seinem Zimmer helfen. Aus diesem Grund ging Rei zu Daisuke und half dem gerade erst Angekommenen dabei sich im Zimmer zurechtzufinden.

„Tasche oder Bett?" Sie fragte ihn, was er übernehmen wollte, das andere würde sie erledigen.

„Bett, vielleicht find ich auch mal was zum Anziehen, das nicht komplett zerknittert ist, wenn sich jemand anderes darum kümmert.“ Beide lachten und machten sich dann an die Arbeit. Während Daisuke sich also über das Bettlaken und die Bezüge hermachte, ging Rei zu seiner Tasche, die bereits vor dem Schrank stand. Sie fand darin einen Haufen zerknüllter Klamotten.

„Da hab ich einiges zu tun.“ Der Inhalt der Tasche wurde erstmal komplett auf den Boden ausgeleert, nicht dass das noch etwas an dem Zustand der Sachen geändert hätte. Auf einem Haufen lagen dort nun Hosen, Shirts, Unterwäsche und Pullover. Rei machte sich erstmal daran alles zu sortieren, um es dann zusammengelegt im Schrank verstauen zu können.

„So ordentlich war mein Kleiderschrank, glaub ich, noch nie. Danke.“ Gerade als sie das letzte Stück in den Schrank legte, lehnte sich Daisuke an die Tür und schaute über Reis Schulter in den Schrank hinein. Er war erstaunt, freute sich richtig, als er einen ordentlichen Kleiderschrank vor sich sah. Das Zusammenlegen hatte so viel Zeit gekostet, dass sich in der Zwischenzeit alle in ihren Zimmern eingerichtet hatten.

Erst jetzt fiel Daisuke auf, dass sich alle bereits von ihren Schuluniformen befreit hatten und nun Freizeitkleidung trugen. Alle bis auf Nobu, der nur die Krawatte von seiner Uniform entfernte und das Hemd aus der Hose zog, so dass es den Hosenbund überdeckte. Jetzt sah er so aus wie Daisuke.

Umeko war die Einzige, die ein bisschen overdressed war. Sie trug zwei Schmuckstücke, die sie zuvor nicht getragen hatte. Dadurch, dass ihre Knöchel nicht verdeckt wurden, konnte man am rechten Fußgelenk ein kleines Goldkettchen sehen, das mit einer Muschel verziert war. Ihre blonden Haare hatte sie mit einem schwarzen mit Samt überzogenen Haarreif davon abgehalten in ihr Gesicht zu fallen. Diesen hatte sie nur privat an, nicht aber in der Schule.

Auch Daisuke entschied sich dafür die Schuluniform abzulegen und in etwas Bequemeres zu schlüpfen.

Als dann endlich alle ihre Zimmer bezogen hatten und in bequemere Klamotten geschlüpft waren, war es Zeit gemeinsam im Speisesaal zu Mittag zu essen. Da das Küchenpersonal nicht viel Vorbereitungszeit hatte, um für alle im Haus etwas zu Essen zu kochen, blieb ihnen nichts anderes übrig, als schnell eine paar Spaghetti Bolognese zu machen. Trotz oder vielleicht auch gerade wegen der Simplizität waren alle komplett mit dem Essen zufrieden. Selbst Umeko, die weitaus exquisitere Kost gewohnt war, hatte die Speise sehr genossen. Für die meisten war es aber auch das die beste Mahlzeit, die sie seit langem zu sich genommen hatten, größtenteils weil das jeweilige Budget nur für Fertiggerichte reichte.

Mit gefülltem Magen machten sich alle noch einmal zusammen daran das Gelände ganz in Ruhe eingehend zu studieren. Vom Keller, in dem sich ein Fitnessraum befand, bis hin zum Dachgeschoss, an dem ein großer Balkon angebaut war, von dem aus man eine wunderbare Sicht über alles hatte, hatten sie alles untersucht. Immer wieder konnte man erkennen, dass viel Zeit und Arbeit in die Gestaltung nicht nur des Hauses, sondern des gesamten Grundstückes gesteckt wurden. Dabei fand jeder einen Ort, der wie für ihn geschaffen war.

Rei fand ihren Rückzugsort genauso wie Nobu ihm japanischen Steingarten mit einem Buch in der Hand. Dieser machte ein Viertel des gesamten Gartens aus. Hinter sich ein großer Stein, an den sie sich anlehnte, vor sich ein recht großer Teich mit einigen Fischen. Sie genoss vor allem die Stille, die nur vom Rauschen der Blätter oder dem Plätschern des kleinen Wasserfalls gestört wurde, was es für sie aber nur noch schöner machte. Denn so konnte sie alles um sich herum vergessen und teilweise ganz in die Welt des Buches eintauchen.

Daisuke machte sich den Trainingsraum im Keller zunutze, um auch weiterhin in Form bleiben zu können. Die meiste Zeit war er so für sich. Hin und wieder hatte er aber auch Gesellschaft. Doch das störte ihn nicht, ganz im Gegenteil, er freute sich jedes Mal darüber.

Nobu wiederum ruhte sich unter einem Baum aus, wenn er dort nicht gerade mit Rei Schach spielte oder mit Daisuke und Rei zusammen trainierte. Er genoss genau wie Rei die Stille, die dort herrschte, welche sich perfekt für ein Nickerchen eignete. Nachts konnte man von dort perfekt den wunderschönen Sternenhimmel, der sich nicht vom Smog der Stadt verdecken ließ, betrachten.

Auch wenn Umeko ein gutes Buch zu schätzen wusste, war ihr Alltag nicht mehr der gleiche, denn sie konnte keine großen Shoppingtouren mehr mit ihrer besten Freundin unternehmen. Das hatte sie zuvor fast täglich gemacht, auch wenn nur noch selten etwas auf einer dieser Touren gekauft wurde. Für gewöhnlich ging sie nämlich sowohl an freien Tagen wie auch nach der Schule gemeinsam mit Harui in die Stadt. Ihren besonderen Spaß fand sie immer wieder daran Harui Klamotten anprobieren zu lassen, die sie unter normalen Umständen niemals anziehen würde, da sie für sie zu freizügig wären. Also eigentlich ihrem eigenen Stil entsprachen. Umeko hatte einen für Japan allgemein eher auffälligen Kleidungsstil, der genau wie ihre Haarfarbe sehr an die westliche Welt erinnerte. Da das allerdings nicht mehr möglich war, musste sie einen neuen Weg finden, damit sie und Harui diese Tradition weiter aufrechterhalten konnten. Es fiel ihr nicht schwer etwas zu finden, denn anstatt sich durch die vollen Gänge einer Shoppingmal zu kämpfen, gingen sie nun ihre eigene Sammlung durch, die sogar mehr Auswahl hatte als so manch ein Modegeschäft.

Manchmal war es für sie zwar etwas unangenehm, doch auf der anderen Seite fand sie auch Gefallen an einigen der Stücke, die sie schon länger nicht angehabt hatte. Ob es das Aussehen, das Gefühl beim Tragen war, sie mochte manche von ihnen, obwohl sie überhaupt nicht ihrem Stil entsprachen. Sogar Rei war ab und zu mal dabei, und auch sie probierte dabei einige der Klamotten an, anders als Harui war es ihr überhaupt nicht peinlich. Auch wenn sie selbst zugab, dass sie manche der Sachen unter normalen Umständen niemals angezogen hätte. Umeko gab sogar zu, dass Rei in vielen der Sachen so schön wie ein Model aussah. Mit ihrer schlanken Figur und dem einfach perfekten Auftreten gab sie oft diesen Eindruck ab. Umeko und auch Harui fragten sich des Öfteren, wie sie dagegen eine Chance haben sollten, vor allem da diese Schönheit auch noch durch ihr selbstbewusstes Auftreten verstärkt wurde.

Der Einzige, der seine Gedanken nicht einfach so von der Hiobsbotschaft über das Ende der Welt in eine entspannte Zeit in einer großen Villa mit kostenloser Verpflegung tauschen konnte, war Jinpei. Es wurde auch dadurch nicht besser, dass er Tag für Tag, rund um die Uhr die Nachrichten verfolgte und dort kein einziger Hinweis auf diese Safe-Zone zu finden war. Mit jeder Minute, in der nichts darüber bekannt gegeben wurde, wurde er immer panischer.

Schon am zweiten Tag war es für alle außer Jinpei ganz normal ihren neuen Tagesablauf durchzugehen. Wenn man den Fakt außer Acht ließ, dass die Welt kurz vor dem Untergang stand, fühlte es sich fast so an, als würden sie während der Ferien alle an einer großen Übernachtung teilnehmen.

Kapitel 3 Training

Jinpei schaute nun schon seit zwei Tagen ununterbrochen die Nachrichten von allen Rundfunksendern des NHKs, denn er wollte auf gar keinen Fall irgendwelche Nachrichten bezüglich der Safe-Zone verpassen. Ausgenommen wenn er schlief oder es Essen gab, saß er deswegen immer wie gebannt vor dem Fernseher, während die anderen sich mehr oder weniger amüsierten. Doch es gab immer noch keine Neuigkeiten zu hören beziehungsweise zu sehen und das machte ihn fast wahnsinnig. Noch wahnsinniger machte es ihn allerdings, zu sehen, wie alle anderen so taten, als wäre überhaupt nichts, und in Ruhe ihren Spaß haben konnten, während die Welt vor dem Abgrund stand.

Umeko, die schon die ganze Zeit bemerkte, dass er viel zu gestresst war, betrat den Raum.

„Du solltest nicht die ganze Zeit darauf warten, dass was passiert, denn am Ende deprimiert es dich, wenn dann doch nichts kommt. Und noch schlimmer, du wirst nur noch panischer."

„Aber außer mir verfolgt doch niemand die Nachrichten, wenn was kommt, verpassen wir es noch wegen eurer sorgenfreien Art damit umzugehen. Das will ich auf keinen Fall riskieren."

„Ich kann ein paar unserer Angestellten darum bitten an deiner Stelle die Nachrichten zu verfolgen, damit du mal ein bisschen ausspannen kannst." Sie lehnte im Türrahmen.

„Das ist ja schön und gut, aber ich weiß nicht, was ich machen soll."

„Einfach nur weil es lustig wäre, schlag ich vor, du machst bei unserer kleinen Modenschau mit." Sie meinte diesen Vorschlag natürlich nicht ernst. „Aber ich kann dir versichern, es können sich bei weitem nicht alle entspannen, vielmehr sind es Nobu und

Rei, die nicht nur nach außen Ruhe ausstrahlen, sondern sie vermutlich auch haben. Harui zum Beispiel, sie hilft in der Küche aus und geht mit mir meinen gesamten Kleiderschrank durch, um sich von dem da draußen abzulenken", offenbarte Umeko ihm.

„Und was ist dann mit Daisuke, der ist doch auch entspannt", wollte er sie korrigieren.

„Das kommt dir nur so vor, weil er den ganzen Tag dazu verwendet seinen Stress in einen Sandsack unten im Keller einzuprügeln." Sie überlegte kurz und hatte dann eine ernst gemeinte Idee.

„Wie wäre es, wenn du zu Daisuke in den Trainingsraum gehst und mit ihm trainierst. Das hilft nicht nur deinem Stressabbau, sondern auch deinem Körperbau."

Da er nichts Besseres wusste, ging er auf sein Zimmer, schloss die Tür hinter sich und schnappte sich gezwungener Maßen seine Sportklamotten, und zwar dieselben, die er auch immer in der Schule trug. Schnell zog er die Klamotten, die er gerade trug, aus und schlüpfte in seine Sportsachen, in denen er dann runter in den Trainingsraum ging. Er konnte jedoch nicht sofort die Tür öffnen und lief erst noch eine Weile nervös auf und ab, bis er sich endlich den Mut fassen konnte zum Griff zu greifen und ihn zu sich zu ziehen, um die Tür zu öffnen. Er blieb auf der Türschwelle stehen und schaute sich erstmal um.

Vor ihm erstreckte sich ein weißer mit Ziegelsteinen gebauter Raum ohne Fenster, der viel mehr nach einem Bunker als einem Fitnessraum aussah. Die einzigen Lichtquellen waren die LED-Lampen, die reihenweise an der Decke befestigt hingen. Die einzige Chance da unten, die muffige Luft gegen frische, saubere Luft zu tauschen, waren die vier Lüftungsanlagen, die an jeder Wand aufgehängt wurden. Diese wurden genau wie das Licht beim Hereinkommen mit einem Schalter neben der Tür eingeschaltet.

Es standen jede Menge Geräte in dem Raum, teilweise auch welche, die Jinpei noch nie gesehen hatte. Außer bei dem Laufband, den Hanteln und den Sandsäcken konnte er nur Vermutungen anstellen, wofür die Geräte gedacht waren. Er war überwältigt von der Auswahl. Er hatte sich den Raum viel kleiner und mit wesentlich weniger Gerätschaften vorgestellt. Das, was er vor sich hatte, erinnerte ihn eher an ein Fitnessstudio.

Doch all das war nicht der Mittelpunkt von Jinpeis Aufmerksamkeit. Das war Daisuke, der gerade dabei war, seine Kraft in Form von Faustschlägen und Fußtritten an einem mit braunen Leder überzogenen Sandsack auszulassen. Seine Hände waren dabei von roten Boxhandschuhen bedeckt, während seine Füße nur von Bandagen eingehüllt waren. Sein Bizeps, Trizeps und seine Oberarmmuskeln waren alle gut definiert. Also so wie es ja eigentlich sein sollte, wenn man Sport wegen des Fitnessaspektes betrieb. Seine Haare hatte er sich zu einem Pferdeschwanz zusammengebunden. Damit verhinderte er, dass ihm bei jedem Schlag die Haare ins Gesicht fielen. Eine Strähne jedoch hatte sich schon gelockert und fiel ihm immer wieder ins Gesicht, was ihn aber nicht weiter störte. Jinpei wollte ihn zwar fragen, womit er anfangen soll, hatte aber Angst ihn zu unterbrechen und wollte abwarten, bis er fertig wurde.

Allerdings bemerkte Dai ihn schon vorher in der Tür stehen. Er wendete sich vom Sandsack ab und ging auf ihn zu. Dabei wischte er sich die Strähne aus seinem Gesicht.

„Was machst du denn hier unten?“ Jinpei war so in Gedanken verloren, dass ihn die Frage überraschte und aufschrecken ließ. Des Weiteren verschluckte er fast seine Zunge.

„I…i…ich ä…ähm, also U…Umeko, sie, sie hat gesagt, ich soll dir Gesellschaft leisten, um ein bisschen Stress abzubauen.“ Mehr brachte er nicht mehr hervor. Das brachte Daisuke zum Lachen, wodurch er sich nach vorne lehnte. Dadurch fielen ihm wiederum nicht nur eine, sondern gleich zwei Strähnen ins Gesicht.

„Gesellschaft beim Training ist immer schön. Später kommen auch noch Rei und Nobu; wenn du willst, können wir auch noch Harui und Umeko fragen, ob sie nicht auch mitmachen wollen und den Sack somit zumachen?“

„Ich dachte, die beiden würden nur im Garten rumsitzen und faulenzen oder Schach spielen." Jinpei hatte nie mitbekommen, wie die beiden in den Keller gegangen waren. Doch wie sich herausstellte, waren die beiden täglich ungefähr zwei Stunden zum Trainieren hier unten und ruhten sich den Rest des Tages einfach nur davon aus. Jinpei kam zu dem Schluss, dass auch die beiden nicht komplett entspannt wären.

Daisuke nahm sein Handy, das er auf der Bank neben der Eingangstür deponiert hatte, in die Hand und schrieb in ihre Gruppe.

Nobu und Rei hatten kein Handy dabei, da sie aber sowieso gerade trainieren wollten, war es perfektes Timing, sie waren dann nur kurz überrascht, die anderen auch unten zu sehen. Und schon kurz darauf waren alle in Trainingsklamotten im Trainingsraum. Für Harui und Jinpei war es das erste Mal, dass sie außerhalb der Schule Sport gemacht hatten.

Rei und Umeko hatten ihre langen Haare mit einem hohen Pferdeschwanz zusammengebunden. Sowohl Harui als auch Umeko bewunderten wieder einmal Reis perfekte Figur. Als Rei sah, dass Daisuke zwei Strähnen ins Gesicht fielen, fragte sie ihn, ob sie ihm helfen soll. Er nahm das Angebot dankend an. Sie ging hinter ihn und öffnete den Zopf, woraufhin sich alle Haare auf einmal lösten. Im selben Augenblick kam ihr der leichte Geruch von Schweiß in die Nase.

„Wie lange hast du schon trainiert?" Rei sammelte die Haare wieder ein.

„Vielleicht ne halbe Stunde, höchstens." Jetzt begann sie damit ihm einen neuen Zopf zu machen. Diesmal ohne Strähne, die ihm ins Gesicht fiel. Obwohl alle in dem Raum es genau beobachtet hatten, war Umeko die Einzige, die das Ganze kommentierte.

„Oh…ho, wollt ihr uns etwas sagen?" Natürlich wollte sie damit nur ein bisschen ihren Spaß haben. Als es aber der sonst so gefassten Rei, die sich sonst nie irgendwas anmerken ließ, ein bisschen peinlich wurde, kam die Neugierde in ihr hoch. Rei ging sofort einen Schritt zurück und leugnete es.

„Es war nur der Zopf, die Strähne hat mich gestört." Grinsend nahm Umeko die Aussage hin.

Auch Daisuke wollte es nicht so einfach hinnehmen und deutete auf Harui und Nobu.

„Was sagst du dann zu den beiden, die heute im Partnerlook unterwegs sind?" Erst jetzt fiel den anderen auf, dass Nobu und Harui farblich gesehen Partner waren. Beide trugen ein hellblaues Shirt und eine graue Jogginghose, auch wenn die von Nobu nur bis über die Knie reichte. Und auch hier blieb die Bemerkung von Umeko nicht aus.

„Vielleicht hab ich meine Aufmerksamkeit ja auf die Falschen gerichtet." Wieder fing sie an zu grinsen.

„Das war purer Zufall, mehr nicht." Harui verteidigte sich sofort, denn auch ihr wurde die Situation zusehends peinlicher, wobei es Nobu herzlich egal zu sein schien.

Die drei aus dem zweiten Jahr, die nicht jeden Tag dort unten waren, suchten sich jeweils einen Trainingspartner, der schon „Erfahrung" hatte, aus, mit dem sie dann die einzelnen Übungen machen sollten. Harui würde am liebsten mit Nobu ein Team bilden, doch sie traute sich nicht ihn zu fragen und wollte deswegen zu Rei, die ihr aber von ihrer besten Freundin weggeschnappt wurde. Darum wollte sie als Nächstes Daisuke fragen, doch der sagte, er würde lieber mit ihrem Bruder trainieren. Also musste sie notgedrungen mit ihrer ersten Wahl trainieren, doch da es sowieso genau das war, was sie wollte, machte sie innerlich Freudensprünge. Die Anderen wussten genau, wie sie empfand, ebenso wussten sie auch, dass sie sich niemals trauen würde ihn einfach so zu fragen.

Das ganze Training begann damit, dass sich alle erst einmal gemeinsam dehnten. Nach dem Dehnen ging es mit leichten Kraft- und Ausdauerübungen weiter. Dabei wechselten sich die Partner immer wieder ab, sodass einer Pause machte, während der andere sich anstrengte. Die Länge von Pause und Übung konnte jeder selbst bestimmen, je nachdem wie lange jeder persönlich aushielt. Die aus dem dritten Jahrgang, also Nobu, Daisuke und Rei, waren die, die am längsten trainieren konnten. Daisuke konnte nicht anders, als immer wieder an das zu denken, was Umeko vorhin sagte und schaute deswegen, immer wenn er Pause hatte, kurz rüber zu Rei, tat aber, so als wenn nichts wäre, wenn sich ihre Blicke zufällig trafen. Auch Rei musste die ganze Zeit daran denken. Diese Gedanken ließen sie nicht mehr in Ruhe. Genau wie Harui, doch anders als Rei, konnte sie sich nicht mehr richtig auf die Übungen konzentrieren, weil Nobu direkt hinter ihr war, und das die ganze Zeit. Umeko beobachtete das Ganze aus einiger Entfernung und merkte, dass Harui ihren Spaß hatte, auch wenn es auf den ersten Blick vielleicht nicht so ausgesehen hatte. Selbstverständlich fiel ihr auch das Verhalten von Daisuke und Rei auf, sagte diesmal jedoch nichts, da sie sehen wollte, was noch alles passieren würde.

Bis auf die drei aus dem dritten Jahrgang, die das alles schon öfters gemacht haben, waren alle nach ungefähr einer halben Stunde fix und fertig von den ganzen Übungen und brauchten erstmal eine längere Pause, obwohl sie es langsam hatten angehen lassen.

Also mussten die drei Verbliebenen sich nun gegenseitig helfen. Da schlug Daisuke ein kleines Sparring zwischen ihnen vor, dafür wären sie genau die richtige Anzahl Leute.

„Zuerst Nobu gegen mich, dann ich gegen Rei und zuletzt Nobu gegen Rei, jeweils mit einer zehn minütigen Pause zwischen den Kämpfen, Schiedsrichter ist immer der, der gerade nicht kämpft. Verloren hat man, wenn man aufgibt oder länger als 10 Sekunden mit dem Rücken den Boden berührte.“ Daisuke stellte die Regeln auf und die beiden waren damit einverstanden.

Während Harui gespannt dem ersten Kampf folgte, fragte hinter ihr Umeko, deren Top nun nicht mehr weiß, sondern vom Schweiß in einem helleren Grau gefärbt wurde, ob sie Jinpei, der momentan auf der Bank saß, zu viel versprochen hatte oder nicht.

„Es war genau das, was ich gerade gebraucht hab. Danke“, antwortete der immer noch leicht nach Luft ringende Jinpei ihr. Sie lächelte zufrieden und rückte vor zu ihrer besten Freundin, die noch näher am Ring, mit angewinkelten Beinen, auf dem Boden saß und fragte auch sie, ob es ihr gefallen habe. Doch sie bemerkte es nicht, da sie gespannt den Kampf verfolgte. Umeko, der das schon Antwort genug war, setzte sich neben sie und verfolgte nun auch den Kampf.

Den ersten Kampf gewann Dai nach 3 Runden, in denen Nobu sich gut geschlagen hatte, es wunderte jedoch niemanden, dass Nobu verlor, da Dai schon seit drei Jahren Kampfsport betrieb. Nobu war zwar immer mal wieder dabei und hatte sich so den ein oder anderen Trick abgeschaut, doch natürlich reichte das bei weitem nicht aus. Besagte Tricks hatten ihm schon öfters geholfen. Zum Beispiel vor kurzem erst konnte er damit seinen Klassenkameraden, der auf ihn losging, zu Boden bringen. Oder damals als er Jinpei helfen wollte, nachdem er Ende des ersten Quartals mitbekam, dass er gemobbt wurde. Ohne Daisukes Hilfe hätte er den Kampf jedoch nicht gewonnen, ihre Gegner waren immerhin zu fünft. Und auch wenn der Kampf zwischen Dai und Nobu länger ging, verlief er trotzdem so, wie alle es vermutet hatten.

Der zweite Kampf hingegen verlief ganz anders, als alle es sich vorstellten. Gewonnen hatte nämlich nicht Daisuke, sondern seine Kontrahentin Rei. Sie merkte allerdings an, dass die 10 Minuten für ihn vermutlich zu wenig Zeit zum Ausruhen waren, da Nobu doch ein nicht zu unterschätzender Gegner wäre.

In Wahrheit hatte sie aber auch schon seit etwa einem Jahr heimlich Kampfsportunterricht genommen, um sich ein wenig vom Druck des Lernens abzulenken, das verschwieg sie aber vor allen, besonders vor ihren Eltern. Doch Nobu erkannte an ihren Bewegungen, dass sie geübter darin war, als sie den anderen gegenüber zugab, er selbst sagte jedoch nichts, da sie seiner Meinung nach einen Grund haben musste, es bis jetzt niemandem gesagt zu haben. Der Grund war, dass sie nicht wollte, dass ihre Eltern davon erfuhren, da sie denken sollten, sie würde sich voll und ganz auf die Prüfung konzentieren und sich nicht andauernd mit anderen Sachen beschäftigen. Auch wenn ihre Eltern ihre Freunde nichts gesagt hätten, wollte sie es lieber auch vor ihnen geheim halten. Die Einzige, der sie etwas gesagt hatte und die von so gut wie all ihren Geheimnissen wusste, war Umeko. Diese hatte sie dabei erwischt, wie sie Trainingsklamotten kaufte, und sie daraufhin zur Rede gestellt. Denn wenn Umeko etwas gut konnte, dann war es Leute auszuquetschen. Sie fand irgendwie Gefallen daran die innersten Gedanken eines Menschen aufzudecken, selbst blieb sie aber gerne ein verschlossenes Buch. Doch es blieb nicht bei diesem einen Geheimnis, seitdem war Umeko diejenige, die sie um Rat fragte, wenn es um alles Mögliche ging. Nobu wusste zwar auch, dass sie Geheimnisse vor den anderen hatte, das hat schließlich jeder, doch er wusste nicht welcher Art. Er war auch nicht sonderlich scharf drauf herauszufinden, was es für welche sein könnten, er war der Meinung, jeder hätte das Recht darauf etwas vor anderen verheimlichen zu dürfen, solange es niemandem schadete. Außerdem dachte er sich, wenn sie so weit ist, würde sie es von selbst offenlegen.

Wegen ihrer Äußerung schlug Nobu ihr eine längere Pause vor, da er jetzt immerhin auch einen ganzen Kampf Pause hatte. Sie einigten sich dann auf eine 20-minütige Pause, bis die beiden im letzten Kampf des Tages gegeneinander antraten. Der Kampf war für beide Seiten nicht einfach und eigentlich hatte Rei die Oberhand, weshalb es alle wunderte, dass Nobu am Ende gewann. Rei ließ es zu, dass er einen kritischen Treffer landen konnte und sie so für zwölf Sekunden auf die Matte schickte. Bis sie wieder aufstehen konnte, war der Kampf also schon längst gelaufen. Das lag nicht daran, dass sie verheimlichen wollte, dass sie Kampfsport machte, sondern daran, dass sie kurz unaufmerksam war und Nobu diesen Moment ausgenutzt hatte. Es wäre ihr mittlerweile auch egal gewesen, wenn ihr Geheimnis aufgeflogen wäre, mit der aktuellen Situation hätten ihre Eltern andere Sorgen, als dass ihre Tochter sich nicht zu 100 % auf die Schule konzentrierte.

Als Geste des guten Willens half Nobu seiner Kontrahentin auf, die beiden gaben sich einen Handschlag und umarmten sich. Ließen aber schnell wieder voneinander ab, da es kein schönes Gefühl war einen anderen warmen, verschwitzten Körper an den eigenen zu drücken. Nach einem Blick auf die Uhr sollte das das Letzte gewesen sein, was an diesem Tag in diesem Raum passieren sollte, denn es wurde langsam Zeit für das Abendessen. Alle schnappten sich, sofern sie etwas mitgebracht hatten, ihre Sachen und verließen den Raum in Richtung ihrer Zimmer, um dort Handtuch, Shampoo und frische Klamotten zu holen. Danach gingen die Mädchen in den dritten Stock zum Duschen und die Jungs in den zweiten Stock. Jeder hatte eine separate Dusche. Nach der erfrischenden Dusche trafen alle nach und nach im Speisesaal ein. Alle hatten nur schnell irgendetwas übergeworfen, um nicht nackt zum Essen zu erscheinen. Harui hatte nicht einmal Zeit ihre Zöpfe zu machen, genauso wie Umeko, die das erste Mal ohne ihren Haarreif zum Essen erschienen war. Rei, die nicht mal mehr die Zeit gehabt hatte ihre Haare richtig zu trocknen, musste ihre klatschnassen Haare über ihre Schultern nach vorne legen, um nicht den ganzen Stuhl und ihren Rücken durchzunässen. Nobus Haare waren zwar trocken, aber er hatte keine Zeit mehr gehabt sie noch einmal zu richten, weswegen sie total zerzaust waren, doch ihm war das vollkommen egal, da er schon oft so ausgesehen hatte.

Beim Essen wurde nur über das Training geredet und ob die anderen auch den Rest der Woche weitermachen wollen. Sie bestätigten es und legten gemeinsam eine Uhrzeit für den nächsten Tag fest.

Kapitel 4 Miyazaki

„Hat vielleicht jemand von euch Lust, heute mit uns in die Stadt zu gehen, wir müssen nämlich einkaufen?“ Akino, das Dienstmädchen, das für die Einkäufe verantwortlich war, trat nach dem Frühstück an die Kinder heran. Es war der vierte Tag und langsam wurden die Lebensmittelvorräte knapp.

„Ich bleib lieber hier, wer weiß, wie es in der Stadt gerade aussieht.“ Umeko hatte keine Lust in die Stadt, in der vermutlich die Hölle los war, zu gehen. „Komm, wir gehen.“ Mit einem Blick brachte sie Harui dazu ihr wortlos zu folgen.

„Ich würde mitgehen.“ Rei hob ihre Hand.

„Ich auch, ich würde mir gerne mal einen Überblick verschaffen.“ Nobu hatte ebenfalls Lust darauf. Auf Nachfrage des Dienstmädchens verneinten allerdings Daisuke und Jinpei und verließen ebenfalls den Raum.

Sie einigten sich darauf sich in einer halben Stunde am Haupttor zu treffen, um von dort mit dem Auto in die Stadt zu fahren.

Nobu wartete bereits seit ein paar Minuten auf die Mädchen, die sich leicht verspäteten. In dem Moment, in dem er gedankenverloren auf das Tor hinter sich blickte, öffnete sich die große Eingangstür, einige Meter entfernt. Rei und drei weitere Personen traten heraus. Es waren Akino und ein anderes Dienstmädchen, plus Harui. Was Nobu schon von weitem sehen konnte, war, dass die beiden Dienstmädchen nicht mehr ihre typische Uniform trugen. Stattdessen hatten beide gewöhnliche Alltagskleidung an.

„Tut uns leid, das Umziehen hat etwas länger gedauert als erwartet.“ Sie zeigte auf ihre Kollegin. „Das hier ist meine Kollegin Sato, sie wird uns heute begleiten.“

„Freut mich euch kennenzulernen." Sato verbeugte sich zur Begrüßung. „Gut, dass wir noch ein paar Hände mit dazu bekommen haben." Mit einem Lächeln schaute sie sich in der Runde um.

„Du gehst doch mit." Nobu war darüber verwundert, dass Harui vor ihm stand.

„Ja, Umeko meinte, dass sie mal etwas Zeit für sich brauchte und ich mitgehen sollte." Natürlich war das gelogen, Umeko wollte nur ihrer besten Freundin etwas Zeit mit Nobu ermöglichen.

„Na dann wollen wir das mal respektieren."

Auf dem Weg in die Stadt kamen ihnen bereits einige Leute mit prall gefüllten Taschen und besorgten Blicken entgegen. In einigen Autos konnte man sogar ganze Familien sehen, die sich in ein vollgepacktes Auto zwängten; dass sich die Türen noch schließen ließen, war ein Wunder.

„Ich hoffe, es gibt noch genug", gab Akino zu bedenken. Auch dem Rest gab dieser Gedanke zu denken.

Als sie auf den Parkplatz einbogen, bot sich ihnen ein Bild, das niemand zuvor je gesehen hatte. Der riesige Parkplatz fast komplett belegt. Vor dem Eingang stand ein halbes Dutzend Polizisten, die Mühe hatten die riesige Schlange von Kunden unter Kontrolle zu halten. Von ihnen wurde auch kontrolliert, dass jeder auch wirklich nur so viel einkaufte, wie er brauchte. Aus diesem Grund war das Geschäft wegen seiner Größe eines der wenigen in der ganzen Stadt, das überhaupt noch etwas anzubieten hatte. Das sprach sich natürlich herum, weshalb jeder in der Umgebung nun in der etliche Meter langen Schlange stand, um dort einkaufen zu dürfen. Gerade deshalb konnte man den Menschen in der Schlange ansehen, wie genervt sie über die langen Wartezeiten waren.

„Sollten wir lieber zu einem anderen Geschäft fahren?", fragte Akino in die Runde.

„Ich glaube nicht, dass wir woanders noch Glück haben werden", warf Rei ein.

Als sie dem Eingang langsam, aber sicher näher kamen, fingen plötzlich drei Leute an Ärger zu machen. Sie seien als Nächstes an der Reihe und beschwerten sich darüber, dass sie nicht jetzt schon reingehen durften.

„Ich muss Sie bitten zurückzutreten, Sie sind nicht die Einzigen, die hier warten müssen." Einer der Polizisten versuchte die Situation zu entschärfen.

„Halt die Klappe, wir stehen doch schon am Eingang, warum lasst ihr uns dann nicht einfach rein", kam direkt als Antwort zurück. Der Mann war einen ganzen Kopf größer als der Beamte vor ihm, was diesen ein wenig einschüchterte.

„Sir, bitte beruhigen Sie sich und gehen Sie zurück hinter die Linie." Der Polizist versuchte weiter mit ruhiger Stimme auf ihn einzureden, das schien ihn jedoch nur noch wütender zu machen. Das ganze Szenario kam Nobu, aus Filmen erschreckend bekannt vor, weshalb er noch gespannter auf den Ausgang des Ganzen war.

„Ach Scheiß doch drauf." Ohne groß auszuholen, schlug er den Polizisten mit einem Schlag zu Boden und stieg über ihn drüber. „Die Welt geht unter und ihr haltet euch immer noch an die Regeln, was seid ihr denn bitte für Idioten?" Nun drehte er sich zu den anderen in der Schlange um. „Sie können uns nicht zwingen schön brav hier draußen zu warten, während sich die anderen da drin die Taschen vollschlagen." Mit einer Armbewegung lud er die Leute ein ihm zu folgen, als ein Schuss ertönte und er zu Boden fiel.

Einer der Polizisten hatte ihn mit einem gezielten Kopfschuss niedergestreckt. Als seine beiden Begleiter die Situation begriffen, versteinerten sie.

„Ihr solltet verstanden haben, wie das hier läuft. Wenn noch mal einer Stress macht, endet er genauso wie er." Der Schütze blieb ganz ruhig, während er seine Waffe zurück ins Holster steckte. „Ihr zwei solltet verstanden haben, dass, wenn ihr nicht gleich mit eurem Kumpel verschwindet, ihr die Nächsten seid." Sowohl genervt als auch ängstlich hoben sie den toten Körper ihres Freundes auf und verließen den Parkplatz.

Kaum waren sie weg, fingen die Menschen in der Schlange an zu tuscheln. Einige fanden es gut, was getan wurde, andere wiederum fanden es übertrieben. Auch bei Nobu und den anderen gab es unterschiedliche Meinungen.

„Das war doch wirklich nicht nötig." Sato war der Meinung, dass ein Warnschuss auch genügt hätte.

„Das war als Abschreckung gedacht", erklärte Nobu.

„Wie bitte?" Akino verstand nicht, was er ihnen sagen wollte.

„Der Polizist musste zeigen, dass sie dazu bereit sind Menschen zu erschießen, sollte es nötig werden", erklärte Nobu weiter.

„Nobu hat Recht, hätte er nur einen Warnschuss abgegeben, hätte es passieren können, dass die Leute in der Schlange auf die Aufforderung dieses Typen eingegangen und in den Laden gestürmt wären. Wäre das passiert, hätte die Polizei nicht schnell genug reagieren können und wäre überrannt worden", vervollständigte Rei seine Ausführung. Die beiden Dienstmädchen wunderten sich darüber, wie die Kinder so ruhig bleiben konnten trotz des Mordes, der sich gerade ereignete. Harui fand es noch immer übertrieben, verstand aber, wieso die beiden so ruhig bleiben konnten.

„Sind das wirklich noch Kinder?", fragte Akino ihre Kollegin, die zusammen mit ihr ein bisschen weiter vorne stand.

„Umeko hat uns doch schon öfter gesagt, dass die beiden in jeder Situation ruhig bleiben können." Das war für sie nur der Beweis, dass Umeko ihnen die Wahrheit gesagt hatte.

„Tut mir leid, ich hoffe, ich habe euch vorhin nicht erschreckt." Als die Gruppe an den Polizisten vorbei zum Eingang gingen, neigte sich derjenige, der zuvor geschossen hatte, zu den Kindern herunter. Er hatte nicht erwartet, dass Kinder mit in der Schlange standen.

„Keine Sorge, wir waren ja weit genug weg." Rei lächelte ihn charmant an.

„Da bin ich aber froh.“ Er lächelte zurück, dennoch war leichtes Unbehagen zu spüren.

„Aber ich muss schon sagen, ich hätte nicht erwartet, dass Sie als Polizist so schnell begreifen, wie Sie reagieren müssen, um alles unter Kontrolle zu behalten“, erzählte ihm Nobu bewundernd. Das jedoch verwunderte den Polizisten, er hätte nicht gedacht, dass einer der Zivilisten, und ganz besonders kein Kind, verstanden hätte, wieso er das machen musste. Gerne hätte er sich noch weiter mit Nobu unterhalten, musste aber seinen Job machen.

„Keine Sorge, drinnen sind noch mehr von uns, ihr braucht also keine Angst haben, dass euch etwas passiert“, versicherte er ihnen.

Von dem Radau vor der Tür war, kaum dass sie ein paar Meter im Gebäude waren, überhaupt nichts mehr zu spüren. Aus Lautsprechern ertönte entspannende Musik. So schlenderten sie, mit zwei Einkaufswägen, durch die mehr oder weniger vollen Gänge. Normal sollten die Mitarbeiter des Geschäftes darauf achten, dass die Regale nie mehr als halb leer sind. Doch das war nicht mehr möglich, da selbst die Lagerbestände bei den meisten Sachen aufgebraucht waren.

Hin und wieder begegneten sie einem Polizisten, bei genauerem Hinsehen fiel Nobu auf, dass es in etwa halb so viele Polizisten wie Einkäufer gab. Auch hier nahm er an, dass es dazu diente, um die Kunden unter Kontrolle halten zu können.

Mit Mühe und Not schafften sie es ihre Wägen zu füllen, ohne dabei die Regale komplett auszuräumen.

„Verzeihung, dürfte ich Sie bitten einen der Wägen wieder zurückzuräumen.“ Einer der Polizisten sprach sie an der Kasse an. „Jeder soll nur so viel kaufen, wie er auch wirklich benötigt, damit auch andere noch etwas kaufen können.“

Die Dienstmädchen wussten nicht, wie sie mit dieser Situation umgehen sollten. Es stimmte schon, für einen normalen Haushalt hatten sie genug gekauft, um es mehrere Monate damit aushalten zu können. Doch für die Menge an Leuten, die sie versuchten satt zu bekommen, würde es maximal eine Woche reichen. Nobu wollte schon einspringen und die Situation aufklären, als der Kassierer anfing mit dem Polizisten zu reden.

„Das ist schon in Ordnung, ich kenne die beiden Frauen." Er war ein bisschen nervös, auch wenn es in den letzten Tagen öfters Probleme mit Kunden gab. Diese Situation war genau das Gegenteil von dem, was er bisher erlebt hatte. Sonst konnte er sich immer darauf verlassen, dass die Beamten dabei halfen das Ganze zu regeln. „Sie sind in der Villa der Familie Himawari angestellt, das, was sie da eingepackt haben, ist nur ein Wocheneinkauf für sie."

„Ist das wahr?" Der Polizist trat nun mit einer ungläubigen Miene an die Gruppe heran.

„Ja ist es, ich kenne die beiden nur zu gut, die Kinder hab ich aber noch nie gesehen." Die Kassiererin an der Kasse gegenüber kam ihnen ebenfalls zu Hilfe.

„Dann tut es mir leid, ich hoffe, Sie können mir meine Unhöflichkeit verzeihen." Die Laune des Mannes änderte sich schlagartig, fast so als hätte er Angst davor, was passieren könnte, wenn er sich mit der Familie Himawari anlegen würde.

Akino bedankte sich bei den beiden Angestellten des Ladens, während Sato ihren Einkauf bezahlte.

„Bin ich froh, dass sich die Lage so schnell aufgeklärt hat." Erleichterung breitete sich auf Satos Gesicht aus.

Beim Verlassen des Ladens kamen sie wieder an dem Polizisten vorbei, der zuvor den Mann erschossen hatte. Als er sie aufhielt, befürchteten sie, dass er sie genauso wie der Polizist zuvor wegen ihrer zwei vollen Einkaufwagen aufhalten wollte. Doch alles, was er ihnen sagte, waren Worte der Warnung. Im Laden konnte ihnen zwar nichts passieren, doch jeder wusste nun genau, wie viel sie eingekauft hatten. Einige würden das als unfair betiteln und könnten versuchen sie auszurauben. Deswegen mussten sie ihm versprechen direkt nach Hause zu fahren und dabei besonders vorsichtig zu sein.

Ob es nun an der Warnung lag oder ob es wirklich so war, konnten sie in diesem Moment nicht sagen. Trotzdem schaute sie jeder, an dem sie vorbeikamen, mit missbilligenden und gleichzeitig gierigen Augen an. Sogar Rei, die sonst nichts so leicht aus der Ruhe bringen konnte, fühlte sich unwohl. Sie fühlte sich wie auf dem Präsentierteller. Auch als sie mit dem Auto zurück Richtung Villa fuhren, ebbte dieses Gefühl bei ihr nicht ab.

„Vielleicht haben wir ja doch zu viel eingekauft."

„Meinst du damit die Worte des Polizisten?" Auch Nobu konnte nicht richtig entspannen.

Plötzlich ging ein Ruck durch das ganze Fahrzeug, der die Insassen einmal durchschüttelte.

„Was war das denn?" Akino riss das Steuer herum, sie versuchte das Auto zum Stehen zu bringen. Was aber nicht funktionierte, denn das Auto hinter ihnen fuhr weiter und rammte sie erneut, wodurch es sich ein ganzes Stück drehte, entgegen der Fahrtrichtung blieb es dann endgültig zum Stehen.

Zwei Türen des Wagens, der sie gerammt hatte, wurden ruckartig aufgerissen, heraus kamen zwei vermummte Männer, die zielstrebig auf das Auto zugingen. Einer von den beiden fuchtelte mit einem Baseballschläger herum, während der andere ein großes Küchenmesser schwang und dabei schrie:

„Raus aus dem Auto, na los, wird's bald." Im nächsten Moment wurde eine Scheibe des Wagens eingeschlagen, wobei zum Glück niemand verletzt wurde, da sie in den Kofferraum führte. Der nächste Schlag schlug auf dem Dach des Fahrzeuges ein.

Alle vier öffneten fast gleichzeitig die Tür und traten nach draußen. Der Typ mit dem Küchenmesser fing hämisch an zu lachen, während er sich auf den Fahrersitz setzte. Harui bekam noch mehr Angst als zuvor, da sie noch immer im Inneren des Wagens war und gerade erst die Tür erreichte. Als er das Messer auf das Armaturenbrett vor sich legte, schaffte sie es zu den anderen. In dem Moment hatte sein Kollege auf dem Beifahrersitz Platz genommen und die Tür hinter sich zugezogen.

„Na los, jetzt fahr schon!“, drängte er den anderen.

„Es geht nicht, der Schlüssel fehlt“, stellte der andere erschrocken fest. Akino hatte aus einem Reflex heraus den Schlüssel beim Aussteigen abgezogen.

„Dann hol ihn dir eben.“ Die Erkenntnis, dass der Überfall nicht so verlief wie geplant, verunsicherte die beiden.

Gerade als der Fahrer ausstieg und gleichzeitig nach seinem Messer griff, verpasste Rei ihm mit voller Kraft einen Tritt gegen den Brustkorb. Er fiel zurück auf den Sitz und schlug sich dabei den Kopf am Türrahmen an. Am Rahmen klebte etwas Blut, was erklärte, wieso der Mann sofort ohnmächtig wurde.

In dem Versuch, alles irgendwie noch zu retten, stieg der Andere aus dem Auto. Mit dem Baseballschläger in der Hand ging er vorne um das Auto herum auf die Gruppe zu. Nobu ergriff schnell das Messer und stellte sich schützend vor den Rest. Er war zu allem entschlossen, in seinem Blick ließ sich nicht die kleinste Spur von Angst erkennen. Genau das war es, was den Angreifer durchdrehen ließ. Nobu musste daran denken, dass selbst eine Maus gefährlich wird, wenn man sie in die Enge treibt. Durch seine Nervosität gepaart mit Nobus sicherem Auftreten bekam er es dennoch mit der Angst zu tun. Er sah in Nobu in diesem Moment keinen Oberschüler mehr, sondern jemanden, mit dem er es nicht aufnehmen kann.

Seine ruhige Art verlor Nobu jedoch, als ein Schuss ertönte. Erschrocken fuhr er herum, was er dort sah, beruhigte ihn aber wieder. Der Polizist, der ihnen zuvor den Rat gegeben hatte, stand mit gezückter Waffe nur wenige Meter von ihnen entfernt. Nachdem er einen Warnschuss in die Luft abgegeben hatte, zielte er nun auf den Mann mit dem Baseballschläger.

„Lasst beide die Waffen fallen, danach gehst du da hinten langsam auf den Boden und verschränkst die Finger hinter deinem Kopf.“ Fast zeitgleich ließen Nobu und der Angreifer die Gegenstände in ihren Händen zu Boden sinken. Der Polizist kam mit weiterhin gezückter Waffe auf die Gruppe zu. Erst als er dem Angreifer seine Handschellen anlegte, steckte er seinen Revolver ins Holster zurück.

„Sie sind uns gefolgt,“, stellte Harui, die immer noch unter Schock stand, fest.

„Ja, ich hatte ein ungutes Gefühl bei der ganzen Sache.“ Als er dem Mann die Maske abnahm, stellte er fest, dass es einer der beiden war, dessen Kumpel er zuvor erschossen hatte. „Und wie sich zeigt, ist auf mein Bauchgefühl eben doch noch Verlass.“

„Das ist doch …“, fing Rei an.

„Ja, das ist einer von den drei, die vorhin Ärger gemacht haben“, ergänzte der Beamte sie. „Ich würde Sie ja gerne bis zu Ihnen nach Hause begleiten, aber leider muss ich mich erstmal um die beiden hier kümmern.“ Das Auto, das die Dienstmädchen sonst immer fuhren, war nach dem Unfall nicht mehr zu gebrauchen.

„Sato, können Sie einen der anderen Angestellten bitten uns hier abzuholen.“ Keine zehn Minuten später kam einer der Angestellten mit einem großen Wagen vorbei.

Nachdem alles umgeladen war und sie sich zur Villa aufmachten, fuhr auch der Polizist los.

„Ist bei euch alles in Ordnung?“ Umekos Vater empfang sie zusammen mit den Kindern.

„Uns ist nichts passiert, aber das Auto …“

„Machen Sie sich darum mal keine Sorgen, solange euch nichts passiert ist, ist alles gut.“ Glücklich wieder heil zurück zu sein nahm Harui, Umeko erst einmal in den Arm und ging zusammen mit ihr ins Haus.

Kapitel 5 Gewitter

Noch am selben Abend tobte über Miyazaki heftiges Gewitter, das viele Menschen um ihren Schlaf brachte, so auch Harui.

Unaufhörlich peitschte der Wind gegen die beiden Fenster, die in den Garten zeigten. Wenn ein Schwall Wasser dazukam, wurde es noch viel lauter. Dazu kamen immer wieder grelle Blitze, die ihr Zimmer wieder und wieder für den Bruchteil einer Sekunde erhellten, nur um es danach wieder in Dunkelheit zu hüllen. Für sie war es einfach nicht zum Aushalten.

Sie hat schon alles versucht, ob es nun die Vorhänge waren, die sie vor die Fenster schob, um den Lärm wenigstens ein bisschen abzudämmen. Oder ob sie sich gefühlte hundert Mal so sehr in ihrem Bett wälzte, dass das Lacken schon ganz knittrig war. Selbst das Verkriechen unter ihrer Bettdecke in der Hoffnung, Licht und Lärm damit entkommen zu können, waren vergebens.

Sie entschied sich dazu einen Spaziergang auf dem Flur zu machen, um sich irgendwie auf andere Gedanken zu bringen. Als sie aus ihrem Bett stieg, stieß sie sich erstmal den kleinen Zeh am vorderen rechten Bettpfosten an. Trotz des Schmerzes blieb sie ruhig und schrie ihn wie schon so oft in sich hinein. Das tat sie einfach aus Gewohnheit, jedes Mal wenn sie laut wurde, wurde sie von dem Freund ihrer Mutter geschlagen. Wenn sie, nachdem sie geschlagen wurde, erneut schrie, schlug er sie noch einmal, womit sie in einem Teufelskreis gefangen war. Schon recht schnell konnte sie sich daher daran gewöhnen, keinen Mucks mehr von sich zu geben, egal wie groß der Schmerz auch gewesen mag.

An der Tür kam sie kurz nicht weiter, denn die zu langen Ärmel ihres Pyjamas verhinderten, dass sie den Türgriff richtig packen konnte und abrutschte.

Sie schob ihn also notgedrungen mit dem anderen Ärmel nach hinten und packte zeitgleich den Griff. Sofort rutschte der Ärmel wieder nach unten. Das hinderte sie jetzt aber nicht mehr daran leise und vorsichtig die Tür zu öffnen. Sie trat aus ihrem Zimmer und schloss hinter sich die Tür. Es machte zwar keinen Unterschied, ob die Tür nun laut oder leise zufiel, da jeder, der bei diesem Gewitter schlafen konnte, durch das Schließen einer einzigen Tür ganz bestimmt nicht aufwachen würde. Doch auch das geschah wieder nur aus reiner Gewohnheit.

Das Gewitter war auf dem Flur schon wesentlich leiser, aber trotzdem noch deutlich zu hören. Der Gang wurde nicht beleuchtet, außer in den Momenten, in denen es blitzte und das Licht durch die Fenster hineinbrach. Sie hatte leichte Probleme beim Laufen, da die Hosenbeine ihres Pyjamas über den Boden schleiften und sie gut aufpassen musste nicht darüber zu stolpern. Weil sie das nicht riskieren wollte, entschied sie sich letztendlich dazu die zu langen Hosenbeine bis zu ihren Knöcheln hochzukrempeln.

Als sie auf dem Boden kniete, um ihr zweites Hosenbein nach oben zu krempeln, konnte sie erkennen, dass in Nobus Zimmer, trotz der späten Stunde, noch immer Licht war. Sie fragte sich, ob und, wenn ja, wieso er noch wach war.

Fertig mit beiden Beinen ihres Pyjamas stand sie langsam wieder auf und ging die paar Meter zur Nachbarzimmertür. Mit sich selbst hadernd, stand sie ohne anzuklopfen für mehrere Sekunden vor seiner Tür. Sie dachte sich, was wäre, wenn er doch schlafen würde, aber einfach zu müde gewesen war, und dadurch ganz vergessen hatte sein Licht auszumachen. Wie würde er dann reagieren, wenn sie ihn aufwecken würde, wäre er vielleicht sogar sauer auf sie, das wollte sie auf keinen Fall riskieren. Sie wollte wieder abdrehen und einfach weiter den stockdusteren Flur entlanggehen, als die Tür langsam aufging und Rei erschien. Sie hatte nichts weiter an als ein weißes Hemd, das ihr ein paar Nummern zu groß war und deswegen fast bis zu den Knien ging, mit einer Unterhose darunter, so hoffte Harui zumindest.

Harui erschrak sich und schrie kurz auf. In dem Moment vergaß sie kurz ihre Gewohnheiten und erhob ihre Stimme.

Auf den Schrei reagierend kam kurze Zeit später auch der Rest aus ihren Zimmern. Nun wurde der Flur von den Lichtern aus den einzelnen Zimmern erhellt. Jeder sah sich nach der Quelle des Schreis um, konnte aber nur Harui und Rei sehen, die sich gegenüberstanden.

Dai hatte mit Rei das freizügigste aller Outfits, nur in einer Boxershorts torkelte er im Halbschlaf aus seinem Zimmer. Sein durchtrainierter Körper kam nun völlig zur Geltung. Und wieder bewunderte Harui sowohl Rei als auch Daisuke dafür, dass es ihnen überhaupt nicht peinlich war sich so freizügig zu zeigen. Selbst wenn es in diesem Moment nur ihre Freunde waren, die sie gesehen hätten, würde sie es sich niemals trauen in so einem Outfit herumzulaufen.

„Du traust dich ja was Daisuke." Eine Bemerkung von Umeko, die sie spaßeshalber getätigt hatte.

„Sonst wird mir einfach zu warm beim Schlafen." Er war allerdings nicht der Einzige, der eine dumme Bemerkung von ihr zu hören bekam, auch Rei blieb nicht von einer verschont.

„Aber nicht nur du, auch Rei zeigt sich ganz schon freizügig." Erst jetzt fiel Daisuke Reis Outfit auf. Er begutachtete ihren wohlgebauten Körper, der in diesem Moment von dem Hemd größtenteils verdeckt war. Trotz allem konnte Daisuke erahnen, was sich darunter verbarg, und das gefiel ihm.

„Ist dasselbe wie bei Daisuke, normal hab ich nur Unterwäsche an, wenn ich schlafe, weil es sonst einfach zu warm wird." Was Daisuke an dem ganzen Bild jedoch ein bisschen störte, war, dass sie nicht vor ihrem eigenen Zimmer stand.

„Aber nur in Unterwäsche wollte ich nicht unbedingt bei Nobu aufkreuzen." Auch er kam jetzt dazu, wodurch das Thema fürs Erste geklärt war.

Nobu bemerkte, dass Daisuke einen Moment vorher noch in seine oder eher in Reis Richtung schaute. Sofort verstand er, was ihn so bannte. Auch er fand Rei sehr attraktiv, besonders in ihrem jetzigen Aufzug. Doch sonst bemerkte keiner Daisukes Blick. Denn was alle wirklich interessierte, war, woher der Schrei kam.

„Das war wohl meine Schuld, ich bin aus dem Zimmer gekommen und hab sie damit offenbar erschreckt", erklärte Rei.

„Jetzt interessiert es mich doch, wieso warst du überhaupt in seinem Zimmer?" Umeko wollte jetzt alles ganz genau wissen.

„Wir haben mal wieder ein bisschen Schach gespielt, heute ist es eben ein bisschen länger geworden, da man bei dem Gewitter sowieso nicht so leicht Schlaf finden kann", erzählte sie.

„War da wirklich nur Schach oder vielleicht noch mehr?" Sie hoffte auf interessantere Gründe.

„Umeko!" Rei fuhr sie an, beantwortete ihre Frage aber nicht.

„Okay, ich hör ja schon auf." Mit einem verschlagenen Lächeln gab Umeko auf.

Auch Harui blieb von der Frage, was sie vor der Tür machte, nicht verschont. Sie erzählte ihnen die ganze Geschichte, bis zu dem Teil, den sie schon wussten.

„Ich würde gerne weiter mit euch reden, doch jetzt muss ich erstmal wohin." Der Grund, wieso Rei aus dem Zimmer kam, war, weil sie eigentlich auf die Toilette musste. Konnte es aber nicht mehr halten, da sie schon so lange gewartet hatte, wie sie konnte. Mittlerweile war es nicht mehr auszuhalten, was sie sich allerdings überhaupt nicht anmerken ließ. Während Daisuke ihr unbewusst hinterherblickte, verschwand sie in der Dunkelheit des Flures. Dieser gab nur noch einmal ihre Silhouette preis, als ein besonders greller Blitz den Gang mit Licht flutete, bevor die Dunkelheit sie sich dann endgültig einverleibte.

Dafür kam ein Bediensteter, der den Schrei ebenfalls hörte, aus derselben Richtung auf die Gruppe zu.

„Ist alles in Ordnung, ich habe einen Schrei gehört."

„War ich wirklich so laut?" Harui war es peinlich sich vorzustellen, dass das ganze Haus mitbekommen hatte, das sie sich erschrocken hatte.

„Keine Sorge, warst du nicht“, beruhigte Daisuke sie, weshalb sie annahm, dass der Bedienstete einfach in der Nähe war. „Hier ist alles in Ordnung.“ Nun ging auch der Mann wieder seiner Wege, ehe auch die anderen wieder ins Bett gingen.

„Hast du Lust auf eine Runde Schach, ich nehme mal an, dass du jetzt erst recht nicht schlafen kannst.“ Nobu war als Einziger noch bei Harui auf dem Flur.

„Ich glaub, als Gegner wäre ich nicht gerade die Richtige für dich.“ Harui hatte in ihrem ganzen Leben noch kein einziges Mal Schach gespielt. Ihre einzige Erfahrung in diesem Spiel beruhte auf den Beobachtungen, die sie machte, wenn sie den Spielen von Rei und Nobu beiwohnte.

„Dann bringe ich es dir eben bei, das ist kein Problem.“ Das war das Einzige, was er ihr noch hatte anbieten können. Sie war sich jedoch immer noch nicht sicher.

Kurze Zeit später kam Rei wieder zurück, der Scheitel und Ansatz ihrer Haare und ihr Gesicht waren noch etwas nass. Ihr rann gerade ein Tropfen die Wange herunter, als sie ins Licht kam. Sie hatte sich im Bad noch gleich das Gesicht mit gewaschen.

„Worum geht's?“, fragte sie neugierig.

„Das ging ja schnell. Es geht darum, dass ich Harui das Schachspielen beibringen wollte.“

„Wie wär's, wenn wir die ersten Runden zusammen gegen ihn spielen.“ Rei war sofort dabei.

„Na gut, wenn du mir hilfst, sollten wir das schon irgendwie schaffen.“ Noch immer war sie sich unsicher, wollte diese Chance, etwas mit Nobu machen zu können, aber auch nicht verstreichen lassen.

Sie ordneten die Figuren auf dem Schachbrett entsprechend der Grundstellung. Harui setzte sich vor das Schachbrett und wusste gerade mal, wie die meisten Figuren hießen, und kannte einige ihrer Bewegungsmuster. Sie zuckte kurz zusammen, als sich zwei Arme unter ihre Schultern schoben und sie leicht anhoben. Rei saß im Schneidersitz auf einem Kissen, Harui hob sie auf ihren Schoß. Als Rei sie an sich ranzog, konnte Harui ihre Brüste an ihrem Rücken spüren.

„Ähm, Rei muss das wirklich sein?“ Es war ihr sichtlich peinlich, was Rei aber nicht weiter störte.

„Nein eigentlich nicht, aber es macht Spaß.“ Rei legte ihren Kopf auf Haruis Schulter. Sie und Umeko hatten in etwa dieselbe Schamgrenze, noch eine Gemeinsamkeit war ihr leichter Hang zum Sadismus. Den kannte Harui allerdings nur von ihrer besten Freundin. Wieso Rei sich so verhielt, wusste sie selbst nicht, aber es kam ihr gerade passend vor, um die angespannte Situation ein bisschen aufzulockern. Mit Erfolg, nicht nur Harui konnte lächeln, auch wenn es zunächst ein unsicheres Grinsen war. Auch Nobu hatte seinen Spaß an der Situation.

Nach drei Runden verabschiedete Rei sich. Harui blieb noch ein bisschen, um alleine gegen Nobu zu spielen. Sie hatte den Dreh jetzt ungefähr raus. Hatte jedoch unterschätzt, wie sehr Rei ihr in den vorherigen Runden geholfen hatte. Ohne Rei als Puffer konnte sie sich sogar noch weniger konzentrieren als zuvor. Die Umarmung von ihrer Spielkameradin hatte ihr, auch wenn es im ersten Moment etwas unangenehm war, die Anspannung genommen. Jetzt allerdings war sie alleine und das Unwohlsein kam wieder zurück. Sie hasste dieses Gefühl, da es ihr sowohl unangenehm war, sie diese Situation gleichzeitig aber auch schon so oft herbeigesehnt hatte.

„Wie geht's dir? Nach allem, was heute passiert ist, hast du sicher Angst.“ Nobu wusste, dass sie Stille nicht mochte, und fragte sie einfach mal etwas mit ruhiger sanfter Stimme.

„Ich weiß es nicht, bis jetzt war alles so schön wie schon seit langem nicht mehr, abgesehen von heute Morgen. Darum habe ich auch Angst, was passiert, wenn wir die Villa für immer verlassen müssen." Sie hatte noch mehr Angst, wollte ihn aber nicht damit belasten.

„Das geht wohl jedem so, und ich will ehrlich sein. Auch wenn ich immer sage, dass alles gut wird, habe ich keine Garantie dafür. Ich meine, niemand hat eine Ahnung, was uns erwartet. Das heute war der perfekte Beweis dafür. Selbst die Politiker, die jetzt so ruhig tun, haben in Wirklichkeit eine riesige Angst, das kann ich dir versichern." Harui war erstaunt darüber, wie erwachsen Nobu sich oftmals verhielt. Nobu hingegen hatte stellenweise vergessen, dass er sich mit Harui und nicht mehr mit Rei unterhielt. Darum konnte er nicht einschätzen, ob es wirklich so gut war, das gesagt zu haben.

„Ich werde mein Bestes geben, um nicht in Panik zu geraten, egal was passieren wird." Nobu freute es, wie mutig sie in diesem Moment zu sein schien. Er tätschelte ihren Kopf, wie es normalerweise Eltern bei ihren Kindern machen würden. „Das ist gut, auch für den Rest der Gruppe gut. Wenn auch nur einer von uns in Panik gerät, kann er damit die anderen ohne Probleme mitziehen." Ihr Gesicht wurde schlagartig rot und sie wusste nicht mehr, was sie machen sollte. Da sie ihm einfach nicht in die Augen sehen konnte, starrte sie auf den Boden vor sich. Erst als Nobu die Hand wegnahm, konnte sie ihren Kopf wieder ein wenig heben. Harui verfluchte es, dass sie so schnell rot geworden war, da er sonst vielleicht noch weiter ihren Kopf gestreichelt hätte. Eigentlich hatte es ihr gefallen von ihm gelobt zu werden, es war ihr einfach nur zu peinlich. Dennoch konnte sie sich ein Lächeln nicht verkneifen.

Wie Harui es sich schon in der Nacht dachte, wurde sie am nächsten Morgen von Umeko ausgequetscht. Sie wollte unbedingt wissen, was noch alles passiert war, nachdem sie wieder in ihrem Zimmer verschwand.

„Es ist nichts passiert, das Einzige war, dass er mir den Kopf getätschelt hat." Harui wusste genau, dass der Teil mit Rei sie überhaupt nicht interessierte, dennoch wurde sie bei der Erinnerung daran wieder rot.

„Mehr nicht, ist ja langweilig. Also ich wäre noch viel weiter gegangen." Umeko versuchte sie immer wieder anzusticheln.

„Ich bin aber nicht du." Sie machte eine kurze Pause, um etwas zu essen. „Und außerdem ist Rei ja auch noch da", fügte sie an.

„Die beiden würden zwar gut zusammenpassen, doch wenn du ihn nicht fragst, wirst du es niemals herausfinden." Nach einem prüfenden Blick zu Rei und Nobu sprach sie weiter. „Aber ich glaub, ich kann dich beruhigen, wenn sie wirklich etwas voneinander wollen, hätte bereits einer von ihnen den ersten Schritt gemacht. Die beiden sind immerhin nicht so schüchtern wie du", vergewisserte ihr Umeko.

„Danke, dass du mir das nochmal reinwürgst." Harui wirkte deprimiert. Umeko war die Einzige, mit der Harui so unbefangen reden konnte.

„Wenn er wirklich etwas von mir will, hätte er laut dir doch auch schon den ersten Schritt gemacht, hat er aber noch nicht."

„Nicht wenn er weiß, dass du noch nicht bereit bist. Und das bist du nun mal noch nicht oder etwa doch?" Umeko machte große Augen.

„Nein, ich glaube nicht", gab sie unsicher zurück.

„Na siehst du, und das weiß er nun mal", versicherte Umeko ihr. Harui schaut rüber zu Nobu, der sich gerade mit Daisuke unterhielt und sah, wie die beiden über irgendetwas lachten.

„Worüber lacht ihr?", rief Umeko über den Tisch zu den beiden Jungs, die daraufhin in ihre Richtung schauten. Harui vergrub sofort ihr Gesicht in ihrem Frühstück.

„Würde zu lange dauern", erklärte Nobu ihr.

„Na gut." Umeko ließ sich erstaunlich schnell abspeisen.

Jinpei konnte es nicht mehr aushalten, zu sehen, wie die anderen lachten, während er im Inneren mit einer riesigen Panik zu kämpfen hatte. Er hielt es einfach nicht mehr aus und explodierte.

„Wie könnt ihr zu so einer Zeit nur Witze machen?“ Sofort hatte Jinpei die Aufmerksamkeit von allen Anwesenden. „Es kamen bis jetzt immer noch keine Neuigkeiten und ihr könnt hier in aller Ruhe sitzen, frühstücken und dabei auch noch Witze machen.“

„Was ist denn jetzt auf einmal los?“, fragte Nobu überrascht.

„Wieso glaubst du eigentlich, dass die Politiker sich nicht einfach nur selbst in Sicherheit bringen und dabei die Bevölkerung komplett ausschließen?“

„Sie würden das Risiko eines Aufstandes nicht riskieren wollen, denn irgendwie würden wir am Ende doch davon erfahren. Besonders wenn es möglich wäre so gut wie alle zu retten.“

„Aber sie haben es doch über ein Jahr geheim halten können, dass die Welt untergeht“, warf Daisuke ein.

„Ja, weil es die japanische Bevölkerung bis jetzt noch nicht direkt betraf. Jetzt, wo sie es öffentlich gemacht haben, werden die Leute im ganzen Land misstrauisch, wenn irgendwo etwas Größeres aufgezogen wird“, erwiderte Nobu seinem Sitznachbarn.

„Außerdem haben wir immer noch fünf Tage, bis dieses schwarze Zeug laut ihren Angaben die ersten Inseln Japans erreichen wird. Also noch genug Zeit, um alle einzuweihen“, meinte Nobu weiterhin.

„Und was ist, wenn das nicht passiert und es in Wirklichkeit gar nicht dagegen hilft?“

„Dann fliehen wir eben nach Norden, bis wir etwas finden.“

„Wenn es aber einfach nichts gibt.“ Jinpei führte die Diskussion weiter, die Nobu schon als gewonnen gehofft hatte, da er keine wirklichen Antworten mehr hatte.

„Dann ist es auch egal, ob wir jetzt hier sitzen oder woanders, erwischen wird es uns so oder so, nach ihren Angaben. Also warum die letzten Tage nicht noch genießen, anstatt in Panik auszubrechen.“ Nobu hoffte, dass ihn das endlich ruhigstellte. Zum Glück war dem so, und er wusste nicht weiter. Danach war die schöne Stimmung am Tisch jedoch zerstört, der Witz, über den Nobu und Daisuke zuvor noch gelacht hatten, war längst vergessen. Im Inneren wusste jeder, dass beide Recht hatten. Allein der Fakt, dass die Regierung so etwas über ein Jahr verheimlichen konnte, war eine mehr als nur beeindruckende Leistung gewesen.

Kapitel 6 Letzter Tag

So wie auch die Tage zuvor trainierten sie am Nachmittag des achten Tages wieder alle zusammen. Doch zur Verwunderung aller trug Harui ein Trainingsoutfit, das eigentlich von Umeko war. Umeko trug dasselbe nur in einer anderen Farbe. Sie hatte Harui dazu gebracht eines von ihren anzuziehen. Sie spannten hier und da ein bisschen, was daran lag, dass Harui einfach ein bisschen beleibter als Umeko war. Es war ihr peinlich, dass dieses Outfit für ihren Geschmack viel zu freizügig war. Noch nie hatte sie vor jemand anderem als Umeko so viel Haut gezeigt. Was sowohl an ihrem mangelnden Selbstvertrauen als auch daran lag, dass sie nicht so eine tolle Figur wie Umeko oder Rei hatte. Natürlich führte bei ihr das eine zum anderen. Besonders jetzt in diesen hautengen Sachen fiel einfach alles auf, und sie hatte Angst, dass die anderen sich über sie lustig machen würden, doch dem war nicht so. Eher bekam sie Lob dafür, dass sie sich das getraut hatte. Dennoch war es ihr peinlich, dass an diesem Tag alle Blicke auf sie gerichtet waren, besonders die von Nobu störten sie.

„Wieso eigentlich heute das Umstyling?“, fragte Nobu sie, während er ihr gerade bei einer Dehnübung half.

„Umeko hat mich dazu gezwungen, sie dachte, es würde dir gefallen“, gab sie zurück und bemerkte erst danach, was sie da gerade eigentlich gesagt hatte. „Vergiss den letzten Teil bitte einfach“, wendete Harui ein.

„Bitte vergiss es einfach“, wiederholte sie leise für sich.

„Keine Sorge, es gefällt mir und ich bin froh, dass du dich mal ein bisschen was traust“, beschwichtigte Nobu sie.

„Wirklich?“, fragte Harui skeptisch nach.

„Ja wirklich, du darfst dich gerne öfter von Umeko beraten lassen." Von Harui kam keine Antwort darauf, nur ein Ausdruck größter Freude in ihrem Gesicht, das Nobu jedoch nicht sehen konnte. Ihr Outfit war ihr nun nicht mehr ganz so peinlich, außerdem freute sie sich darüber auf Umeko gehört zu haben.

Nun war es an der Zeit zu wechseln und Harui musste Nobu dabei helfen sich zu dehnen. Sie schaute dabei zu Umeko rüber, die ihren Blick erwiderte und Harui freudiges Lächeln nicht übersehen konnte und ebenfalls mit einem Blick antwortete, der so viel sagte wie:

„Ich hab dir doch gesagt, es wird ihm gefallen."

„Bitte kommen Sie schnell, das müssen Sie sich ansehen." Einer der Bediensteten stand völlig außer Atem in der Tür.

Sie ließen alles stehen und liegen und waren ihm in einen Raum mit einem riesigen Fernseher gefolgt. Dort lief gerade die Liveübertragung eines Reporters.

„Hallo liebe Zuschauer, ich berichte live aus Tokio, der Landeshauptstadt, wo unser Ministerpräsident nun eine Pressekonferenz über die aktuelle Situation und die sogenannte Safe-Zone halten wird." Soweit der Reporter aus Tokio, wo der Ministerpräsident gerade eine Pressekonferenz abhielt:

„Guten Tag liebe Zuschauer und Zuhörer, ich bin mir sicher, dass es an keinem von Ihnen vorbeigegangen sein wird, dass nicht nur Japan, sondern die gesamte Welt vor einer völlig neuen Bedrohung steht. Dabei handelt es sich um eine schwarze Substanz, deren Ursprung bisher uns noch ein Rätsel ist. Ich kann Ihnen versichern, dass wir alles Mögliche tun, um mehr darüber in Erfahrung zu bringen. In wenigen Tagen werden auch die ersten Inseln Japans davon betroffen sein. Darum haben wir, die Regierung, eine Safe-Zone eingerichtet, diese ist direkt hier, in Tokio, es wurden bereits alle notwendigen Vorkehrungen getroffen", versicherte der Ministerpräsident. „Natürlich gehen wir davon aus, dass so viele Menschen wie möglich diese Möglichkeit nutzen werden. Da damit allerdings unsere Kapazitäten zu sehr ausgelastet wären, mussten wir einige Bedingungen aufstellen, um einen langen und sicheren Aufenthalt hier zu gewährleisten. Kommen wir also zu den neuen Gesetzen, die in der Safe-Zone gelten werden. Sie gelten ab dem Tag, an dem für alle die Tore geöffnet werden, und das ist ab heute. Selbstverständlich können wir unsere alten Gesetze nicht einfach so übernehmen und auch die Grundrechte mussten in einigen Punkten eingeschränkt werden. Fangen wir also an, bitte hören Sie mir gut zu, danach können Sie Ihre Fragen stellen. Noch eines vorweg: Anzugeben, diese Gesetze nicht gekannt zu haben, ist irrelevant. Denn spätestens wenn Sie hier neu eingebürgert werden, bekommen Sie einen Ausdruck mit allem, was wichtig ist. Hier nun der erste Punkt:

Alle, die eine Lebenserwartung von unter einem Jahr haben, werden an der Grenze wieder weggeschickt. Das liegt sowohl daran, dass wir nur begrenzte Lebensmittel besitzen. Dazu kommt, dass der Platz ebenfalls begrenzt ist. Wir haben den Platz in den Unterkünften bereits auf ein Minimum reduziert. Außerdem müssen sie in der Lage sein arbeiten zu können. Um diese beiden Punkte bei jedem Einwohner sicherzustellen, wird jeder bei seiner Einreise einer psychischen und körperlichen Untersuchung unterzogen, wer dort besteht, darf bleiben und die anderen müssen wie schon gesagt wieder gehen. Um keine Missverständnisse entstehen zu lassen, ich rede nicht nur von körperlicher Arbeit, es gibt eine Menge unterschiedlicher Aufgaben“, erklärte der Minister.

„Was passiert mit den Kindern, die noch zu jung sind oder noch zur Schule gehen?“, unterbrach ihn ein Reporter.

„Dazu wollte ich gerade kommen, also unterbrechen Sie mich bitte nicht, sondern lassen mich ausreden.“ Er atmete einmal tief durch, ehe er weitersprach. „Auch wenn sie noch nicht dazu in der Lage sind zu arbeiten, werden sie nicht ausgeschlossen, ausgenommen sind jene, die eine körperliche oder geistige Beeinträchtigung haben. Da Kinder, anders als zu alte Menschen, noch ein langes Leben vor sich haben, werden sie auch weiter betreut und unterrichtet, bis sie ihren Abschluss machen können. Selbstverständlich werden auch die Kinder einer psychischen Untersuchung unterzogen, die je nach Alter unterschiedlich schwer ausfällt, diese muss ebenfalls bestanden werden, denn wir müssen an unser aller Zukunft denken und das sind nun mal die Kinder", antwortete der Präsident ausführlich.

„Kommen wir zu dem, was passiert, wenn sie alle Tests bestanden haben. Ihre Daten werden erfasst, darunter fallen Aussehen, besondere Merkmale, DNA und Fingerabdrücke. Mit diesen Daten wird dann ein Pass auf sie zugeschnitten. Nur mit diesem Pass haben sie dann ein Recht darauf sich in der Safe-Zone aufhalten zu dürfen.

Alle aktuell in Tokio lebenden Menschen haben einen Monat Zeit, einen eben solchen Pass machen zu lassen. Sollte danach noch jemand ohne den neuen Pass von der Polizei erwischt werden, wird er ins Gefängnis geworfen, und das bei Wasser und Brot, also nicht erstrebenswert. Nun zur Arbeit: Jeder, der einen Abschluss hat oder über 21 ist und ohne vorigen Studienplatz, wird arbeiten müssen. Je nach Arbeit bekommt man eine unterschiedliche Vergütung in Form von Geld, mit dem Lebensmittel und andere Güter gekauft werden können. Auch dieses Geld wird aktuell extra hergestellt, wer also zuvor ein Vermögen besaß, kann nicht darauf bauen, es hier genauso zu behalten."

„Was soll das denn jetzt, wir haben doch genauso für unser Geld gearbeitet wie alle anderen auch." Über die letzte Aussage des Präsidenten wurde Umeko ausfallend.

„Das kommt daher, dass viele von den Reichen in unserem Land ihr Geld mit etwas verdient haben, das in der nahen Zukunft, die sie noch erleben werden, nicht mehr so wichtig sein wird wie zuvor. Darunter zählen zum Beispiel Influenzer oder Künstler. Sollte jemand jedoch sein Geld mit Medizin, Forschung oder ähnlich Wichtigem verdient haben, darf er darauf vertrauen, dass er einen Großteil davon behalten darf."

„Offenbar hat er dich gehört", meinte Daisuke scherzhaft.

„Ja, ja, lach du nur." Umeko war erleichtert, da ihre Eltern ihr Geld mit Medizin verdient hatten. Sie sind Ärzte in einem privaten Krankenhaus gewesen, dort fielen die Löhne natürlich höher aus als in einem staatlich geregelten.

„Es versteht sich, dass das Angebot an Arbeitsplätzen begrenzt sein wird. Man hat eigentlich die freie Auswahl zwischen allen angebotenen Berufen, doch wird diese von Gesundheitszustand und Wissen eingegrenzt.

Nun zum letzten Punkt, nämlich der Unterkunft. Ohne Familie oder einen Lebenspartner bekommt man ein 1 Zimmerapartment mit 25 qm, ich weiß, dass das sehr wenig ist, doch bitte sehen Sie das mal aus unserer Sicht. Wir müssen möglichst viele Menschen in Wohnungen einquartieren, selbstverständlich leidet darunter der Platz, den jeder Einzelne von Ihnen übrig hat. Nun weiter: Mit Partner oder Familie bekommt man eine 40 qm Wohnung. Bei einem Partner mit einem Zimmer und einem Doppelbett. Ab dem 4. Mitbewohner bekommen sie immer 5 qm dazu."

„Wieso werden nicht einfach Wohngemeinschaften erschaffen, wenn der Platz doch angeblich so knapp ist?", warf ein Reporter ein.

Dass er erneut von einem Reporter unterbrochen wurde, nervte den Minister, dennoch tat er sein Bestes, um seine Fassade aufrechtzuerhalten. „Wenn wir in einer Zeit, in der die Menschen sowieso schon mit ihren Nerven am Ende sind, ihnen auch noch befehlen mit irgendwelchen Fremden zusammen zu wohnen, wird das kein gutes Ende nehmen, das können sie mir glauben. Wir haben mit verschiedensten Experten, auf dem Bereich der Psychologie, gesprochen und jeder von ihnen hat uns dasselbe gesagt. Wenn ein Mensch in eine solche Situation kommt, wird es vermehrt zu Auseinandersetzungen kommen. Das bedeutet, dass wir am Ende noch mehr Probleme zu bewältigen hätten. Alle weiteren Informationen erhalten Sie gemeinsam mit Ihrem Pass.“ Mit diesen Worten zog der Ministerpräsident einen Schlussstrich und verließ das Rednerpult. Auf die vielen Fragen der Reporter wurde aufgrund der mehreren Einwürfe nicht mehr eingegangen. Einige der Reporter warfen dem Minister und der Regierung die Verletzung der Menschenrechte vor. Auch davon ließ er sich nicht aus der Fassung bringen.

Nun wandte sich der Reporter wieder der Kamera zu:

„Endlich haben wir eine Stellungnahme der Regierung zu diesem Thema, das uns zurzeit alle beschäftigt. Wir werden sie auch weiterhin auf dem Laufenden halten, sollte sich noch etwas ergeben. Damit gebe ich zurück ins Studio.“

Der Fernseher wurde auf stumm geschalten. Der Mann im Studio wünschte den Einwohnern in ganz Japan alles Glück der Welt und danach noch einen schönen Tag. Darauf folgend kam die Wettervorhersage für die nächste Woche. Sie versuchten auch weiterhin noch den gewöhnlichen Ablauf einzuhalten. Alle mussten die Nachrichten erst einmal verdauen und blieben genauso wie der Fernseher still. Auch Umekos Eltern haben die Nachrichten gesehen und waren verdutzt:

„Heute ist es bereits zu spät, um loszufahren, deswegen werden wir die Zeit nutzen und alles vorbereiten, damit wir morgen am späten Vormittag losfahren können. Man wird so oder so nicht vorankommen, da die Straßen mit Autos überfüllt sein werden. Also lasst es euch heute noch einmal so richtig gut gehen Kinder“, erklärte der Vater vermeintlich sorgenfrei.

„Wir würden dann morgen früh nach dem Frühstück noch einmal nach Hause gehen und unser restliches Zeug holen, das wir noch mitnehmen wollen. Außerdem hatte ich Ishikawa versprochen ihn abzuholen, wenn es losgeht, solange Sie nichts dagegen haben?“, wollte Daisuke von den Eltern wissen. Die Eltern waren mit dem Vorschlag einverstanden, haben aber auch die Meinung der Angestellten und die der anderen Kinder eingeholt. Niemand hatte etwas dagegen, da es für alle ziemlich schnell ging und somit jeder noch einige Vorbereitungen zu treffen hatte, ehe sie aufbrechen konnten.

Da Umekos Eltern es schon vorgeschlagen hatten, wollten sie noch einmal richtig das Leben genießen und den Luxus, den sie zuvor eher zurückgeschraubt hatten, so richtig auskosten.

Die Mädchen wollten deswegen nach einem Abendessen, getrennt von den Jungs, noch einmal ein schönes Bad zusammen nehmen und sich dabei richtig schön entspannen.

Die Jungs hatten da ganz andere Pläne, sie wollten raus in den Garten und grillen, einfach die Natur ein letztes Mal genießen. Nobu nahm nämlich an, dass viele der Grünflächen für den Bau neuer Wohnungen weichen mussten. Danach vielleicht noch das ein oder andere Lied singen. Daisuke hatte im Musikzimmer eine Gitarre gefunden und wollte damit begleiten.

Den Mädchen wurde also vom Küchenpersonal etwas zu Essen gemacht, um den Jungs im Garten ihren Freiraum lassen zu können. Nach dem Abendessen machten sich die Mädchen gemeinsam in ihre Zimmer auf, um Handtücher und Wechselklamotten für danach zu holen. Mit allem machten sie sich dann in das große Bad des Anwesens auf.

Dort angekommen erklang über Lautsprecher bereits ein ganzes Orchester, das eine ruhige und entspannende Melodie spielte. Das war die Idee von Umekos Großmutter, die schon immer gerne in die Oper ging. Man konnte sehen, wie heißes Wasser in großen Mengen aus einer Steinstatue, die am Beckenrand stand, in die Wanne floss, aus der dichter Wasserdampf emporstieg.

Auf Wunsch von Umeko quellte das Becken bereits vor Schaum über, als sie ihre Sachen ablegten und, wie Gott sie schuf, in das warme Nass stiegen. Sie fühlten sich sofort erfrischt und wieder voller Energie. Was nicht zuletzt an den Heilkräutern lag, die mit in das Wasser gemischt wurden. Bis auf ihren Kopf schaute nichts mehr heraus. Ihre Schultern wurden vom Schaum bedeckt.

„Wieso waren wir diese Woche noch nie hier?“, wollte Rei wissen.

„Wäre es dann heute noch so ein Spektakel gewesen?“, fragte Umeko scherzhaft.

„An sich schon, aber ich verstehe, was du meinst.“

Nach einiger Zeit, in der sie die Wirkung des Bades auf ihren Körper und Geist genossen hatten, unterhielten sie sich darüber, wie es jetzt mit allem weitergehen würde.

„Die Lebensmittel werden früher oder später ausgehen, sogar eher früher, weil man niemals damit planen kann, wie viele Menschen wirklich kommen werden, um nach Asyl zu fragen. Selbst wenn sie Lebensmittel anbauen würden, würde der Ertrag niemals reichen, um für immer das Überleben zu sichern“, meinte Rei.

„Anderes Thema.“ Umeko wollte nicht jetzt schon über so ein deprimierendes Thema reden. „Wie hast du vor mit Nobu weiterzumachen? Heute hast du zwar einen Schritt nach vorne gemacht, trotzdem musst du dranbleiben.“

„Ich, also, ich weiß nicht, wovon du redest, das heute Nachmittag war einfach nur, um ein bisschen mutiger zu werden“, leugnete Harui die Aussage, woraufhin Rei von sich gab:

„Jeder weiß, was du für Nobu empfindest, sogar er selbst, ich meine, es ist nicht zu übersehen. Und wenn du es weiter leugnest, bist du die Einzige, die sich etwas vormacht.“

„Ist es wirklich so offensichtlich?“ Harui verschwand mit dem Kopf halb unter Wasser und machte mit ihrem Atem Blasen auf der Wasseroberfläche.

„Selbst ein Blinder würde es erkennen“, ernüchterte Umeko sie.

„Was schlagt ihr dann vor, das ich jetzt tun soll?“, wollte Harui unbedingt wissen.

„Du solltest ihm im passenden Moment deine Gefühle gestehen“, schlug Umeko ihr vor.

„Du solltest damit aber nicht zu lange warten“, fügte Rei noch hinzu.

„Wieso so schnell wie möglich, ich weiß noch nicht, ob ich schon dazu bereit bin.“

„Weil du es sonst vielleicht bereuen wirst, wenn du zu lange wartest und er von einer anderen gefragt wird. Du musst wissen, dass sowohl Nobu als auch Daisuke bei den Mädchen in der Schule sehr beliebt sind. Bei keinem von den beiden wird es lange dauern, bis er eine Freundin gefunden hat.“ Mit diesen Worten öffnete ihr Rei die Augen. Das mit der baldigen Freundin stimmte zwar überhaupt nicht, aber es reichte aus, um ihr die Situation deutlich zu machen.

„Weil du es gerade erwähnst: Willst du eigentlich irgendwas von Nobu?“, hakte Harui nach.

„Nein, wie kommst du darauf?“, fragte Rei verdutzt.

„So viel Zeit wie du in letzter Zeit mit ihm verbracht hast, dachte ich, dachten wir, du willst etwas von ihm“, schaltete sich Umeko ein.

„Nein, so ist das nicht, wir haben einfach nur einige gemeinsame Interessen. Aber ja es wäre schon verlockend, wenn es aber einer der beiden sein soll dann Daisuke“, stellte Rei klar.

„Daisuke?“, fragte Umeko überrascht nach. „Das hätte ich jetzt nicht gedacht. Wieso?“

„Zum einen, weil ich niemanden kenne, der so stark zu seinen Freuden hält wie er, außerdem ist er der Einzige, der es wagt Nobu dauernd die Stirn zu bieten, und das verlangt einem schon einiges ab. Natürlich ist er nicht so schlau wie Nobu, trotzdem gehört er zu denen mit besseren Noten. Er ist charmant, witzig und attraktiv. Ich wüsste nicht, was ich nicht an ihm mögen würde“, wollte Rei klarstellen.

Mit den Worten:

„Jetzt bist du dran, gibt es bei dir auch jemanden?“, gab Rei die Fackel an Umeko weiter, woraufhin ein abruptes „Nein, nicht wirklich“ zurück zu Rei kam, gepaart mit einer Ladung Schaum, die in ihrem Gesicht landete.

Das ließ sie sich natürlich nicht gefallen und erwiderte es sofort mit einem Gegenangriff. Zwischen den beiden brach eine regelrechte Schaumschlacht aus. Als Harui von einer der Ladungen erwischt wurde, mischte sie ebenfalls mit, bis es keinen Schaum gab, den man noch hätte werfen können.

Zum Schluss tauchten sie alle noch einmal komplett unter Wasser. Damit beseitigten sie die Schaumrückstände auf ihrem Körper, bevor sie aus dem Becken stiegen, um sich abzutrocknen. Sie warteten, bis auch Rei angezogen war. Dadurch, dass sie von allen die längsten Haare hatte, und noch dazu die größte der drei war, dauerte es bei ihr ein bisschen länger.

Währenddessen schmissen die Jungs draußen den Grill an und hatten sich ein paar saftige Steaks und Würstchen gebraten. Das herabtropfende Fett, das im Feuer landete, verwandelte sich immer wieder in eine Stichflamme und erfüllte die Luft mit einem schönen Duft, durch den nur noch mehr Hunger entstand. Umso mehr freuten sie sich, als das Fleisch endlich fertig war und sie es verspeisen konnten. Brot, dazu und noch einen ordentlichen Klecks Barbecue-Sauce daneben, schon war es perfekt.

Nach dem Essen verschoben sie die Glut aus dem Grill in einen Stapel Holz, der auf der Feuerstelle bereits vorbereitet war. In wenigen Sekunden hatten sie ein schönes, großes Feuer.

Das war der Zeitpunkt, zu dem Jinpei sich verabschiedete, um in den Steingarten zu gehen, er wollte noch ein letztes Mal allein sein. Für Daisuke war das das Zeichen, die Gitarre zu holen und sie schonmal vorzubereiten, damit, wenn die Mädchen kommen würden, sofort losgespielt werden konnte.

Schon nach kurzer Zeit kamen die Mädchen in lockerer Kleidung ans Feuer. Umeko sorgte dafür, dass Harui neben Nobu und Rei neben Daisuke Platz nahm. Sie selbst setzte sich zwischen die beiden Paare.

Sie sangen und lachten zusammen, es gab aber auch genug Pausen, in denen Rei die Gitarre nahm und einfach nur darauf rumklimperte. Sie konnte zwar auch richtig Gitarre spielen, fand es aber in den Momenten schöner die Saiten anzustoßen.

Es war schon spät, als Harui und Umeko schlafen gingen.

Jinpei war währenddessen immer noch alleine im Steingarten, wo er den ganzen Abend die Sterne beobachtet hatte. Während er eine Sternschnuppe gesehen hatte, wünschte er sich, dass alles gut werden würde.

Als er dann zu Bett gehen wollte, kam er noch einmal am Feuer vorbei, an dem in diesem Moment nur noch Daisuke und Rei saßen. Nobu war damit beschäftigt etwas zu trinken zu holen. Als er an ihnen vorbeiging, wünschte er ihnen noch eine schöne Nacht, bevor er dann ohne Umwege ins Bett ging.

Zurück am Feuer sah Nobu ein interessantes Bild:

„Soll ich wieder gehen?“ Daisuke lag mit seinem Kopf in Reis Schoß, die ihm leicht durch die Haare strich. Die Gitarre hielt er über seinem Brustkorb und klimperte ein wenig darauf herum. Die beiden hatten es sich sichtlich gemütlich gemacht in der kurzen Zeit, die sie alleine waren:

„Nein brauchst du nicht“, gab Rei zurück, als sie die Flasche annahm.

„Danke!“

Daisuke richtete sich auf, sodass sie aufstehen konnte. Sie wollte nur noch auf das Trinken warten, um es mit in ihr Zimmer nehmen zu können.

Nobu versicherte sich, als Rei weg war: „Ich hoffe, ich hab nicht gestört?“

„Nein, sie wollte wirklich bald ins Bett.“

„Was hab ich denn bitte in der kurzen Zeit verpasst?"

„Ich hab nur gemeint, dass ich leicht müde wäre und sie bot mir an, dass ich mich auf ihrem Schoß auszuruhen dürfte", klärte er Nobu auf. Dieser verstand sofort und musste gar nicht weiter nachfragen. Auch er hätte so eine Gelegenheit nicht ungenutzt gelassen.

„Wollen wir mal wieder Schach spielen, bevor wir auch schlafen gehen, wo wir schon alleine sind?", bot Daisuke Nobu an.

„Unsere letzte Runde ist schon lange her, bist du sicher?", meinte Nobu. Daisuke war sich sicher. Auch wenn er wusste, dass er nicht gewinnen konnte, genoss er das Spiel sehr.

Im Schein des Lagerfeuers spielten die beiden ihre erste Partie seit langem. Natürlich verlor Daisuke, in Kopfangelegenheiten konnte er Nobu noch nie das Wasser reichen. Sie packten alles zusammen und löschten das Feuer, ehe sie als Letzte schlafen gingen.

Kapitel 7 Die erste Begegnung

Am nächsten und auch letzten Tag in der Villa hatten sie alle noch einmal gemeinsam gefrühstückt. Keiner konnte darauf warten endlich loszufahren.

Doch nicht alle waren erfreut über dieses Frühstück. Umekos Eltern gehörten dazu, sie waren nicht darüber erfreut, dass ihre Tochter noch immer ihren nur spärlich bekleidenden Pyjama anhatte, obwohl sie Besuch hatten.

„Wir haben dir doch schon so oft gesagt, dass du dich angemessen anziehen sollst, wenn Besuch im Haus ist. Auch wenn es deine Freunde sind, solltest du wenigstens ein bisschen darauf achten, was du anziehst, die müssen sonst was von dir denken", beschwerten ihre Eltern sich.

„Entspannt euch doch mal, das sind meine Freunde, nicht irgendwelche von euren Geschäftspartnern", versuchte Umeko die Situation runterzureden.

„Es ist egal, ob es deine oder unsere Freunde sind, du kannst dich einfach nicht so anziehen. Das ist auch für deine Freunde eine unangenehme Situation, wenn da so ein halbnacktes junges Ding mit ihnen frühstückt."

„Mama, du redest ja fast so, als wären sie irgendwelche Perverse." Die Freunde schauen sich derweil an, als wären sie im falschen Film. Obwohl sie es nur zu gerne getan hätten, trauten sie es sich nicht zu lachen. Es war für sie der erste Streit seit über einer Woche, der wegen solch einer Nichtigkeit stattfand. Den Eltern fielen die Blicke der Kinder auf, auch sie bemerkten nun, wie sinnfrei dieser Streit im Vergleich zu dem ist, was sie gerade wirklich zu bewältigen hatten, war. Verlegen beendeten sie das Gespräch, nachdem ihnen auffiel, dass ihre Tochter schon in den letzten acht Tagen viel zu viel Haut gezeigt hatte und nichts passiert war.

Als alle zu Ende gefrühstückt hatten, gingen sie mit gefühltem Magen in ihre Zimmer, um dort die Taschen zu holen, mit denen sie vor einer Woche ihre Klamotten in die Villa gebracht hatten.

„Tut mir leid, dass meine Eltern gerade so peinlich waren.“ Umeko entschuldigte sich für ihre Eltern.

„Macht doch nichts, so hatten wir wenigstens mal wieder was zu lachen“, konterte Nobu.

„Aber jetzt mal ehrlich, findet ihr, dass ich zu viel Haut zeige?“ Diese Frage überraschte alle, sonst machte sie sich auch nicht so viele Gedanken darüber.

„Eigentlich nicht, klar manchmal ist es schon ganz schön viel, für eine Japanerin zumindest, aber im Rest der Welt wäre das doch völlig normal, also mach dir da mal keine Sorgen.“ Daisuke hat auch noch nie darüber nachgedacht, ob sie zu freizügig rumlief oder nicht.

„Soll das heißen, dass ich keine richtige Japanerin bin oder was?“

„Mit deinen blonden Haaren und deinem eher westlichen Stil kannst du schon manchmal diesen Eindruck erwecken.“

„Meine Mutter ist nun mal Halbamerikanerin, klar kommen da auch ein paar andere Gene durch.“

„Aber ist doch auch gut so, wer weiß, vielleicht hätten wir dich anderweitig gar nicht kennengelernt, weil du so nie auf Harui zugegangen wärst.“

„Na siehst du, alles hat seine Vor- und Nachteile.“ Umeko versuchte sich für etwas zu rechtfertigen, wofür ihre Freunde überhaupt keine Rechtfertigung benötigten.

Danach war es auch schon an der Zeit Lebewohl zu sagen, zumindest für eine kurze Zeit. Umeko umarmte jeden Einzelnen, da sie nicht mit rausgehen wollte, da ihre Eltern sonst wieder wütend geworden wären, wenn sie ihr Outfit gesehen hätten, das sie immer noch nicht geändert hatte.

Wieder teilten sie sich in zwei Gruppen auf, die eine mit Rei und Daisuke, die andere mit den Zwillingen und Nobu.

Während die anderen weg waren, machte sich auch Umeko daran ihre Taschen zu packen. Ihr Problem war, dass sie nicht wusste, wohin mit all ihren Sachen. Über die Jahre hatte sie zu viel Zeug angesammelt, von dem sie nichts zurücklassen wollte. Sie konnte noch so stark drücken und so platzsparend wie möglich packen, sie hatte einfach zu wenig Platz in den Taschen. Ihr war sehr wohl bewusst, dass sie von nun an in einer kleineren Wohnung wohnen würden, dennoch wollte sie nicht auf ihre Klamotten und Schuhe verzichten.

Sie wollte gerade einen neuen Koffer aus dem Lager holen, als ihr einfiel, dass sie immer noch den knappen weinroten Seidenpyjama anhatte. Mit dem wollte sie nicht vor ihren Eltern erscheinen, sie befürchtete wieder von ihnen Ärger zu bekommen.

„Auf den Streit kann ich gut verzichten", sagte sie zu sich selbst. Um das also zu vermeiden, wollte sie sich erst umziehen, bevor sie das Zimmer verließ. Sie ließ zuerst die beiden Träger über ihre Schultern nach unten sinken, wodurch das Hemd nur noch von ihren Armen vor den Brüsten gehalten wurde, bevor es dann schließlich zu Boden sank. Nachdem sie den Knoten des Unterteils gelöst hatte, ließ sie dieses auch nach unten gleiten.

Im Evakostüm ging sie an einen ihrer beiden Kleiderschränke und legte sich ihr Outfit auf ihrem Bett zurecht. Zuerst eine schwarze Jeans. Über ein schlichtes weißes Top zog sie einen dünnen roten oversized Pullover an. Beim Überziehen des Pullovers über ihren Kopf war ihr ein ganzer Büschel Haare ins Gesicht gefallen. Jetzt fiel ihr auch auf, dass sie ihren Haarreif noch gar nicht aufhatte. Also setzte sie sich als Nächstes auf den Stuhl vor ihrem Schminktisch, auf dem alle möglichen Pinsel, Tuben, Fläschchen und Parfums standen. Sie versuchte erst mit der Hand ihre Frisur durch die Hilfe des Spiegels zu richten, sah dann aber ein, dass alles nichts half, und holte eine Bürste aus einer der Schubladen heraus. Mit der fuhr sie sich dann mehrere Male durch die Haare und entfernte einen Großteil der Knoten, die sie in den Haaren hatte, bevor sie mit dem schwarzen Haarreif ihre Haare nach hinten schob.

Jetzt, wo sie etwas „Angemessenes", wie ihre Eltern es nennen würden, trug, wollte sie die Koffer holen und stand bereits an ihrer Zimmertür, als ihr einfiel, dass sie ihre Schuhe schon einmal eintragen könnte, bis ihre Freunde zurückkamen, außerdem wollte sie ihre Socken nicht dreckig machen. Zuvor musste sie erst durch eine andere Tür in ihrem Zimmer gehen, die sie direkt in eine Art größere Abstellkammer führte. Dort lagerten alle möglichen Arten von Schuhen, von Sandalen, Sneakern bis hin zu Stiefeln mit den unterschiedlichen Absatzhöhen und Varianten davon. Sie ging kurz durch die drei Reihen, vorbei an einem Regal voll mit Sneakern. Blieb dann aber erst an einem Regal stehen, aus dem sie ein Paar schwarze Stiefeletten aus Kunstleder herausnahm.

Mit den Stiefeletten in der Hand verließ sie die Abstellkammer wieder. Sie setzte sich auf die vordere Kante ihres Bettes, beugte sich nach vorne und schlüpfte mit ihrem ersten Fuß in den durch den offenen Reißverschluss geweiteten Schaft. Der Schaft verkleinerte sich prompt, als der Reißverschluss geschlossen wurde. Beim zweiten Stiefel tat sie das Gleiche. In dem Moment, als sie den Zipper des Reißverschlusses ganz nach oben geschoben hatte, hörte sie vor der Tür ein Geräusch. Es hörte sich nach zerbrechendem Glas an.

Unsicher und langsam ging sie zur Tür, welche sie einen Spalt breit öffnete, um durchschauen zu können. Doch es war nichts zu sehen.

„Hab ich mir das nur eingebildet." Aber es war einfach zu laut, als dass sie es sich hätte einbilden können. Sie wollte es genauer wissen und verließ ihr Zimmer, um genauer nachsehen zu können.

Sie ging den Flur entlang und konnte zuerst nichts erkennen, was so einen Klang hätte erzeugen können. Keines der Fenster schien irgendwie beschädigt zu sein, und auch die Lampen waren noch alle im besten Zustand. Doch dann kam sie an der Treppe an und konnte es sehen.

Dort lag einer der Bediensteten auf dem Boden und war mit etwas rötlich Schimmerndem übersät. Er lehnte mit dem Rücken am Geländer. Neben ihm lag eine zerbrochene Vase, das war es wohl, was Umeko hörte. Zusammen mit den hellblauen Scherben lagen einige Erdbrocken und auch ein wunderschöner Blumenstrauß auf dem Boden. Als sie näher trat, konnte sie erkennen, dass das Rote, mit dem er übersäht war, Blut war. Ihm wurde die Kehle von einem Ohr bis zum anderen aufgeschlitzt. Sein Puls war nur noch schwach, seine Augen waren geschlossen. Als Umeko jedoch näher kam und ihre Schuhe in seinen Ohren klangen, bemühte er sich, sie wieder aufzubekommen. Beim Einatmen verschluckte er sich an seinem eigenen Blut, was einen Hustenanfall auslöste. Aus Reflex kam Umeko schnell näher, und die Scherben auf dem Boden knacksten unter ihren Sohlen. Bei ihm wurde ihr Arm gepackt, um sie an sich heranziehen zu können. Mit letzter Kraft flüsterte er ihr etwas zu.

„Bringen Sie sich bitte in Sicherheit, verlassen Sie leise das Gelände und kommen Sie unter keinen Umständen wieder zurück." Das waren seine letzten Worte. Die Hand sank nach unten und hinterließ einen blutroten Handabdruck auf ihrem Pullover. Sie würde am liebsten Schreien hörte, aber ein weiteres Klirren aus dem Treppenhaus hielt es zurück. Sie wollte jetzt auf keinen Fall mit einem Schrei auf sich aufmerksam machen.

So schnell sie konnte, rannte sie zurück in ihr Zimmer. Dabei hallten bei jedem Schritt, den sie machte, die Absätze ihrer Stiefel durch den ganzen Flur und drangen direkt in ihr Ohr.

„Verdammte Stiefel, seit wann sind die so verflucht laut?" Sie schaute sich um und hoffte, dass niemand in der Nähe war. Zumindest war niemand hinter oder vor ihr. In ihrem Zimmer angekommen, schloss sie sofort von innen die Tür ab. Hektisch schaute sie sich in ihrem Zimmer um und wollte keine Zeit verlieren. Innerhalb von Sekunden überschlug sie, was sie brauchte.

„Mein Handy und den Rucksack, den Rest kann ich entbehren. Aber wie soll ich hier rauskommen, die Treppe kann ich vergessen, oder sollte ich mich lieber verstecken?“ Sie schaute zu ihrem Kleiderschrank und ihrem Schuhzimmer. „Nein, da würde man mich zuerst suchen.“ Sie schweifte mit ihrem Blick weiter zu ihrem Bett und blieb am Fenster stehen.

„Das Spalier mit den Schlingpflanzen.“ Sie erinnerte sich daran, dass es bis zum Boden reichte. „Das sollte mich doch normal halten.“

Sie schlich rüber zu ihrem Bett, schnappte sich den Rucksack und warf ihn sich über die Schulter. Nun stieg sie über das 2 Meter breite Bett hinüber zu ihrem Nachttisch, auf dem ihr Handy lag. Bei dem Versuch, danach zu greifen, langte jedoch daneben und schleuderte ihr Handy mit voller Kraft auf den Boden, wo es drei Mal aufprallte, ehe es dann auf dem Bildschirm liegen blieb. Schnell stieg sie über ihr Bett, kroch zu ihrem Handy und beugte sich darüber.

„Bitte sei noch heil.“ Betend hob sie es auf, der Bildschirm hatte nur einen kleinen Riss, ging aber noch ohne Probleme an. Sie atmete erleichtert auf und steckte es in ihre hintere Hosentasche, stand auf und ging rüber zum Fenster, um es zu öffnen. Als das Fenster geöffnet war, beugte sie sich leicht darüber, so dass sie die Wand darunter sehen konnte. Das Spalier mit den Schlingpflanzen war noch intakt. Sie kletterte raus und suchte mit dem ersten Fuß nach einem festen Stand. Als der gefunden war, hob sie ihr zweites Bein und den Rest ihres Körpers über die Fensterbank, hinaus aus ihrem Zimmer aus dem Fenster. Vergaß dabei jedoch den prall gepackten Rucksack auf ihrem Rücken. Er schwang nach, als sie sich schon längst nicht mehr bewegt hatte. Dadurch verlor sie fast ihren Halt und wäre aus dem zweiten Stock nach unten gefallen. In letzter Sekunde konnte sie sich noch an einer der Holzverstrebungen mit ihrer Hand festhalten. Ihr Glück sollte aber nicht lange anhalten, die Holzverstrebung hielt der Wucht nur kurz stand, bevor das Holz brach. Dieser hielt noch an ein paar wenigen getrockneten Holzfasern. Sie wollte es nicht noch mehr ausreizen und kletterte so schnell wie nur möglich nach unten. Gleichzeitig mit dem Brechen durchzog ihre Hand ein Schmerz, den sie aber zuerst ignorierte. Doch jetzt konnte sie es nicht mehr ignorieren, da ihr das Blut bereits den Arm hinunterfloss. Sie hielt sich mit der anderen Hand weiterhin fest und begutachtete ihre Handinnenfläche. Sie hatte sich beim Abrutschen einen schönen Schnitt in der Handfläche zugezogen. Immerhin hatte sich kein Splitter ins Fleisch gebohrt. Beim Weiterklettern kam sie an einem Fenster im ersten Stock vorbei und wagte einen schnellen Blick hinein. Dort gab es aber nichts zu sehen, weshalb sie weiter abstieg.

Fast schon unten angekommen trat sie auf Pflanzensaft, der aus einer offenen Ranke austrat. Da ihre Stiefeletten kein wirkliches Profil hatten, konnte sie sich nicht mehr halten und rutschte darauf aus. Diesmal konnte sie noch dazu mit ihrer linken Hand nicht richtig zupacken. Somit konnte sie sich diesmal nur an einem der dünnen Holzbalken festhalten. Der hielt ihr Gewicht plus den Ruck nicht und brach. Sie fiel aus einer Höhe von etwa drei Metern auf den Boden. Da sie zuerst mit den Füßen aufkam, konnte sie sich noch einmal auf die Seite rollen. Ihre Beine pochten vor Schmerzen, weswegen sie sich auf der Wiese hin und her rollte, um sich von dem Schmerz abzulenken. Auch diesmal konnte sie es vermeiden zu schreien und litt stattdessen im Stillen. Dabei zog sie sich Grasflecken auf ihren Klamotten zu, die sie aber nicht interessierten. Sie brauchte einige Zeit, um sich wieder aufrichten zu können. Dann merkte sie erst, dass ihr bis auf den Schnitt in ihrer Hand und dem Pochen in den Beinen nichts fehlte. Schnell hob sie den Haarreif auf, der ihr bei dem Sturz aus den Haaren gefallen war, und machte sich eine provisorische Frisur.

„Hauptsache, sie fallen mir nicht ins Auge“, war alles, was für sie zählte. Die nächste Herausforderung war es an der Glasfront, die in den direkt in den Garten hinter dem Haus führte, vorbeizukommen. An der Ecke schob sie ihren Kopf leicht zur Seite und sah durch die Glasfront.

Was sie dort sah, schockierte sie und sie konnte sich nur noch die Hände vors Gesicht schlagen. Sie fiel nach hinten und landete auf ihrem Hintern.

Was sie dort sah, würde jeden verändern. Sie sah fünf Männer, die ihre Gestalt mit Umhängen verbargen, diese waren gerade dabei die Kehlen ihrer Eltern durchzuschneiden.

Sie wusste nicht, wie lange sie schon so dasaß. Sie wünschte sie hätte irgenwas tun können um das zu verhindern, und bereute im selben Moment ihre Nutzlosigkeit. Nach einer Weile traute sie sich noch einmal durch die Glasfront zu schauen. Die Mörder machten sich auf den Weg wieder das Zimmer zu verlassen. Umeko wartete, bis alle sich umgedreht hatten und im Begriff waren zu gehen; erst als sie das taten, stellte sie sich wieder auf. Ihre Knie waren wie Pudding, der Sturz saß ihr noch in den Knochen. Als das Zittern aufhörte und sie sich sicher sein konnte, dass sich daran nichts änderte, rannte sie ohne nachzudenken an der Glasfront vorbei. Doch in einem Punkt dachte sie nach. Anstatt über den etwa drei Meter breiten Streifen aus Stein zu laufen, rannte sie über die Wiese. Die jeden ihrer Schritte abdämpfte, damit ihre Stiefel nicht wieder so einen Lärm machen konnten. Zeit für Trauer blieb nicht, das Einzige, woran sie dachte, war ihr eigenes Überleben. Sie wollte auf keinen Fall so enden wie ihre Eltern oder die Bediensteten, die sie im Vorbeigehen in der Nähe ihrer Eltern liegen sah. Jeder Einzelne von ihnen war tot und lag bauchseitig in einer riesigen Blutlache. Keiner der Eindringlinge drehte sich um. Sie kam ohne Probleme bis zu dem Tor, das sie vor das Haus bringen würde. Es führte direkt in die Einfahrt, wo sie durch das Haupttor unbemerkt verschwinden könnte. Das Tor allerdings machte ihr dabei einen Strich durch die Rechnung. Früher hatte sie das Quietschen nie gestört, doch dieses Mal drehte sich einer der Mörder auf Grund des Geräusches um und ging auf die Glasfront zu.

„Verdammt, das ganze Haus ist so modern wie nur möglich, aber bei diesem scheiß Tor spart ihr“, war das Einzige, was ihr in diesem Moment durch den Kopf ging. Dass jemand bereits auf der Suche nach dem Ursprung des Geräusches war, bekam sie überhaupt nicht mit, konnte es sich aber denken.

Umeko war zwar bereits auf der anderen Seite des Tores und konnte nicht gesehen werden, doch der Übeltäter erkannte das offen stehende Tor. Und da er sich sicher war, dass es vorher noch zu war, sagte er seinen Kollegen schnell Bescheid und verließ das Gebäude, um Umeko verfolgen zu können. Seine Kollegen sahen sich währenddessen weiter im Haus um. Umeko hatte das Haupttor bereits erreicht und drehte sich um, wo sie einen der maskierten Männer durch das Gartentor schreiten sah. Das Tor vor ihr war kein Hindernis für sie. Von innen ließ es sich ganz leicht öffnen. Sie rannte um ihr Leben, wobei das Geräusch ihrer Absätze immer noch so laut in ihren Ohren klang. Doch der Mann schien an ihr überhaupt nicht interessiert zu sein. Ganz gemütlich lief er hinter ihr her, fast so als würde er darauf warten, dass sie von selbst zu ihm kommen würde. Gerade deshalb wurde Umeko nicht langsamer.

Was ihr sofort auffiel, war, wie leer die Straßen waren. Es gab keinen einzigen Menschen mehr, weder auf den Straßen noch in den Häusern, auch kaum noch Autos, die irgendwo rumstanden, herumfahrende gab es gar keine mehr. Die Stadt war aus ihrer Sicht über Nacht zu einer Geisterstadt geworden. In Wirklichkeit waren aber schon seit Anfang an immer mehr Menschen aus der Stadt geflohen. Nach den Nachrichten am Vortag hatte dann aber jeder die Flucht ergriffen.

Nach fünf weiteren Straßen knickte sie um und fiel zu Boden.

„Verdammte Absätze.“ Sie schaute runter zu ihren Füßen und verfluchte ihre Stiefel. Als sie sich umschaute, fehlte von ihrem Verfolger zum Glück jede Spur. Darum nahm sie sich die nötige Zeit, um sich an der Gartenmauer des Grundstückes neben sich hochzuziehen. Als sie wieder stand, versuchte sie sofort weiterzurennen. Beim ersten Schritt drehte sich kurz alles um sie herum und ihr Knöchel tat leicht weh, weshalb sie sich an der Mauer abstützen musste. Nach einer weiteren knappen halben Minute fühlte sie sich wieder fit genug. Nachdem sie sich noch einmal umschaute, lief sie weiter.

„Auch wenn er nicht mehr da ist, sollte ich Nobu anrufen." Gedacht, getan, sie holte ihr Handy aus der Tasche und suchte die Nummer von Nobu heraus. Sie tippte, ohne einen weiteren Gedanken daran zu verschwenden, auf seinen Namen. Zweimal klingelte es.

„Verdammt, jetzt geh schon an dein Handy." Beim dritten Klingeln ging er endlich ran.

„Was gibt's?", wollte Nobu in aller Ruhe wissen.

„Hilfe, du musst mir unbedingt helfen, ich werde verfolgt", war das Einzige, was sie rausbekam. Dieser eine Satz reichte für Nobu allerdings völlig aus, dass seine Alarmglocken klingelten.

„Wo bist du?" Nobu zog sich bereits seine Schuhe an, während er fragte.

„Ich bin in der Nähe von dem kleinen Kiosk bei meinem Haus und gerade auf dem Weg zu Harui."

„Bleib auf keinen Fall stehen, ich bin gleich da", versicherte er ihr. Trotz der schmerzenden Beine tat sie, was ihr gesagt wurde, und fing wieder an zu rennen.

Nobu befahl den Zwillingen niemandem außer einem aus der Gruppe die Tür zu öffnen, egal was passieren mochte. Er schmiss die Tür hinter sich zu und rannte los.

Ein Glück hatte Umeko auf Nobu gehört, denn nun war der Mann wieder hinter ihr und diesmal war auch er am Rennen. Bisher hatte er nur mit ihr gespielt. Zu den Schmerzen des Sturzes kamen jetzt auch noch die Auswirkungen des täglichen Trainings. Sie hatte Muskelkater. Sie hatte sich keinen Tag Zeit genommen, um sich einmal auszuruhen. Woher hätte sie auch ahnen können, dass sie zu einem Rennen auf Leben und Tod herausgefordert werden würde. Doch auch der Muskelkater konnte sie nun nicht mehr am Wegrennen hindern. Während sie weiterrannte, holte der Mann hinter ihr mit seiner linken Hand ein Messer aus seinem Umhang und präsentierte es ihr mit einem Lächeln im Gesicht.

Auf einmal konnte sie einen stechenden Schmerz in ihrer rechten Seite spüren. Sie schaute zurück auf die Stelle und sah, dass dort das Messer steckte. Der Mann hatte es aus mehreren Metern Entfernung zielgenau auf sie geworfen. Es hatte den Rucksack nur ganz knapp verfehlt und drang in ihren Körper ein. Das Rot des Pullovers wurde nun durch ihr eigenes Blut um einige Nuancen dunkler.

Das Einzige, was sie in diesem Zustand noch schaffte, war es sich hinter der nächsten Ecke zu verkriechen. Dann war allerdings Ende, sie hatte einfach schon zu viel Blut verloren. Durch das Adrenalin floss das Blut schneller als üblich aus ihrem Körper. Das warme Blut war ein starker Kontrast zu der kalten Steinmauer, an der sie lehnte.

Plötzlich sah sie ein kleines Mädchen vor sich, das kurz davorstand von mehreren maskierten Männern in einen schwarzen Lieferwagen gezerrt zu werden. Sie strampelte mit voller Kraft. Ein Passant ging dazwischen und schlug einem der Kerle direkt ins Gesicht, welcher daraufhin zu Boden sank. Ein anderer der Maskierten wollte ihn mit einem Elektroschocker erwischen. Kam aber nicht dazu, da ein weiterer Passant den Mut genommen hatte dazwischenzugehen. Er hielt den Typen von hinten fest. Der andere Passant verpasste ihm daraufhin einen Kinnhaken, bis er zu Boden ging. Gemeinsam knöpften sie sich dann den dritten und letzten Entführer vor. Das kleine Mädchen war bereits weggerannt. Zuerst konnte Umeko das Gesehene nicht richtig einordnen, bis ihr einfiel, dass ihr genau das einmal in der Grundschule passiert war. Es war eine Erinnerung an eine ähnliche Situation, nur dass diesmal kein Passant zur Hilfe eilen würde.

„Warum muss ich ausgerechnet jetzt daran denken?“ Sie erinnerte sich daran, dass ihre Eltern sie nach diesem Vorfall nie wieder ohne einen Aufpasser aus dem Haus gelassen hatten. Erst als sie in die Mittelschule kam, konnte sie ihre Eltern dazu überreden, dass sie keinen Aufpasser mehr brauchen würde. Wenn sie könnte, würde sie ihrem damaligen Ich gerne sagen, wie unrecht sie doch hatte. Gerne hätte sie jetzt jemanden an ihrer Seite, der ihr beisteht. Doch alles, was sie bekam, waren die Schritte ihres Verfolgers, der nun wieder gemächlich auf sie zuging. Er kam der Ecke immer näher.

Mit einem Grinsen im Gesicht kam der Mann letztlich um die Ecke, in seiner Hand schon wieder ein neues Messer. Ein Sonnenstrahl spiegelte sich darauf und blendete Umeko leicht.

Kapitel 8 Arzt

In dem Moment, da das Licht verschwunden war, stand er auch schon fast direkt vor ihr. Er hatte bereits angesetzt und sich zu ihr heruntergebeugt, bereit ihr im nächsten Moment das Leben zu nehmen, als er ein Pfeifen vernahm. Auch Umeko hörte es, wenn auch nur schemenhaft, und wunderte sich, wo es herkam. Der Mann stand auf, um sich umzuschauen, ohne dabei etwas zu entdecken, bis ihm auf einmal die scharfe Kante einer Schaufel ins Gesicht geschlagen wurde. Ohne das Messer in seiner Hand loszulassen, sackte er zu Boden. Allerdings sollte es nicht an diesem Punkt enden. Noch ein zweites und drittes Mal wurde mit der Schaufel auf seinen Kopf eingeschlagen. Erst beim vierten Mal hörte der Körper auf zu zucken und blieb ganz still liegen. Nachdem die Schaufel weggeschmissen wurde und ihr Retter an sie herantrat, erkannte Umeko ihn.

Es handelte sich um niemand Geringeren als Nobu. Noch nie hatte sie sich so sehr gefreut ihn zu sehen.

Nobu hatte auf dem Weg zu ihr nur einmal angehalten, um sich die Schaufel aus einem verlassenen Vorgarten zu besorgen. Er rannte so lange in der Gegend rum, bis er ihren Verfolger aus der Ferne sehen konnte. Er wartete kurz, bis er selbst aus dem Sichtfeld des Mannes verschwunden war, nur um sich ein paar Sekunden später von hinten anzuschleichen.

„Das war erschreckend einfach.“ Dabei war er selbst überrascht, dass es so gut funktioniert hatte. Er hatte mehr von dem Mann erwartet, nachdem er ihn gesehen hatte, für ihn wirkte der Mann wie ein Profi, der wusste, was zu tun war. Mit seiner Beute zu spielen, das macht normal nur jemand, der sich seiner Sache absolut sicher ist.

Er wendete sich wieder von Umeko ab, um den Täter genauer untersuchen zu können. Dabei stellte er fest, dass kein Puls mehr vorhanden war. Nobu hatte soeben einen Menschen getötet. Trotz der Verwundung, die er ihr zugefügt hatte, schob Umeko Panik, als sie von seinem Tod erfuhr. Nobu jedoch kümmerte es kein bisschen, er sagte nur: „Das wird niemals jemand erfahren." Umeko nickte ängstlich.

Nobu nahm sich das Messer des Mannes und untersuchte ihn auch nach den Messerscheiden. Beide fand er, an seinem Gürtel befestigt, und nahm sie ebenfalls an sich. Eines der Messer steckte er dort rein. Das andere steckte noch immer in Umeko. Danach zog er ihm den tiefschwarzen Umhang aus und hing ihn sich über seine Schulter. Am liebsten hätte er ihn direkt untersucht, doch Umekos Verwundung war dringender, als sein Wunsch mehr über den Angreifer herauszufinden. Umeko hatte bereits zu viel Blut verloren und konnte nicht einmal mehr aufstehen. Es gab nur einen Weg ihr zu helfen, er musste sie in die Wohnung der Zwillinge bringen. Erst dort könnte er ihre Wunde einigermaßen verarzten, außerdem war sie von seinem Standort aus am schnellsten zu erreichen. Er begann sie hochzuheben, dabei achtete er ganz penibel darauf ihre Wunde nicht noch schlimmer zu machen. Mit dem linken Arm griff er in ihre Kniekehle, um ihre Beine tragen zu können, und mit der Rechten hielt er ihre Schulter. Ihren linken Arm hat er sich für besseren Halt um seine Schulter und Hals gelegt. Auf der anderen Seite hatte er sich den Umhang umgehängt. Das Messer selbst hatte er mit einem der Bänder ihres Rucksacks fixiert, den sie nun auf dem Bauch trug. Als er sie anhob, neigte sich ihr Kopf nach hinten, sodass ihr Haarreif, der sich auf der Flucht bereits gelockert hatte, auf den Boden fiel. Sie hatte ihn nach ihrem Sturz im Garten nicht richtig festgesteckt. Er bückte sich ohne das Messer außer Acht zu lassen.

„Es wird alles wieder gut, und wenn du dann wach bist, würdest du mit mir meckern, wenn der nicht da ist. Ich kenn dich doch."

Nachdem er ihn aufgehoben hatte, legte er ihn ihr seitlich auf die Schulter, woraufhin er bis zu ihren Brüsten runterrutschte, wo er dann gestoppt wurde.

Es war gar nicht so einfach, sie zu der kleinen Wohnung der Zwillinge zu tragen. Der Weg, den er zuvor in wenigen Minuten gerannt war, erwies sich nun als Kraft- und Ausdauerprobe. Er durfte nicht zu schnell, aber auch nicht zu langsam laufen. Die richtige Balance im Tempo zu finden war nur einer der Schwierigkeiten. Mit der Zeit stellte sich in seinem ganzen Körper ein Brennen ein. Seine Arme waren schon nach dem ersten Mal, als er mit der Schaufel zuschlug, taub geworden. Er hatte es total unterschätzt, was es für ein Kraftakt sein würde jemanden zu erschlagen.

All das zu ignorieren ging nur eine gewisse Zeit gut. Denn irgendwann war selbst ihr leichter Körper zu schwer, weshalb er sich mit letzter Kraft zur Wohnung schleppte.

„Noch nicht, ihr dürft noch nicht aufgeben.“ Natürlich konnten seine Arme seinem Wunsch nicht nachgehen. Doch sollte er sie jetzt absetzen, wäre das ihr Todesurteil gewesen. Mit einem Blick der Erschöpfung, der gleichzeitig aber auch Entschlossenheit ausstrahlte, trat er mit einem Bein gegen die Wohnungstür. Nobu bekam mit, dass jemand auf der anderen Seite durch den Spion lugte. Keine zwei Sekunden später wurde die Tür aufgerissen, und er wurde fast schon hereingezogen.

„Was ist passiert, ist das Blut?“ Voller Panik überlappten sich die Fragen der beiden, hysterisch rannten sie um ihn herum und versuchten ihm irgendwie zu helfen.

„Das erzähl ich euch später, jetzt müssen wir sie erstmal versorgen.“ Nobu hatte die Ruhe in seiner Stimme und Ausstrahlung nicht verloren. Sie stimmten ihm zu und räumten schnell das Sofa leer. Darauf legte Nobu sie mit dem Bauch nach unten. Den Haarreif legte er neben sie auf den Couchtisch. Nobu drehte sich wieder zu ihr um und versuchte vorsichtig den Knoten, den er mit dem Band des Rucksackes gemacht hatte, zu lösen, ohne dabei das Messer zu bewegen versteht sich, um danach den Rucksack zu entfernen. Die Zwillinge mussten ihm dabei helfen und sowohl sie als auch das Messer festhalten, damit es beim Umdrehen ihres Körpers nicht versehentlich verrutschte. Nobu gab Harui die Anweisung alles, was sie an Erste-Hilfe Sachen hatten, auf den Tisch zu stellen. Es war nicht viel und reichte gerade einmal aus, um sie provisorisch zu verarzten, was aber immer noch besser war, als sie einfach verbluten zu lassen.

Für bessere Hilfe rief Nobu seinen besten Freund Daisuke an. Dieser konnte ihm selbst zwar nicht helfen, und das wusste er auch, dafür aber Ishikawa. Durch seine Erfahrung beim Militär, so dachte Nobu, hatte er auch einiges mit Stichwunden zu tun gehabt. Da Ishikawa selbst allerdings kein Handy besaß, blieb ihm nichts anders übrig als über einen Dritten zu gehen, wenn er ihn um Hilfe bitten wollte. Er hielt es nicht für nötig auf jeden Schnick-Schnack, wie er ihn gerne nannte, der heutigen Zeit zurückzugreifen. Doch in diesem Moment war er ihre einzige Chance. Alle Ärzte wie auch Polizisten, und gefühlt auch alle anderen Menschen, hatten Miyazaki bereits verlassen.

Es dauerte kurz, bis Daisuke den Schlüssel für die Nachbarwohnung gefunden hatte und seine eigene verlassen konnte. Dann allerdings dauerte es nicht mehr lange, bis Ishikawa das Telefon in Händen hielt.

„Was ist passiert?“ Die Stimme eines deutlich älteren Mannes war am anderen Ende zu hören. Nobu versuchte ihm die Situation so ruhig und detailliert wie nötig zu beschreiben. Da Ishikawa allerdings nicht sofort zu ihnen gehen konnte, musste er ihnen erstmal über das Telefon Anweisungen geben, um sie zumindest für die Reise zu ihm vorzubereiten. Diese befolgten sie, so genau wie es ihnen mit ihren ungeübten Händen möglich war.

Die wichtigste Anweisung von allen war es, das Messer so wenig wie nur möglich zu bewegen, am besten wäre natürlich es gar nicht zu tun, doch das stellte sich als schwerer heraus als gedacht.

Zuerst musste Nobu Umeko ihren Pulli und das T-Shirt ausziehen, um an die Stelle ranzukommen. Nachdem jemand das Messer fixiert hatte, nahm er eine Rolle Verbandsmaterial und wickelte es mehrmals um das Messer und die Stelle, an der es in Umekos Körper eingedrungen war. Nun ging Nobu mit der Rolle mehrmals um ihren Bauch und wieder um die Wunde. Das machten sie so lange, bis die Rolle aufgebraucht war. Das Ende der Rolle steckte er in die anderen Schichten, um sicherzugehen, dass der Verband sich nicht einfach so öffnen konnte. Das war zwar unnötig, da der Verband selbsthaftend war, doch er wollte lieber auf Nummer sicher gehen, immerhin stand gerade das Leben einer guten Freundin Leben auf dem Spiel.

Harui schaute dabei kurz zu ihm hoch, sah ihm dabei in die Augen und erstarrte, da sie dort einen Ausdruck sah, den man wohl nur mit Mordlust beschreiben konnte. Seine sonst eher sanften und verspielten Augen wurden mit einem Mal pechschwarz und sie hatte das Gefühl, direkt in ein schwarzes Loch zu blicken, aus dem es kein Entkommen mehr geben würde. Sie kannte diesen Ausdruck, sie hatte ihn schon einmal bei ihm gesehen.

Das war, als er das erste Mal bei ihnen zu Besuch war und der Freund ihrer Mutter Harui vor seinen Augen geschlagen hatte. Das nur, weil ihm irgendwas, was sie sagte, nicht gefallen hatte; er griff ein und überwältigte ihn. Der Mann, sturzbesoffen zu diesem Zeitpunkt, lag regungslos auf dem Boden. Nobu stand mit einem Bein auf seinem Brustkorb und drückte leicht zu, während er mit diesem Blick auf ihn herabsah. Der Mann bekam es in dem Moment mit der Angst zu tun, allein, indem er ihm in die Augen sah. Seit damals hatte er es nie wieder gewagt etwas zu sagen oder zu tun, wenn Nobu in der Nähe war. Harui musste ihn damals von ihm wegzerren, um ihn beruhigen zu können. Das ging diesmal nicht, da es niemanden gab, von dem sie ihn hätte wegzerren können. Damals hatte sie sich darüber gefreut Hilfe zu bekommen und es war der Beginn ihrer Gefühle für ihn, doch diesmal hatte sie Angst vor ihm, da sie sich nicht ausmalen konnte, wozu er gerade im Stande war.

Die Zwillinge schnappten sich ihre zur Hälfte fertig gepackten Taschen, während Nobu Umeko ihren Haarreif wieder aufsetzte und ihre Frisur richtete. Da merkte er erst, dass ihre Haare leicht rot von ihrem Blut waren. Um keine weitere kostbare Zeit zu verschwenden nahm er sie huckepack und schnallte sich ihre Tasche vor die Brust. In die Tasche hatte er den Umhang versteckt, so wollte er verhindern, dass die Zwillinge ihn zu Gesicht bekamen. Die beiden anderen bat er immer zu schauen, ob der Weg frei ist, wenn sie um die Ecke gingen. Denn gerade jetzt wollte er keiner anderen Person begegnen. Natürlich war der wahre Grund, dass er nicht noch so einem Attentäter begegnen wollte. Denn diesmal hätte er nichts mehr ausrichten können. Doch um ihnen das zu verraten, war es noch zu früh.

Die Betonung hierbei lag auf „Noch", er hatte vor es ihnen früher oder später zu sagen.

Miyazaki war gefühlt über Nacht zu einer richtigen Geisterstadt geworden, und das obwohl der Standort der Safe-Zone nicht einmal seit einem Tag bekannt war. Alle Läden geschlossen, die Häuser verbarrikadiert.

Auch wenn sich Harui Sorgen um ihre Freundin machte, hatte sie auch Angst um Nobu, der immer noch denselben Blick in seinen Augen hatte. Und sie wusste nicht einmal, was los war. Innerlich wurde sie davon zerfressen und sie wollte nun endlich wissen, was mit ihrer besten Freundin passiert war, wurde aber immer wieder auf später vertröstet. Sie wurde immer lauter, bis sie ihn am Ende sogar besorgt angeschrien hatte. Das war das erste Mal, dass sie gegenüber jemand anderem so laut wurde.

Doch jedes Mal gab er sichtlich gereizter dieselbe Antwort: „Das erzähle ich euch später!" Harui merkte, dass sie zu weit gegangen war, und entschuldigte sich. Den Rest des Weges sagte sie kein einziges Wort mehr. Sie war nicht eingeschnappt oder etwas in der Art. Sie wollte einfach nicht, dass Nobu noch weiter sauer auf sie war, besonders nicht mit diesem Blick in seinen Augen. Jetzt wollte sie ihm auf keinen Fall auf die Nerven gehen.

Währenddessen nahm Dai sein Handy wieder an sich und rief bei Rei an.

„Dai, was gibt's?", fragte Rei, als sie abnahm, noch völlig ahnungslos, was passiert war, woraufhin Dai ihr die Planänderung mitteilte.

„Wir treffen uns doch nicht bei Umeko, sondern bei mir oder besser gesagt bei Ishikawa. Nimm bitte dein ganzes Zeug mit." Sie bestätigte mit einem sorgenfreien „Ok".

Als Nobu endlich bei Ishikawa eingetroffen war, fand er dort einen bereits freigeräumten Tisch vor, auf den er Umeko mit dem Bauch nach unten legen sollte. Harui fragte den alten Mann mit einem grauen Dreitagebart und den schulterlangen grauen, nach hinten gestreiften Haaren panisch:

„Können Sie sie retten? Ich bitte Sie, Sie sind der Einzige, der ihr noch helfen kann." Die Angst stand ihr ins Gesicht geschrieben.

„Komm mit und lass ihn sein Bestes tun." Da Nobu wusste, dass Ishikawa das nicht versprechen konnte, sprach er mit leiser Stimme zu ihr und nahm sie mit ins Nebenzimmer, wo er mit ihr zusammen wartete. Er schloss die Tür hinter sich, damit sie dieses schaurige Ereignis nicht mit ansehen konnte, selbst wenn sie es wollte.

„Es tut mir leid, dass ich vorhin wütend auf dich war. Es ist einfach zu viel passiert." Er fühlte sich schlecht deswegen.

„Alles gut, ich hätte anders reagieren sollen." Sie gab sich selbst die Schuld für den kleinen Wutausbruch. „Ich hätte einfach nicht weiter nachbohren sollen, tut mir leid." Als der Adrenalinrausch vorbei war, prasselte der ganze Schmerz, den Nobu zuvor verdrängt hatte, auf einmal auf seinen Körper ein. Von der einen zur anderen Sekunde konnte er keinen einzigen Muskel mehr in seinem Körper bewegen.

Währenddessen schnitt Ishikawa im Wohnzimmer mit einer Schere den Verband auf und entfernte ihn, ohne dabei das Messer zu bewegen. Er musste sich erst einmal einen Blick auf die Wunde genehmigen, bevor er mit der eigentlichen Behandlung beginnen konnte.

„Verdammt, das sieht ganz und gar nicht gut aus", sagte er leise zu sich selbst, so dass Harui es nicht hören konnte. „Das würde selbst mit dem richtigen Material schwierig werden." Er legte sich eine stabile Nadel, durch die eine Angelschnur geführt wurde, auf eine Ablage neben sich. Darauf lagen auch schon ein paar Handtücher. Er desinfizierte die Wunde, in der immer noch das Messer steckte, sowie die Nadel. Dabei zuckte Umeko und er musste sie zusammen mit Daisuke festhalten. „Das ist schon mal was, solange du noch was spürst, besteht Hoffnung." Er fing an mit Umeko zu reden. Bevor er das Messer herauszog, presste er die Handtücher leicht auf ihre Haut. Als er begann das Messer herauszuziehen, fing Umeko an zu schreien, ohne dabei aufzuwachen. Der Druck wurde stärker, als das Messer entfernt war, damit die Blutung gestoppt werden konnte. Er drückte einige Minuten lang, bis er das Handtuch wieder entfernte und mit dem Nähen begann.

Das Handtuch und seine Hände trieften nur so vor Blut, aber die Blutung war fürs Erste mehr oder weniger gestillt und die Wunde verschlossen. Umekos Atmung war auf Grund des ganzen Blutverlustes sehr flach und schwach.

Er bat Jinpei, der die ganze Zeit sprachlos danebenstand, den beiden in der Küche Bescheid zu geben. Als er in die Küche kam, sah er, wie Harui weinend auf am Tisch saß, während Nobu versuchte sie zu beruhigen.

Bei dem Anblick der kreidebleichen Umeko und dem ganzen Blut wurde ihm mulmig zu Mute.

„Ishikawa hat alles getan, was er konnte. Laut seiner Aussage ist sie erstmal außer Gefahr", sagte Jinpei, als er in die Küche kam. Die beiden standen auf und froh darüber das zu hören, umarmte Harui Nobu, der neben ihr stand. Als sie aber bemerkte, was sie gerade getan hatte, ließ sie ihn verlegen wieder los. Unkommentiert ging Nobu in das Schlafzimmer, wo sie mittlerweile auf dem Bett lag und schlief.

„Sie hat viel Blut verloren und ich konnte sie nur mit einer Angelschnur zusammenflicken, aber es sollte alles gut werden, solange sie in den nächsten Tagen genug Ruhe und Flüssigkeit bekommt." Über ihren Mund wurde ihr bereits langsam Wasser verabreicht. Im Laufe des Tages mussten sie abwechselnd dafür sorgen, dass sie das verlorene Blut langsam wieder reproduzieren konnte. Eine Vorstellung, wie viel Blut sie wirklich verlor, hatte er durch einen Blick auf Ishikawas T-Shirt und die Tücher, die überall lagen, bekommen.

Als es an der Tür klopfte, war Nobu sofort in Alarmbereitschaft und suchte sich etwas, das er als Waffe benutzen konnte. An das Messer, das an seiner Hüfte hing, dachte er dabei jedoch nicht. Dai und Ishikawa reagierten auf Nobus Handlung und taten es ihm gleich. Während ihm die anderen beiden Rückendeckung gaben, schaute Daisuke angespannt durch den Spion. Er ließ die Schultern nach unten fallen und entspannte sich, ehe er die Tür öffnete.

Was Daisuke sah, konnten die anderen nur Sekunden später auch sehen und entspannten sich dementsprechend. Es war Rei, die zwei große Reisetaschen den ganzen Weg bis zur Wohnung alleine getragen hatte. Sie wusste nicht, was passiert war, und schaute verwundert, als sie sah, dass Nobu mit einem Messer in der Hand hinter der Tür wartete. Da sie nicht wusste, was vorgefallen war, sah sie keine Dringlichkeit darin sich mit dem Packen zu beeilen. Besonders nachdem der Treffpunkt zu einen Ort, der näher an ihre Wohnung lag, geändert wurde. Sie nahm einfach an, dass Daisuke, Ishikawa und sie in einem Auto fahren würden und sich deswegen bei den beiden treffen wollten. Sogar die Zeit, sich noch etwas anderes anzuziehen, hatte sie gefunden. Sie hatte sich viel eleganter angezogen.

„Jetzt, wo endlich alle hier sind, werde ich euch alles erzählen, was ich über den Vorfall weiß“, begann Nobu seine Ansprache. Er erzählte ihnen alles, was er selbst miterlebte oder ihm erzählt wurde. Von dem toten Bediensteten, ihrer Flucht, der Moment, in dem sie sah, wie ihre Eltern getötet wurden, wusste er zu diesem Zeitpunkt noch nichts. Doch auch das änderte sich, als Umeko später am Tag aufwachte und ihnen den Rest erzählte. Das Einzige, was beide, wie abgemacht, verschwiegen, war die Sache mit dem Mord an dem Killer. In ihrer Version der Geschichte wurde er bewusstlos geschlagen, nicht aber getötet. Die anderen sollten nur so viel wissen, dass sie jederzeit glaubhaft abstreiten könnten an einer Straftat beteiligt gewesen zu sein oder davon Kenntnis hatten. Harui verstand nun, wieso Nobu es ihr nicht sofort sagen wollte. Er wollte einfach verhindern, dass sie sich unnötig Sorgen über ein Problem machte, bei dem sie sowieso nichts hätte ausrichten können.

Ishikawa merkte an, dass die restlichen Attentäter ihr Gesicht bestimmt auch gesehen haben oder zumindest wussten, wie sie aussieht, und jetzt hinter ihr her sein könnten. Also wird jeder, der ab sofort mit ihr gesehen würde, in Gefahr schweben und er ließ allen einen Augenblick Zeit zu überlegen, ob sie die Wohnung verlassen wollen, solange es noch ging, doch alle wollten bleiben und es gemeinsam durchstehen, also fuhr er fort.

Sie hatten nämlich noch ein viel größeres Problem, denn ohne die Angestellten der Villa mussten sie nun zu Fuß nach Tokio kommen, da Ishikawa selbst kein Auto fahren konnte. Er hatte weder ein Auto noch einen Führerschein. Hätte man ihm einen Helikopter gegeben, hätte er ihn fliegen können, doch wie man Auto fuhr, davon hatte er keine Ahnung.

Rei überschlug das mal kurz und kam auf eine Reise von etwa drei Monaten, und das nur, wenn sie jeden Tag eine Strecke von

15–20 Kilometern zurücklegten. Sollten sie aber weniger zurücklegen zum Beispiel auf Grund von Umekos Verletzung, würden sie noch länger brauchen. Das würde eine sehr anstrengende Reise werden. Sie mussten nicht nur sich selbst nach Tokio bringen, sondern auch ihr gesamtes Gepäck genauso wie Lebensmittel für die Reise. Erschwerend kam noch hinzu, dass ihnen vielleicht Attentäter auf den Fersen waren. Selbst ohne die wäre da immer noch das schwarze Zeug, das sie einholte, wenn sie zu langsam waren. Aber wenn sie gar nichts tun, würden sie so oder so sterben, das war ihnen klar. Sie müssen das Risiko also eingehen, allerdings erst wenn es Umeko wieder besser ging.

Kapitel 9 Warten

Zwar waren am Abend alle müde, hatten aber auch mindestens genauso viel Angst. Zumindest erging es Harui und Jinpei so, bei den anderen war es nur so ein mulmiges Gefühl, das sie bekamen, wenn sie daran dachten, dass jetzt hinter ihrer Freundin eine Gruppe Killer her sein könnte.

Damit niemand die Nerven verlor, entschied man sich dafür Schichten einzuteilen, sodass die ganze Nacht jemand Wache hielt, um den anderen so zumindest das Gefühl von Sicherheit geben zu können. Doch wenn es wirklich 5 Profikiller auf sie abgesehen hatten, wie Umeko es ihnen erzählt hatte, und diese dann auch noch wüssten, wo sie zu finden wäre, hätten sie in dieser Bruchbude keine Chance gegen sie gehabt. Selbst Ishikawa könnte es nur mit einem, höchstens zwei von ihnen gleichzeitig aufnehmen und in der Zwischenzeit wären die anderen bereits getötet worden.

Es waren insgesamt drei Schichten, diese immer in Zweier-Teams. Jeder konnte seinen Partner frei wählen. Womit die Aufstellung wie folgt lautete.

Im ersten Team waren Daisuke und Jinpei, das zweite bestand aus Rei und Nobu. Die letzte waren Harui und Ishikawa.

Ishikawa hatte Daisuke und Nobu je eine Schusswaffe mit einem vollen Magazin gegeben. Das waren die einzigen Waffen, die er besaß. Trotz der schweren Waffengesetze, die in Japan gelten, konnte er sie kaufen. Was nicht zuletzt seiner Vorgeschichte beim Militär zu verdanken war. Bis zum heutigen Tage hatte er sie zum Glück noch nie gebraucht, und sich deswegen immer wieder gefragt, wieso er die regelmäßigen Tests über sich hat ergehen lassen. Doch jetzt war er froh um jede Waffe, die er seinen Besitz nennen konnte.

Er war keineswegs ein Waffennarr, sondern einfach nur gerne für den Notfall, wie es jetzt einer war, gerüstet.

Früher war er öfter in den USA und schlug jedes Mal wieder die Hände über dem Kopf zusammen, als er sah, wie einfach man dort an Schusswaffen kommen konnte. Da wunderte es ihn auch nicht mehr, dass es in Amerika so oft zu Schießereien kam. Was ihn aber wunderte, war, dass die Politiker dort als Reaktion auf Schießereien ein Gesetz nach dem anderen erlassen, das besagt, dass man noch mehr Waffen brauchen würde anstatt weniger. Feuer mit Feuer bekämpfen war in diesem Fall der falsche Weg. Außer natürlich sie wollten, dass sich die Bevölkerung irgendwann völlig über den Haufen schießen soll. Noch absurder fand er es, dass Gangmitglieder denken, sie hätten Respekt verdient, nur weil sie eine Schusswaffe bei sich trugen.

Einmal wurde er von einem solchen Bandenmitglied überfallen. Zumindest hatte dieses es versucht. Der Mann hatte sich besonders stark gefühlt, nur weil er vor Ishikawas Gesicht mit einer Waffe rumfuchtelte. In seinen Augen war er nichts weiter als ein älterer Mann, der leichte Beute darstellte. Ishikawa tat so, als wolle er ihm sein Zeug überreichen; sobald er ihm dann allerdings nah genug war, wendete sich das Blatt. Ishikawa nahm ihm in einer Sekunde die Waffe weg und hielt sie ihm in der anderen ins Gesicht.

„Was ist das für ein Gefühl jetzt derjenige zu sein, auf den die Waffe gerichtet wird? Blöd so ganz ohne Knarre, richtig.“ Er würde niemals auf den Jungen schießen, doch hätte der Junge ihn dennoch angegriffen, hätte er ihn anderweitig außer Gefecht gesetzt.

Der Junge fing an zu weinen, er war immerhin gerade einmal 15. Plötzlich kam ein Auto angefahren, aus dem vier Typen ausstiegen. Ebenfalls alles Bandenmitglieder, keiner von ihnen war jünger als 25. Nun erkannte Ishikawa, wo er da reingeraten war. Es war ein Initiationsritus, da der Junge noch neu in der Gang war.

„Nimm die Waffe runter und lass den Kleinen gehen“, forderte einer der vier. Natürlich weigerte Ishikawa sich.

„Ich weiß ja nicht, für wenn du uns hältst Opa, aber du solltest dich lieber nicht mit uns anlegen“, forderte wieder ein Anderer. Doch auch diese Drohung ließ Ishikawa völlig kalt. Also wollte ihm einer der Typen mit den Fäusten eine Lektion erteilen, wurde aber wenige Sekunden später von ihm auf die Matte geschickt. Auch der Zweite, der auf ihn losging, landete blitzschnell auf dem Boden. Der Dritte hatte bereits eingesehen, dass er im Nahkampf keine Chance gegen den „Opa“ hatte. Deshalb zog er seine Waffe aus dem Hosenbund. Doch noch bevor er schießen konnte, hatte Ishikawa ihm in die Schulter geschossen und seine Waffe auf den Letzten gerichtet.

„Denk gar nicht dran!“ Dieser wollte gerade zu seiner Waffe greifen. Ishikawa schnappte sich das Handy von einem von ihnen und rief die Polizei an. Diese war nur allzu dankbar, dass diese Jungs endlich geschnappt worden waren. Angeblich haben sie schon seit Wochen in der Gegend ständig Leute ausgeraubt, weswegen sich niemand mehr auf die Straße traute.

„Ihr solltet mal etwas an euren Waffengesetzen ändern“, riet Ishikawa dem Polizisten.

„Da haben Sie zwar recht, aber leider sind wir mit dieser Meinung in Amerika die Minderheit“, gab der Polizist enttäuscht über sein Land zurück. „Immer wieder gibt es irgendwelche Schießereien, die man mit schärferen Gesetzen hätte verhindern können. Doch alles, was diese Idioten da oben fordern, sind mehr Waffen. Stellen Sie sich das mal vor. Demnächst trägt mein dreijähriges Kind eine Waffe und erschießt mich versehentlich. Und wissen Sie, was die da oben dann sagen werden?“

„Hätten Sie eine Waffe bei sich getragen, wäre das nicht passiert“, gab Ishikawa als schlechte Imitation irgendeines Politikers von sich.

„Genau, ist das zu fassen.“ Der Polizist konnte nur seinen Kopf schütteln und sich erneut bei Ishikawa bedanken.

Nobu hatte zwar keine Ahnung von Schusswaffen oder deren Nutzung. Hatte aber die Grundlagen nach einer kurzen Erklärung von Ishikawa ganz gut verstanden. Dadurch konnte er zwar noch lange nicht so gut schießen wie jemand, der darin ausgebildet wurde, wie zum Beispiel Ishikawa, war aber in der Lage, wenn es darauf ankäme, sich damit zu verteidigen. Zur Not hatte er ja auch noch eines der beiden Messer von dem Attentäter. Dass das in Umeko steckte, hatte Ishikawa inzwischen gesäubert und noch einmal geschärft, bevor er es an Daisuke weitergab. Daisuke wiederum wusste, wie man schießt, er war seit dem Tod seiner Eltern oft genug mit Ishikawa auf Schießständen gewesen und mit der Zeit richtig gut geworden.

Die erste Schicht fand von 23–2 Uhr statt. Bis auf die beiden, die wach bleiben mussten, gingen alle anderen schlafen, um sich für ihre eigene Schichte auszuruhen. Zuvor jedoch hatten alle dabei mitgeholfen die Wohnung ein bisschen umzuräumen. Das Sofa wurde in die Küche gestellt, während dafür die Küchenstühle und der Tisch in das Wohnzimmer vor die Eingangstür gestellt wurden. Anders wäre es zu gemütlich gewesen und es hätte die Gefahr bestanden, dass die Nachtwache hätte einschlafen können. Das meinte zumindest Ishikawa. Da er mit langen Nächten, in denen nichts passiert, der Experte war, vertrauten alle seinem Urteil.

Dai hatte kaum geredet, da er sich auf Geräusche aus dem Gang konzentrieren wollte. Dafür redete Jinpei sehr viel und stellte Fragen. Er bekam zwar keine Antwort, reimte sich aber ziemlich viel zusammen.

„Wieso, glaubst du, sind diese Typen in die Villa eingebrochen und haben alle getötet? Ich kann es dir sagen, diese Typen sind durchgedreht und mussten ihren Stress an irgendwas oder irgendwem ablassen. In einer Situation wie dieser ist es zwar verständlich, dass bei den Leuten ein paar Sicherungen durchbrennen, aber deswegen muss man noch lange niemanden töten.“ Seine Fragen gingen direkt weiter, aber in einer etwas besorgteren Stimme: „Wann, glaubst du, wird Umeko wieder fit sein, denkst du, sie schafft es noch, bevor dieses schwarze Zeug hier ankommt? Und wenn ja, schafft sie es dann überhaupt zu Fuß nach Tokio, schaffen wir es überhaupt zu Fuß nach Tokio?“ Es gab noch viele andere Dinge, die ihn beschäftigten.

Bis sein Monolog rüde von seinem Partner unterbrochen wurde.

„Was ist, hast du was gehört?“

„Nein, du sollst einfach nur still sein, bevor du die anderen noch weckst.“

„Tut mir leid.“ Jinpei entschuldigte sich, stellte aber noch eine letzte Frage.

„Was ist Umeko eigentlich für dich, es wirkt nicht so, als würde es dich groß kümmern, dass sie verwundet wurde.“ Daisuke musste erst überlegen, bis er ihm antworten konnte.

„Für mich ist sie ein Teil der Gruppe, mit dem ich mich gut verstehe, aber mehr auch nicht.“ Im Gegenzug fragte er auch etwas. „Und wie sieht es bei dir aus, was ist sie für dich?“

Anders als Daisuke musste er nicht lange überlegen und konnte sofort mit einer Antwort liefern.

„Ich bewundere jeden aus der Gruppe. Jeden aus einem anderen Grund. Ich rede zwar nur selten mit ihr, doch bewundere ich sie dafür, dass sie einfach so zwanglos ist, wenn sie etwas will, nimmt sie es sich und ist trotzdem nicht arrogant. Ganz im Gegenzug, sie ist großzügig, freundlich, witzig und charmant. Deswegen verstehe ich nicht, wieso ihr so etwas zugestoßen ist. Das hat sie einfach nicht verdient.“

„Klingt ja fast so, als wärst du in sie verliebt“, gab Daisuke grinsend zurück. Jinpei war überfordert und versuchte sich zu erklären.

„Was nein, das stimmt nicht, auch wenn ich es schön fände, wenn jemand wie sie sich für mich interessieren würde, aber ich sehe sie eher als Vorbild an.“

„Ich verstehe nicht, wieso du dich so runterredest? Natürlich könntest du gegen jemanden wie Nobu nie gewinnen, aber wenn du endlich mehr Selbstvertrauen bekommen würdest, hättest du schon einen großen Schritt nach vorne gemacht. Nur weil sie dein Vorbild ist, heißt das nicht, dass da nicht noch mehr sein kann."

„Denkst du das wirklich, ich meine, wieso sollte sich jemand wie sie für mich interessieren?"

„Das hat sie doch längst."

„Wann denn das?" Er war sich sicher, dass nie etwas zwischen den beiden passiert war.

„Als du die ganze Zeit die Nachrichten verfolgt hast, wurdest du immer nervöser. Uns anderen ist das zwar aufgefallen, doch wer war es, der dich am Ende angesprochen hat, um dir zu helfen?", wollte Daisuke von ihm wissen.

„Umeko", sagte Jinpei realisierend.

„Genau wenn du ihr egal wärst, denkst du wirklich, sie hätte dir geholfen", erklärte Dai ihm.

„Danke."

„Wofür?"

„Einfach dafür, dass du mir gezeigt hast, dass es auch Leute gibt, die sich für mich interessieren."

Daisuke erwiderte nichts darauf. Jinpei war ab da still und sagte kein Wort mehr für den Rest der Nacht.

Kurz vor 2 sagte Dai zu Jinpei, er solle in die Küche gehen, um Nobu und Rei zu wecken. Die beiden hatten es sich auf dem Sofa gemütlich gemacht. Zu seiner Überraschung lehnte Rei mit ihrem Kopf auf Nobus Schulter und beide schliefen seelenruhig. Er dachte kurz an seine kleine Schwester, die gerne mit ihr tauschen würde. Allein dafür weckte er die beiden sofort auf. Die beiden machten die Augen auf, schauten erst zu Jinpei und dann sich gegenseitig in die Augen. Während Nobu von oben zu Rei hinunterschauen musste, war diese nur leicht über seine Schulter gelehnt. Keiner war irgendwie peinlich berührt von der Situation. Dennoch, als Rei wirklich wach war und bemerkte, was sie getan hatte, wich sie leicht verwegen zurück.

Ihre Schicht ging von 2–5 Uhr. Den Großteil der Schicht hatten sie damit verbracht Schach zu spielen. Selbstverständlich ohne dabei zu sehr in das Spiel zu versinken. Sie hatten kaum ein Wort miteinander gewechselt. Es war nichts Ungewöhnliches, für sie bei einem Spiel zu schweigen. Es gab genauso viele Spiele, in denen sie viel miteinander redeten, wie solche, in denen keiner auch nur ein Wort verlor.

Auch Rei war zuvor die Mordlust in seinen Augen aufgefallen, als sie mit ihren Taschen durch die Tür kam, doch die war nun wieder verflogen. Der alte Nobu war wieder zurück.

„Was wirst du machen, wenn du einem der anderen Typen erwischst", fragte Rei einfach frei heraus.

„Keine Ahnung, die Polizei gibt es ja hier leider nicht mehr, die sind inzwischen mindestens auf dem Weg nach Tokio. Aber sie werden auf jeden Fall büßen müssen für das, was sie getan haben." Das reicht Rei schon als Antwort.

Gegen fünf weckten sie dann die letzte Schicht von 5–8 Uhr auf. Ishikawa saß auf einem Stuhl in der Küche, die Arme verschränkt. Harui saß vor dem Bett, in dem Umeko lag, und legte ihren Kopf auf selbigem ab. Sie wollte sie nicht für eine Sekunde aus den Augen lassen. Für den Fall, dass sie aufwacht und Schmerzen hat oder irgendetwas benötigt, wollte sie ihr sofort helfen können.

„Möchtest du auch einen?" Ishikawa machte Kaffee und fragte Harui, ob sie auch einen haben wollte, doch sie wollte nur eines wissen.

„Wann geht es ihr wieder gut, können sie denn gar nichts für sie tun?" Ishikawa überlegte erst kurz, bevor er antwortete.

„Dai hat mir gesagt, dass sie deine beste Freundin ist, stimmt das?" Harui bejahte.

„Dann solltest du mehr Vertrauen in sie haben. Wie ich schon sagte, hängt jetzt alles an ihr. Ich kann ihr nur dabei helfen, dass verlorene Blut nach und nach wieder zu erlangen, für den Rest ist sie zuständig. Doch das mit dem Blut wird dauern, da ich keinen Tropf besitze, muss ihr Körper dafür arbeiten und solange sie nicht richtig trinken kann, wird es ewig dauern."

Ishikawa hatte mittlerweile seinen Kaffee in der Hand und überreichte Harui eine Tasse mit heißer Schokolade.

Den Rest der Schicht hatten sie sich angeschwiegen und wie besessen auf die Tür gestarrt, bei der sich überhaupt nichts tat. Aus seiner Militärzeit war Ishikawa es gewohnt lange und ohne Regung an einem Punkt zu verharren, der Kaffee war dabei eine willkommene Abwechslung. Doch Harui hatte nicht diese Konstitution und tat sich schwer dabei ihre Augen aufzuhalten. Er erwischte sie immer wieder, wie sie in das Zimmer mit Umeko schaute.

Etwa eine halbe Stunde vor Ende ihrer Schicht machten sie sich daran das Frühstück für alle vorzubereiten.

Leider konnte die Gruppe diesmal nicht wie gewohnt zusammen essen, sondern musste sich aufteilen. Ein Teil musste in Daisukes Wohnung frühstücken. Es waren Daisuke, Jinpei und Nobu.

Ishikawa saß alleine mit Rei und Harui im Wohnzimmer und fühlte sich doch deutlich in der Unterzahl mit drei Mädchen in der Wohnung. Harui war bei Umeko, die inzwischen auch aufgewacht war. Sie hatte Hunger, durfte nach Ishikawa aber nur leichte Kost zu sich nehmen.

Plötzlich kamen die Erinnerungen an den Tod ihrer Eltern wieder hoch, die sie zuerst verdrängt hatte. Als auf einmal alles wieder kam, begann sie zu weinen. In dem Moment fing nicht nur ihr Kopf an wehzutun, sondern auch die Wunde. Harui holte schnell Ishikawa, der ihr helfen sollte.

„Das hab ich schon oft bei Kameraden von mir gesehen, die im Krieg gedient haben. Das ist eine Form von Posttraumatischer Belastungsstörung", erklärte er.

„Ich dachte, das gibt es nur bei Soldaten."

„Nein, das kann bei allen aufkommen, die etwas Schlimmes erlebt haben.“ Er konnte weder etwas gegen die PTBS noch die Schmerzen tun. Alle Schmerzmittel wurden bei ihrer Behandlung aufgebraucht, um sie ruhigzustellen. Ishikawa schätzte, dass zumindest die Schmerzen noch 2–3 Tage andauern würden. Die PTBS war seiner Meinung nach eher das Problem. Die konnte nämlich ein ganzes Leben bleiben. Normal würde man in so einem Fall zu einem Psychiater gehen, doch die waren in Tokio bestimmt schon überlaufen und kamen kaum hinterher mit der Terminvergabe.

Rei hatte inzwischen die anderen aus der Wohnung nebenan geholt.

„Und wenn es so weit ist, müssen wir sofort aufbrechen, dieses schwarze Zeug wartet nicht, nur weil hier jemand verwundet ist“, warf Nobu ein.

„Würdest du genauso handeln, wenn es um Daisuke geht?“, erwiderte Rei nüchtern.

„Nein, bei ihm würde ich sagen, wir warten noch einen Tag, um ganz sicherzugehen.“

„Und wieso dann bei mir nicht?“, interessierte sich Umeko.

„Sollten wir wirklich nochmal auf diese Typen stoßen, wäre Dai unser bester Kämpfer nach Ishikawa. Wenn er dann aber nur halb einsatzfähig wäre, würde uns das überhaupt nichts bringen“, erklärte Nobu ihnen.

„Ist das deine rationale Meinung oder sind dies doch eher deine Gefühle?“, wandte Rei berechtigt ein.

„Das gerade war rational, vielleicht waren ein paar Gefühle mit dabei, aber der schlagende Punkt ist die Rationalität.“

„Aber mit einer nur halb fitten Umeko kommen wir die ganze Zeit nicht gut voran, während wir, wenn wir einen Tag warten, zwar immer noch einen Tag verloren haben, doch dafür mit voller Energie den restlichen Weg bestreiten können.“

„Okay, bevor wir uns hier noch zerfleischen, ob wir einen Tag warten sollen oder nicht, wie wäre es, wenn wir den Arzt entscheiden lassen.“ Daisuke versuchte die Diskussion zu entschärfen.

„Einverstanden“, kam es sowohl von Rei als auch von Nobu. Auch der Rest ging mit dieser Entscheidung konform. Nun waren alle Blicke auf Ishikawa gerichtet, der sich ein bisschen unter Druck gesetzt fühlte.

„Ich entscheide, wenn es so weit ist und nicht früher“, entgegnete Ishikawa, der sich fragend an seinem Kopf kratzte. Er konnte zu diesem Zeitpunkt unmöglich sagen, wann sie wieder fit genug für die Reise sein würde.

„Wenn dieses schwarze Zeug kommt, müssen wir aber weg, egal wie es Umeko geht“, wollte Nobu alle wissen lassen.

„Dann haben wir ja auch keine andere Wahl“, konterte Rei.

„Aber jetzt mal ein anderes Thema, selbst wenn es ihr wieder besser geht, bezweifle ich, dass sie schwere Lasten wie zum Beispiel einen vollgepackten Rucksack tragen können wird“, brachte Harui ein.

„Sie hat Recht: Wenn sie schwere Lasten trägt, besteht die Gefahr, dass die Naht wieder aufreißt, deswegen werden wir ihr Gepäck auf jeden Fall unter uns aufteilen müssen.“ Ishikawa war derselben Ansicht. „Sie selbst wird nur einen kleinen Teil tragen müssen. Die größte Last wird am Anfang das Essen sein. Aber wir brauchen noch mehr als nur das.“

„Und was wäre das?“, fragte Jinpei.

„Wir brauchen Klamotten, Lebensmittel und Schlafsäcke.“

Kapitel 10 Kleiner Ausflug

„Klamotten sind nicht ganz so wichtig. Was wir aber unbedingt brauchen, sind Lebensmittel und Schlafsäcke. Aktuell haben wir vier Stück, brauchen also noch drei“, klärte Ishikawa sie auf.

Nobu hatte auch schon eine Idee, wo sie alles finden könnten. Er war früher in den Sommerferien oft mit seinen Eltern in den Bergen zum Zelten gewesen. Allerdings konnten sie seinen Schlafsack nicht benutzen, da er zu klein war. Die seiner Eltern waren aber noch zu gebrauchen. Bei der Gelegenheit wollte er auch gleich nach Konserven Ausschau halten. Er schlug vor Harui oder Jinpei und Rei mitzunehmen, um bei ihnen ebenfalls nach Konserven zu suchen. Rei konnte versichern, dass bei ihr nur wenige Konserven zu finden wären, da sie meistens, solange es ihr Einkommen zuließ, mit frischen Zutaten kochte, doch mit einem Schlafsack konnte sie dienen. Eigentlich gehörte er ihrem Vater, aber er geriet irgendwie bei ihrem Umzug in einen der Kartons und sie hatte ihn bisher noch nicht wieder zurückgebracht. Außerdem wollte sie mitgehen, weil sie keine Wanderschuhe eingepackt hatte. Sie wusste ja nicht, dass sie welche brauchen würde, darum hatte sie sie zurückgelassen. Harui sagte, sie würde mitgehen, um sich ein bisschen abzulenken, und Konserven sollten bei ihnen mehr als genug zu finden sein. Außerdem brauchten auch die beiden noch Wanderschuhe.

„Hier, nehmt das am besten mit, es sollte keine Polizei mehr in der Stadt sein, die euch dafür verhaftet.“ Ishikawa hielt ihnen eine Pistole und die beiden Messer hin.

„Aber was ist dann mit euch?“ Harui hatte Angst, dass ihrer besten Freundin etwas passieren könnte, sollten sie die Waffen mitnehmen.

„Keine Sorge, eine hab ich ja noch, und Messer sollten hier genug zu finden sein.“ Harui war sich immer noch nicht sicher, ob sie das wirklich tun sollten. Was, wenn sie doch erwischt werden würden, was würde dann passieren?

„Wir sollten keine Waffe mitnehmen. Was, wenn uns doch ein Polizist begegnet und wir dafür aus der Safe-Zone ausgeschlossen werden?“, warf Harui panisch ein.

„Ich verstehe deinen Einwand und würde auch zustimmen, wenn es noch Polizisten gäbe, doch kann ich dir versichern, dass es in der ganzen Stadt keinen einzigen Polizisten mehr gibt. Wir haben also nichts zu befürchten, wenn wir eine Waffe mit uns rumtragen. Und ohne Polizei müssen wir von nun an selbst auf uns aufpassen.“ Nobu wollte ihr die harte Realität vor Augen führen. Eine Realität, die er sehr schnell verinnerlicht hatte.

„Aber warum versuchen wir es denn nicht erstmal mit Worten als gleich mit Schusswaffen?“

„Weil diese Typen nicht mit sich reden lassen. Sie haben alle in der Villa getötet und wollten auch Umeko töten, ohne dass auch nur einer die Chance hatte etwas zu sagen, versteh das doch. Mit diesen Typen kann man nicht reden.“ Doch nicht alle konnten das als die neue Realität anerkennen. Auch Nobu wäre es lieber, dass es nicht so schnell gegangen wäre, doch es ließ sich nach den Morden nicht mehr ändern. Harui musste einsehen, dass er Recht hatte und sie sich von nun an daran gewöhnen sollten, bewaffnet zu sein. Niemand erwartet von ihr, dass sie Menschen einfach so niederstreckt. Die Waffen sollten nur im Fall der Fälle als Notwehr eingesetzt werden. Das war etwas, das Ishikawa ihnen unbedingt einprägen wollte, ehe sie die Wohnung verlassen durften.

Als Erstes schauten sie bei Rei nach den Wanderschuhen, dem Schlafsack und anderen eventuell hilfreichen Dingen. Auf dem Weg dorthin bemerkten sie, dass sie nicht wirklich die letzten Menschen in der Stadt waren. Die meisten von ihnen hielten sich aber in ihren Häusern versteckt. Als Nobu und die anderen in ihr Sichtfeld kamen, liefen viele von ihnen an ihre Fenster, um nachzusehen, wer da draußen war. Auf der Straße hingegen waren ihnen nur zwei Leute begegnet. Einer von ihnen war betrunken und schwafelte unentwegt vom Untergang der Welt. Der andere war ein Obdachloser, der im Müll nach etwas Essbarem suchte. Er hat sich mit der Tatsache abgefunden, dass er bald sterben würde. Selbst wenn er die Möglichkeit gehabt hätte nach Tokio zu gelangen, würde er sie nicht nutzen. In seinem Leben war er zu oft allein wegen der Tatsache, dass er kein Obdach hatte, abgewiesen worden. Genauso wird es auch diesmal laufen, dessen war er sich sicher.

Nach einer Weile trafen sie bei der kleinen Wohnung ein, in der Rei nun schon seit knapp einem Jahr wohnte. Küche und Wohnzimmer gingen ineinander über und die einzigen abgespalteten Räume waren das Schlafzimmer und die Toilette mit Dusche.

Sie ging direkt in ihr Zimmer und ließ langsam die Tür hinter sich zufallen. Währenddessen hatten sich ihre Begleiter in der kleinen Küchenzeile umgeschaut. Harui merkte an:

„Ich war noch nie hier, du?“

„Ja, ab und zu“, entgegnete Nobu ihr, fast geistesabwesend. Er schien immer noch über das nachzudenken, was am Vortag passiert war.

„Schau mal, was ich gefunden hab.“ Rei kam mit braunen Vollleder Wanderschuhen und einer Kette um den Hals, an der ein kleiner goldener Sichelmond hing, aus ihrem Zimmer.

„Ich dachte, die hättest du verloren“, entgegnete Nobu.

„Dachte ich auch, aber offensichtlich ist sie irgendwie auf den Boden des Schranks gefallen. Ich hab eigentlich überall nachgeschaut, aber auf die Idee bin ich nicht gekommen“, antwortete Rei.

Harui verstand nicht, worum es ging, bis sie von Nobu eingeweiht wurde. Es war ein Geschenk von allen zu ihrem Geburtstag, von dem sie eigentlich dachte, sie hätte es verloren. Sie freute sich sehr darüber sie wiedergefunden zu haben und strahlte über ihr ganzes Gesicht. Nobu sagte, er habe ihr gerade diese Kette geschenkt, weil sie auch, wenn sie es nicht immer nach außen zeigt, selbst die finstersten Tage mit ihrer Anwesenheit erleuchten könne.

„Davon wusste ich gar nichts."

„Du warst in der Woche krank, glaube ich, krank und solltest dich darauf konzentrieren wieder gesund zu werden und nicht darauf ein passendes Geschenk zu finden".

„Aber was war dann mit diesem Spruch, habt ihr euch den auch gemeinsam ausgedacht?"

„Nein, der war allein von Daisuke, er dachte, das passt am besten dazu."

„Das wusste ich ja noch gar nicht", merkte Rei überrascht an.

„Er fand es zu kitschig und wollte nicht, dass jemand weiß, dass der Spruch in Wirklichkeit von ihm stammt", sagte Nobu mit einem Kichern.

„Ich find das gar nicht kitschig, sondern süß."

„Dann sag ihm das", erwiderte Nobu.

„Werde ich, kannst du mir vielleicht mal helfen sie anzulegen." Rei hatte Probleme dabei sie sich selbst umzulegen.

Nobu nahm die beiden Enden der Kette und versuchte sie zu schließen. Noch dazu ließ der Verschluss sich nicht so leicht öffnen, wie er es gerne gehabt hätte. Rei war derweil damit beschäftigt ihre Haare aus dem Weg zu halten.

Nach einem leisen Klicken, das verriet, dass die Kette endlich geschlossen war, ging es weiter mit dem Packen.

„Danke." Rei ließ ihre langen, schwarzen Haare nach unten fallen. Sie packten alles ein, was irgendwie hilfreich sein könnte. Darunter fielen das Paar Wanderschuhe für Rei, der Schlafsack, 2 Dosen Reis und eine mit Fertigchili.

Danach gingen es weiter zur Wohnung von Harui und Jinpei.

Harui lief sofort in ihr Zimmer, während Nobu und Rei in der Küche den Vorratsschrank nach Konserven durchsuchten. Das Blut auf dem Sofa war immer noch deutlich zu sehen, auch wenn es mittlerweile getrocknet war und eine dunklere Farbe angenommen hatte. Der Rest der Wohnung sah nach einer einzelnen Müllhalde aus und roch teilweise auch genau so.

Insgesamt fanden sie 13 Dosen rote Bohnen, sechs Dosen Chili, vier Dosen Reis und fünf Dosen voll mit Fertignudeln.

„Gott, ernähren sich die drei auch von was anderem als Fertigessen?", stellte Rei entsetzt fest.

„Na ja, sie haben nicht wirklich viel Geld und da sind billige Gerichte die beste Entscheidung, findest du nicht auch."

„Ja schon, es ist trotzdem erschreckend. Wenn sie doch nur was gesagt hätten." Rei hätte sie liebend gerne jeden Abend zum Essen eingeladen.

Harui, die die Unterhaltung nicht mithörte, kam mit einem Paar Wanderschuhen aus ihrem Zimmer.

„In Jinpeis Zimmer sollte auch noch ein Paar sein." Daraufhin lief Nobu in das Zimmer und fand sie unter einem Berg aus Wäsche begraben. Sie packten alles in einen der mitgebrachten Rucksäcke ein.

„Das wird langsam echt viel, ich glaube, wir brauchen noch jemanden, der uns beim Tragen hilft", schlug Rei vor.

Bei dem Einzigen, der verfügbar war, handelte es sich um Jinpei. Er sollte sie bei ihrer letzten Station, Nobus Haus, treffen.

Dort angekommen verschwand Nobu in den Keller, um nach den Campingsachen zu suchen, während die anderen die Küche und den Abstellraum durchsuchten. Mitten in der Suche klingelte es an der Tür. Die Gefahr von Verfolgung war in diesem Moment vergessen und Harui öffnete ganz unbekümmert die Tür. Es war keine große Überraschung, dass es Jinpei war, der in der Zwischenzeit hergeeilt war. Er half dabei den Keller zu durchsuchen.

In der Küche war zwar nichts zu finden gewesen. Dafür wurden sie aber in der Abstellkammer, die gleichzeitig als Vorratsraum diente, mehr als nur fündig. Fünf Dosen Bohnen, zwei Dosen Reis und noch weitere vier Packungen Fertignudeln. Nobu und Jinpei kamen ihrerseits mit zwei Schlafsäcken, einer Handvoll Feuerzeugen und ein paar alten Kissen aus dem Keller gestiegen.

„Schafft ihr das auch zu dritt?", wollte Nobu unbedingt wissen.

„Sollten wir ja, wieso?" Rei war sichtlich verwirrt.

„Ich will mal schauen, ob nicht doch noch einer der Läden was hat."

„Sollten wir nicht mitgehen?"

„Nein nicht nötig, ich werde vermutlich eh nicht fündig."

Mit ihrer Beute im Schlepptau machten sie sich also zu dritt zu Ishikawa und den anderen auf.

Als die drei zurück in der Wohnung waren, konnten sie sehen, dass Umekos Schmerzen nachgelassen hatten, sie sich aber auf Grund des Blutverlusts immer noch nicht richtig bewegen konnte. Ihre rechte Seite durfte sie nun nicht allzu stark belasten, weder dehnen noch stauchen, beides hätte dazu führen können, dass die Wunde wieder aufreißt.

Daisuke fiel auf, dass Nobu nicht da war, und fragte Rei, wo er sei. Rei erklärte ihm, dass er sich in den Läden umsehen wollte dahingehend, ob noch was zu holen wäre.

Daisuke fluchte laut:

„Verdammt!"

Die anderen verstanden nicht, wieso Dai so laut wurde.

„Ich hab gestern gesehen, dass er einen Umhang oder so in seiner Tasche hatte. Den hab ich aber noch nie vorher gesehen."

„Etwa so einen wie ihn diese Killer tragen?", unterbrach ihn Umeko.

„Nach euren Beschreibungen ja, ich hatte mir nicht viel dabei gedacht, aber jetzt, wo er nicht mehr da ist …" Dai fluchte noch einmal.

„Aber was ist denn daran so schlimm, dass er diesen Umhang dabeihat?“ Harui verstand die Aufregung nicht.

„So wie ich Nobu kenne, geht er zurück in die Villa und schaut, was da noch zu holen ist“, erklärte Dai

„Oh mein Gott, was wenn noch einer von den Killern da ist?“, stellte Harui entsetzt fest.

„Die sind nicht mehr da und das weiß Nobu auch, denn sie hatten keinen Grund, nachdem sie alle getötet hatten, noch dort zu bleiben“, erklärte Ishikawa ihr.

Daisuke schnappte sich seine Pistole und wollte schon zur Villa eilen, bis Ishikawa ihn davon abhielt und sagte, dass Nobu alleine bessere Chancen habe, da unentdeckt rein- und wieder rauszukommen. Er wüsste sich schon zu helfen, so Ishikawa. Auch wenn Daisuke ihm zustimmte, blieb ein Gefühl von Unbehagen.

Es war wirklich Nobus Ziel, in die Villa zu gehen. Er war bereits auf dem Villengelände eingedrungen und beobachtete sie eine Weile, ehe er reinging. Sollte doch noch einer von den Eindringlingen dort sein, hatte Nobu immer noch den Umhang an, der ihm das Überraschungsmoment gab. Als er sich dann sicher war, dass sich wirklich niemand mehr im Inneren aufhielt, trat er durch die offen stehende Hintertür ein. Er wunderte sich nicht, dass sie offen stand sondern sah es einfach als Wink des Schicksals an.

Sofort kroch ihm der Gestank von verwesendem Fleisch in die Nase. Er schaute sich kurz um und sah Umekos Eltern sowie ein paar der Bediensteten mit aufgeschlitzten Kehlen in Blutlachen auf dem Boden lagen. Der Geruch ließ ihn aufstoßen, er konnte aber verhindern, dass er kotzen musste. So schnell er konnte, verließ er den Raum und begann, das Anwesen zu durchstöbern.

Währenddessen versuchte Daisuke Nobu auf seinem Handy zu erreichen, doch es klingelte aus einer der Taschen. Nobu hatte zuvor sein Handy in den Schlafsack gesteckt, damit ihn niemand stören konnte.

Nobu fand den Raum, in dem die Taschen gelagert wurden,

beim Eintreten streifte der Umhang den schmalen Türrahmen und zog ihn nach hinten.

Als er die Taschen hatte, begann Nobu sogleich damit sich alles zu schnappen, was ihm irgendwie wichtig erschien. Darunter fielen Lebensmittel, Klamotten und andere Dinge. Er hat alle Zimmer abgesucht und war vor allem in Umekos Zimmer fündig geworden. Er war erstaunt darüber, dass es überhaupt möglich war so viele Klamotten und Schuhe zu besitzen.

Aber auch in den Zimmern der Bediensteten war er nicht ganz erfolglos, es waren zwar nur einige wenige Klamotten in der richtigen Größe vorhanden, doch auch die nahm er mit.

Mit drei vollgepackten Taschen verließ er schlussendlich das Gelände. Was Nobu besonders auffiel, war, dass nichts im Haus fehlte. Die Wertgegenstände wurden genauso wenig angerührt wie die Lebensmittelvorräte. Er hörte auf darüber nachzudenken und freute sich einfach eine große Ausbeute gemacht zu haben.

Er brauchte durch die Last bedeutend länger bis zu Daisukes Wohnung als geplant, weswegen es schon dunkel wurde, als er dort ankam. Nachdem er die Taschen abgestellt hatte, klopfte er an der Tür. Er konnte genau hören, wie sich im Inneren alles in Bewegung versetzte, bevor sich die Tür langsam öffnete.

„Wo warst du?“, fragte Daisuke mit leicht aufgeregter Stimme.

„Wie schon gesagt, ich hab geschaut, ob ich noch irgendwo was auftreiben kann, und was soll ich sagen, ich wurde fündig.“ Er hievte die drei prall gepackten Taschen in die Wohnung und schloss mit einem Bein die Tür hinter sich.

Daisuke fuhr ihn sofort an.

„Warum hast du uns nicht gesagt, was du vorhast, wir hätten dir helfen können. Wir haben uns Sorgen gemacht.“

„Also ich nicht. Ich hab ihnen auch gesagt, dass du selbst auf dich aufpassen kannst, aber sie wollten mir nicht glauben“, warf Ishikawa ein.

„Mann, mach sowas nie wieder, ohne uns vorher mindestens Bescheid zu geben“, gab Daisuke besorgt von sich.

„Also dann wir sollten uns die Beute wenigstens mal ansehen, damit wir wissen, ob es sich gelohnt hat“, sagte Ishikawa. Sie hatten alles sorgfältig unter sich aufgeteilt. Die Lebensmittel wiederum wurden in die Küche gestellt, in der bereits ein großer Haufen von Dosen stand.

In einem unbeobachteten Moment zog Rei Daisuke zur Seite und ging mit ihm in die Küche. Als sie sicher war, dass sie ungestört waren, näherte sie sich ihm, blieb stehen, bis sie nur noch wenige Zentimeter von ihm entfernt war, griff mit ihren Händen die seinen, beugte sich nach vorne und drückte ihre sanften, roten Lippen auf die seinen und gab ihm einen Kuss. Als sie sich verlegen von ihm entfernte, sah er sie verwirrt an. Sie erklärte ihm, dass Nobu ihm die Sache mit dem Spruch von ihrem Geburtstagsgeschenk gesagt hat.

„Aber nur deswegen würdest du mich doch nicht küssen.“ Daisuke war auch weiterhin verwirrt. Noch immer hielt sie seine Hand und lächelte ihn verunsichert an.

„Was soll ich sagen, ich hab mich in dich verliebt.“

„Ich weiß nicht, was ich darauf antworten soll.“ Daisuke war sprachlos, in so einer Situation hatte er sich noch nie befunden.

„Lass dir Zeit, um das Ganze in Ruhe zu überdenken, bevor du mir deine Antwort gibst.“ Danach löste sich Rei von ihm und ging wieder zurück ins Wohnzimmer. Dai blieb noch stehen und war sichtlich überrascht, aber freute sich auch darüber. Er dachte, er könnte sie mittlerweile ganz gut einschätzen, doch anscheinend lag er damit komplett falsch. Er ließ den Moment in seinen Gedanken noch einmal Revue passieren, ehe er auch wieder ins Wohnzimmer ging. Beide versuchten sich nicht anmerken zu lassen, was gerade geschehen war.

Ishikawa brachte erneut das Thema Lebensmittel auf.

„Eines muss uns bewusst sein: Die Lebensmittel, die wir gesammelt haben, werden nicht bis zum Ende reichen. Um Konserven zu sparen, werden wir in den Waldgebieten versuchen zu jagen.“ Einigen der Gruppe gefiel der Gedanke, etwas zu jagen und es dann zu verspeisen, nicht. Dennoch mussten sie einsehen, dass es keine andere Möglichkeit gab, um zu überleben.

Ab diesem Abend verbrauchten sie nur noch die verderblichen Lebensmittel.

In der Nacht gab es keine ungewöhnlichen Vorkommnisse, außer dass Harui, als sie sich etwas zu trinken aus der Küche holte, Nobu und Rei sah, wie sie, wie auch schon am Vortag, zusammen auf dem Sofa lagen, das zu sehen schmerzte, doch sie versuchte wieder zu schlafen. Sie erinnerte sich an das, was Rei zu ihr sagte, als sie in der Villa gemeinsam gebadet hatten. Sie solle sich beeilen, weil ihr Nobu sonst von einer anderen weggeschnappt wird. In ihren Augen sah es so aus, als wäre diese andere Rei, auch wenn sie sagte, dass sie eher an Daisuke interessiert sei. Harui dachte sich, dass sie das nur alibihalber sagte. Von dem Kuss zwischen ihr und Daisuke konnte sie ja nicht Bescheid wissen. Allerdings fragte sie sich, wieso sie ihr dann helfen wollte.

Doch sie war nicht die Einzige, die in der Nacht über ihre Gefühle nachdenken würde, auch Daisuke konnte nicht anders, als über Rei zu denken. Erst jetzt fiel ihm auf, dass es auch schon in der Villa den ein oder anderen Moment zwischen den beiden gegeben hatte. Damals dachte er sich allerdings nichts dabei, da das einfach Reis Art war.

Am nächsten Morgen war Umeko nach eigenen Aussagen zwar wieder bereit, doch Ishikawa war sich da nicht so sicher und ließ sie einige Übungen machen. Es waren vor allem Dehnübungen und als er sah, dass sie damit Probleme hatte, wollte er sicherheitshalber noch einen Tag warten. Auch wenn es genau das war, was Nobu vorhergesagt hatte, vertrauten sie der Entscheidung von Ishikawa. Doch dieses Vertrauen würde nicht mehr allzu lange halten, sollte es nicht bald losgehen. Da war sich Nobu sicher.

Kapitel 11 Die Reise beginnt

Endlich, nach einem weiteren Tag des Wartens, ging die Reise ins Ungewisse los. Ishikawa hatte sich zuvor noch seine langen grauen Haare auf etwa 3 cm runterrasiert, um sich an alte Zeiten im Militär zu erinnern. Die Taschen waren prall gepackt. Als dann am nächsten Morgen das Frühstück aufgegessen war, wussten alle, dass es das letzte Essen für lange Zeit sein würde, das nicht aus Konserven oder frisch erlegtem Wild bestehen würde.

Irgendwie waren sie erleichtert, dass es endlich losging. Gleichzeitig bedeutete es allerdings auch, dass sie die sichere Wohnung verlassen mussten, um in die Wälder und Straßen Japans zu ziehen, wo ihr einziger Schutz gegen Verfolger die eigene Wachsamkeit und die der anderen sein würde.

Alle prüften ihre Ausrüstung doppelt und dreifach, damit sie auch ja nichts vergessen hatten, denn das wäre ein fataler Fehler gewesen. Ein Zurück gab es nun nicht mehr. Schlafsäcke, Klamotten, Lebensmittel und persönliche Dinge, die sie unbedingt mitnehmen wollten, waren alle verstaut. Nobu rückte das Holster an seiner Hüfte zurecht, sodass es ihn nicht beim Laufen behindern würde. An das Gewicht, das seinen Gürtel merklich nach unten zog, hatte er sich schnell gewöhnt. Als sie dann endlich alle die Wohnung von Umekos Retter, in voller Montur und mit vollständiger Ausrüstung, verlassen hatten und hinter ihnen die Tür ins Schloss fiel, wussten sie, dass es jetzt ums Überleben ging. Jetzt hieß es in Bewegung bleiben oder sterben.

Jinpei hatte es gewundert, dass sie nicht einfach Umeko auslieferten und somit ihr eigenes Leben retteten. Er mochte sie zwar, war jedoch nicht bereit nur für sie sein Leben und das seiner Schwester aufs Spiel zu setzen. Aber was wusste er schon im Ge-

gensatz zu Nobu. Der aus Jinpeis Sicht jeden in der Gruppe auf irgendeine Weise in der Vergangenheit schon einmal gerettet hat. Genauso wie Ishikawa, der sein Leben für das gesamte Land gegeben und mehr Lebenserfahrung hatte als sie alle zusammen. Er hatte sich allein für den Gedanken, einen Freund dem sicheren Tod zu überlassen, selbst gehasst. Doch in seinen Augen war das nur wieder ein Beweis dafür, dass er schwach war und die Starken in egal welcher Welt diejenigen waren, die die Regeln machten.

Noch ein letztes Mal blickten sie auf ihr „altes" Leben zurück. Sie führten es zwar schon seit über einer Woche nicht mehr, aber jetzt war es endgültig vorbei. All die schönen Erinnerungen, die sie gesammelt haben, ob mit ihren Familien, ihren Freunden oder manchmal sogar ganz alleine. Aber es gab nicht nur schöne Dinge, auf die sie zurücksehen konnten. Zu diesen Schattenseiten gehörte zum Beispiel das Mobbing. Das zurückblickend nichts weiter war als ein pubertärer Versuch, Aufmerksamkeit zu bekommen. Natürlich gehörten auch die Tode von geliebten Menschen dazu. Auch wenn man jetzt wieder froh darüber war, dass sie diese Welt nicht den Bach runtergehen sehen mussten.

Ob nun gut oder schlecht, das Leben, das sie bisher gelebt hatten, war das, was sie alle ausgemacht hatte und das würde ihnen niemand mehr nehmen können. Nur leider hatte sie es in keiner Weise auf das vorbereitet, was ihnen bevorstand. Mehrere Monate in der Wildnis, das längste, das sie bisher im Freien verbracht haben, war vielleicht mal eine Wochenede. Dann allerdings auch mit Zelt und nicht unter freiem Himmel.

Schon nach den wenigen Minuten, die sie erst unterwegs waren, hatte Umeko Schuldgefühle darüber, dass die anderen die ganze Last trugen, während sie nur einen kleinen Rucksack gefüllt mit Klamotten mit sich tragen musste.

Dabei wollte sie doch genauso viel arbeiten wie der Rest, um sich für ihre Rettung zu bedanken. Dabei sollte sie keine blöde

Wunde stören, doch Ishikawa hatte gesprochen und daran hatte sie sich zu halten.

Für die erste Nacht war es geplant sich in einem kleinen Schrein einzunisten, sollten sie es bis Einbruch der Dunkelheit schaffen dort anzukommen. So müssten sie nicht sofort unter freiem Himmel schlafen müssen.

Pläne kann man sich viele zurechtlegen, der schwierige Teil kommt danach, nämlich das Umsetzen. Denn das war schon vorbei, als sie sahen, wie es außerhalb der Stadt aussah.

Verlassene Autos mit geöffneten Türen standen überall auf der Fahrbahn verteilt. Ein paar waren in einem Graben stecken geblieben. Eigentlich war er dafür gedacht die Wildtiere im gegenüberliegenden Wald davon abzuhalten die Ernte zu fressen. Weiter vorne schien es einen Unfall gegeben zu haben, der für den Stau verantwortlich war. Auf jeden Fall schien mindestens ein Auto Feuer gefangen zu haben, vielleicht sogar noch mehr. Das konnte man an der schwachen Rauchfahne und dem leichten Gestank nach verbranntem Benzin und Gummi erkennen, die beide immer noch in der Luft hingen. Sie nahmen sich die Zeit, die Autos nach etwas Nützlichem zu durchsuchen, das ihnen noch fehlte. Zwar fiel ihnen spontan nichts ein, was sie vergessen hatten. Doch sie hatten die Hoffnung, dass sie es erkennen würden, wenn sie es fanden.

Sie hatten alles durchsucht, ob nun das Handschuhfach, der Innenraum oder der Kofferraum. Doch Fehlanzeige, die Ausbeute fiel mehr als nur mager aus, ein paar Medikamente, halbvolle Wasserflaschen oder ein paar Schokoriegel, mehr war nicht zu holen. Vielleicht hatte schon vorher jemand die Autos geplündert oder sie waren von vornherein so leer. Doch egal wie klein die Ausbeute auch ausgefallen sein mochte, mitgenommen hatten sie sie trotzdem, besonders die Medizin war gut.

Nachdem Nobu die Situation ein wenig eingeschätzt hatte, kam er zu einem Schluss.

„All die leeren Autos hier können nur bedeuten, dass sich irgendwo vor uns eine ziemlich große Gruppe Menschen befindet. Außer sie sind sich aus Hunger oder Angst schon gegenseitig an die Kehle gegangen." Harui machte die Vorstellung, dass sich hunderte von Menschen nur wegen eines kleinen Schokoriegels zu Tode prügeln würden, Angst. Sie hoffte, dass ihnen das nicht auch passieren würde.

„Hab ich alles schonmal erlebt", merkte Ishikawa an. Die anderen wurden neugierig. Also fing Ishikawa an zu erzählen.

„Das ist jetzt auch schon wieder eine Ewigkeit her. Damals herrschte Bürgerkrieg in einem dieser Dritte Weltländer. Wir wurden von der UNO dahin geschickt, um Rationen und so zu verteilen. Natürlich mussten wir dann auch die Häuser durchsuchen, wenn wir irgendwie das Gefühl hatten, dass Gefahr für uns bestehen würde. Und da habe ich es gesehen. Ein kleines Kind hatte aus Hunger ihre Mutter mit einem großen Stein erschlagen und dann ihr Fleisch gegessen."

„Oh mein Gott." Harui schlug vor Entsetzen die Hände vors Gesicht.

„Was passierte mit dem Jungen?", wollte Rei wissen.

„Wir mussten ihn erschießen, da er als Nächstes uns angriff." Man konnte an seinem Gesicht sehen, dass es ihm stark an die Nieren ging an diesen Moment zurückdenken zu müssen. „Aber nicht durch mich. Mein Vorgesetzter hat es getan. Ich könnte doch niemals ein Kind erschießen." Er wollte nicht, dass Missverständnisse aufkamen, und korrigierte es lieber sofort. „Tut mir leid, ich hätte euch das nicht erzählen sollen." Ishikawa hatte vergessen, dass er mit Kindern, nicht mit seinen Leuten sprach.

Durch das eher erfolglose Durchsuchen der Autos hatten sie kostbare Zeit verloren und würden es vor Einbruch der Dunkelheit nicht mehr bis zum Schrein schaffen. Der neue Plan lautete nun also, die Autos irgendwie als Nachtquartier zu nutzen. Da sie niemanden hatten, der Autofahren konnte, mussten sie die Fahrzeuge von Hand verschieben. Was bedeutete, dass einer im Inneren saß und lenkte, während die anderen schoben. Der Job des Lenkers fiel Umeko in die Hände. Das machten sie so lange, bis es als Nachtlager durchgehen konnte.

Sie teilten sich auf, um verschiedene Aufgaben erledigen zu können. Die eine Hälfte bestehend aus Rei, Daisuke und Jinpei ging in den Wald, um Holz für ein Feuer zu sammeln. Denn obwohl es aktuell Sommer war und die Tage teilweise schon fast unerträglich heiß gewesen waren, waren die Nächte dank des meist wolkenlosen Himmels eisig kalt.

Die andere Hälfte, bestehend aus Harui, Nobu und Umeko, suchte aus dem Gepäck die Schlafsäcke und genügend Nahrung für ein angemessenes Abendessen zusammen.

Beide Gruppen waren bewaffnet und immer auf der Hut, wobei nur Daisuke und Nobu eine Schusswaffe hatten, der Rest sollte sich mit Messern verteidigen. Ishikawa war als Einziger alleine unterwegs, er wollte schauen, ob er in dem Wald ein paar Wildtiere finden konnte, die sie dann anstatt der Konserven hätten essen können. Er hatte allerdings keinen Erfolg. Er konnte zwar die Fährte von einem Reh eine Weile verfolgen, doch als es auf die Straße lief, hatte er es verloren. Er nahm an, dass die Autos gehupt haben müssen, als alles in Stillstand kam und so alle Tiere verscheucht wurden.

„Hey“, fing Daisuke an, der sich von seiner festgelegten Route zu Rei geschlichen hatte.

„Hey“, erwiderte Rei.

„Können wir kurz reden?“

„Klar, worum geht’s?“ Sie schaute sich kurz um und legte ihr gesammeltes Holz gebündelt auf den Boden, er tat es ihr gleich. In Wirklichkeit konnte sie sich schon ganz gut denken, worum es ging.

„Um das, was vorgestern Abend passiert ist."

„War ernst gemeint, wenn du das meinst", unterbrach Rei ihn direkt. Sie wendete ihren Blick dabei nicht ab. „Hast du mittlerweile eine Antwort?"

Daisuke war sich nicht sicher, was er sagen sollte.

„Ich bin mir nicht sicher. Ich will nicht nur wegen dem Kuss ja sagen, auch wenn ich es gerne tun würde. Ist es für dich also in Ordnung, dass ich mir noch ein bisschen Zeit nehme, um dir dann zu sagen, was ich wirklich denke. Ohne dass meine Sicht durch irgendwas vernebelt ist."

„In Ordnung, aber lass dir bitte nicht zu viel Zeit mit der Entscheidung." Beide fingen an ihr Holz wieder aufzusammeln. Sie waren schon auf dem Rückweg, als Rei ihn bat es vor den anderen geheim zu halten.

Die beiden staunten nicht schlecht über das Lager, das die andere Gruppe derweil errichtet hatte. Sie waren verblüfft, dass die Mädchen und Nobu innerhalb von ein paar Autos eine so gemütliche Atmosphäre schaffen konnten. Die Schlafsäcke waren in einem Kreis um den Punkt angeordnet, an dem später das Feuer sein sollte. Die Dosen mit dem Abendessen waren ebenfalls schon bereit für die Zubereitung. Es sollte Chili mit ein wenig Reis als Beilage geben; das Einzige, was zu diesem Mahl noch fehlte, war nun das Feuer. Sie hatten zudem aus einigen der Autos die Kopfstützen entfernt, so dass man sie entweder als Kissen für die Nacht oder als Sitzgelegenheit während des Essens beziehungsweise der Nachtwache nutzen konnte.

Zum Glück war niemandem etwas zugestoßen und das Einzige, was sie jetzt noch von einem entspannten Abend abhielt, war das Feuer, das noch immer gemacht werden musste.

Zuerst die kleinen Äste für eine solide Grundlage, dann kamen immer mehr große Äste dazu; bis es endlich brannte und das Feuer auch nicht mehr so leicht ausgehen würde, dauerte es eine Weile. Aber auch nachdem es brannte, mussten sie warten, bis sich eine gute Glutschicht bildete, auf der das Essen zubereitet werden konnte. In der Zeit schaute sich Ishikawa die Wunde an, um zu sehen, wie sie sich entwickelt hatte und ob sie bereits welche von den wenigen Medikamenten, die sie hatten, nutzen mussten. Er sah eine kleine Verfärbung rund um die Narbe, doch die war nicht weiter schlimm, laut seinen Aussagen.

„Wisst ihr, wie wir so eine Verwundung früher im Krieg geregelt hätten?“, fragte Ishikawa mit einem breiten Grinsen in die Gruppe, während sie darauf warteten, dass endlich genug Glut vorhanden war.

„Nein, erzählen Sie es uns“, sagte Jinpei

Der alte Mann ließ sich diese Chance, eine Geschichte zu erzählen, nicht entgehen.

„Wir hätten damals eines unserer Messer genommen, ein Feuer gemacht, das Messer dort hineingelegt und gewartet, bis es orange-rot glüht. Dann hätten wir es genommen und auf die Wunde gedrückt. So hätten wir die Wunde desinfiziert und die Blutung gestoppt“, sagte er mit einem Blick zum Feuer.

„Bei mir machen Sie das nicht.“ Umeko verdeckte verschreckt ihre Wunde.

„Haha, keine Sorge, das wäre zu viel für dich“, gab er zurück.

„Wollt ihr mal eine Geschichte hören, wo mir das sogar das Leben gerettet hat.“

„Kommt jetzt wieder die Geschichte aus dem Irak?“ Daisuke, der so gut wie jede Geschichte schon Dutzende Male gehört hatte, wusste genau, wovon er redete.

„Genau, also wollt ihr sie hören oder nicht?“, fragte er noch einmal.

„Warum nicht, wir haben nicht wirklich was vor“, antwortete Harui.

Vorher hatten sie aber die geöffneten Dosen auf die rot leuchtende Glut gestellt, die inzwischen entstanden war.

„Also alles begann damit, dass meine Einheit sich durch den

Dschungel kämpfen musste und einer meiner Männer sich bei einem Sturz das Bein gebrochen hatte. Wir dachten, wir hätten alles hinter uns und müssten nur noch zum Helikopter finden, also haben wir unsere Deckung runtergelassen. Das war ein großer Fehler, denn plötzlich fiel einer meiner Männer einfach so um. Keine Sekunde später waren wir in Gefechtsbereitschaft und suchten nach Deckung. Erst dann konnte ich sehen, was mit meinem Mann am Boden passiert war, ein satter Kopfschuss hatte ihn ereilt. Es dauerte, bis wir die Position der Feinde hatten ausfindig machen können. Dabei verlor ich noch zwei meiner Kameraden. Nach einem kurzen Schusswechsel war die Sache dann auch schon erledigt. Erst dann bemerkte ich, dass ich im Bauch getroffen wurde, es war ein glatter Durchschuss und ich blutete wie verrückt. Meine Kameraden schleppten mich zum nächsten Dorf, da der Helikopterpilot uns mitteilte, dass er Probleme hatte ins Land zu kommen. Die Kampfhandlungen an der Grenze waren auch für ihn nicht leicht zu überwinden. Es war fast so, als wollte man nicht, dass ich gerettet werde. Sie wussten also, entweder schleifen sie mich eine Meile ins nächste Dorf oder sie warteten am verabredeten Punkt auf den Helikopter, der vielleicht in drei Stunden mal dort aufkreuzen würde, wenn überhaupt. Für sie war es natürlich keine große Frage, sie packten mich und schleppten mich zum Dorf.

Dort angekommen mussten sie leider feststellen, dass es keine medizinische Verpflegung besaß, doch was sie hatten, war Feuer. Der Medizinmann sagte meinen Leuten also, sie sollen mich in sein Haus tragen. Als ich dann einmal zu mir kam, lag ich in einem Bett, wo meine Männer mich festhielten und ich habe erst nicht verstanden wieso. Bis ich den Medizinmann sah, der gerade mit der Behandlung beginnen wollte. In den Händen hielt er ein flaches Stück Metall, das er mit ein paar Gebeten segnete, bevor er es ins Feuer legte.“ Bevor er weitersprach, nahm er die Dosen mit einem T-Shirt als Schutz vor der Hitze vom Feuer und verteilte das Essen darin auf die einzelnen Teller.

„Und wie ging es dann weiter?“, drängte Jinpei, der unbedingt wissen wollte, wie es weiterging.

„Als das Metall dann die Farbe der Glut annahm, holte er es raus und presste es auf meine Wunde. Am Anfang floss das Blut noch stärker aus der Wunde, doch dann hörte es abrupt auf. Es war viel zu schmerzhaft, als dass ich es einfach hätte überstehen können. Nachdem ich mir erstmal die Seele aus dem Leib geschrien hatte, verlor ich wieder das Bewusstsein. Als ich dann das nächste Mal zu mir kam, war ich bereits im Helikopter und wurde verarztet. Meine Männer erzählten mir dann im Nachhinein alles. Das mit dem Schreien glaub ich ihnen zwar bis heute nicht, aber na gut.“ Alle bis auf Daisuke, der die Geschichte schon so oft gehört hatte, waren einfach nur begeistert und hatten mit dem Essen gewartet, bis die Geschichte zu Ende war. Verpasst hatten sie nicht viel, verglichen mit den Speisen der letzten Tage schmeckte das Dosenfutter fahl und hatte nicht wirklich Geschmack.

Als alle mit Essen beschäftigt waren, holte Ishikawa ein kleines Taschenradio hervor und suchte nach einem Sender, der noch auf Sendung war, bis er bei einem offenbar staatlich kontrollierten Sender stehenblieb.

„Hallo liebe Zuhörer, wir senden live aus Tokio der Hauptstadt des Landes und der sogenannten Safe-Zone. Auch heute kamen wieder viele Tausende an die Tore und wollten Asyl. Nicht wenige davon wurden wieder weggeschickt. Und jetzt zu noch schlechteren Nachrichten, wir kommen nun zu den Zahlen der Verstorbenen. In Japan sind es Schätzungen zufolge über 50 Tausend Tote. Weltweit sind es bereits über 600 Millionen, viele andere Länder hatten wohl nicht die Mittel, um eine Safe-Zone einrichten zu können. Wir beten für alle, die noch unterwegs sind, dass es nicht zu spät ist, wenn sie hier ankommen. Das war es für heute mit den Nachrichten.“ Damit schaltete Ishikawa das Radio wieder aus, um Batterien zu sparen, und verstaute es wieder in seiner Tasche.

Egal ob beim Essen oder während der Radioübertragung, keiner hat seine Umgebung auch nur eine Sekunde aus den Augen verloren oder war unachtsam zu irgendeiner Zeit. Zwar nahmen alle an, dass sie nichts zu befürchten hätten, doch sie waren lieber übervorsichtig, als umgedreht.

Kapitel 12 Erinnerungen

Keine Stunde, nachdem die Sonne hinter dem Horizont verschwunden war, wurde es auch schon kälter. Kalt genug, damit alle ein gutes Stück näher an das kleine Lagerfeuer in der Mitte heranrücken mussten. Jetzt waren die Funken, die in den Himmel stiegen, perfekt zu sehen, bis sie verglommen und die Nacht wieder in Dunkelheit zurückließen.

„Ich hab, glaub ich, in meinem ganzen Leben noch nie so viele Sterne auf einmal gesehen", gestand Harui.

„Liegt wohl daran, dass du nie aus der Stadt rausgekommen bist, zumindest nicht in der Nacht. Denn wie du siehst, kann man selbst bei so einem eher kleinen Abstand zur Stadt schon einen so schönen Sternenhimmel betrachten." Ishikawa schwelgte in Erinnerungen an seine Zeit, als er noch neu beim Militär war. Damals konnte man selbst in so manchen Städten noch so einen schönen Nachthimmel betrachten. „Der Smog in den Städten, besonders in so großen wie Miyazaki, verwehrt uns einen guten Blick in den nächtlichen Himmel. Früher war das alles noch viel schöner."

„Du hörst dich an wie ein alter Sack", erwiderte Daisuke im Spaß.

„Ich bin ja auch ein alter Sack." Ishikawa begann zu lachen, nach kurzer Unsicherheit und gegenseitigem Ansehen stiegen auch die anderen mit ein. „Geniest diesen Anblick, prägt ihn euch gut ein. Wenn wir erstmal in Tokio sind, werdet ihr ihn vermutlich nie wieder zu sehen bekommen." Mit einem Schlag war das Lachen vorbei und alle schauten noch einmal in den Himmel hinauf, um sich den Anblick der Sterne genauestens ins Gedächtnis zu brennen. Danach besprachen sie noch kurz den Ablauf für den morgigen Tag und wollten dann schlafen gehen.

Bis sich Umeko meldete und fragte, ob sie ebenfalls eine Schicht der Nachtwache übernehmen kann. Sie hatte die Wahl zwischen Nobu oder Rei als Partner. Ishikawa würde dann alleine die letzte Schicht übernehmen. Da sie ihrer besten Freundin helfen wollte, entschied sie sich für Rei als ihre Partnerin, womit dann Nobu und Harui die dritte Schicht übernehmen mussten.

Wegen dieser kleinen Änderung mussten sie den ganzen Schichtplan ändern. Doch das war allen nur Recht, da sie dadurch, auch wenn es nicht viel war, mehr Schlaf bekamen. Die Schichten gingen keine drei Stunden mehr, sondern nur noch zwei Stunden. Durch diese Änderung verlief die Nachtwache wie folgt. Erste Gruppe von 23–1 Uhr, zweite Gruppe von 1–3 Uhr, nächste Gruppe dann von 3–5 Uhr und Ishikawa machte dann den Sack zu, in dem er von 5–7 Uhr Wache hielt.

Sie mussten sowohl den Wald, die Straße wie auch das Feld direkt neben der Straße die ganze Zeit im Auge behalten. Das war um einiges schwieriger, als auf nur eine einzige Tür aufzupassen.

Daisuke schaute während seiner Schicht verträumt in den Wald hinein und dachte an die Vergangenheit.

Sechs Jahre zuvor, als Daisuke gerade einmal 11 Jahre alt war, war die sechste Stunde zu Ende gegangen und er freute sich darauf etwas mit Nobu unternehmen zu können. Da klingelte auch schon die Schulglocke und beide gingen zügig aus dem Klassenzimmer auf das Schultor zu. Sie wollten gerade nach links abbiegen, als plötzlich ein Auto hupte.

„Hey, schau mal, da ist Ishikawa“, merkte Daisuke freudig an.

„Meinst du den Ausbilder von deinem Vater?“, wollte Nobu wissen.

„Genau der.“ Sie näherten sich dem Auto, um durch die Scheibe des Beifahrersitzes ins Innere zu schauen. Auf dem Beifahrersitz saß wie vermutet Ishikawa, auf dem Fahrersitz jemand, den Daisuke noch nie gesehen hatte. Beide wirkten trauriger als sonst.

Doch das merkten die beiden Kinder nicht und stiegen zu ihm ins Auto. Der Mann fuhr los, ohne ein Wort dabei zu verlieren, auch Ishikawa blieb still.

„Wo fahren wir hin?“, fragte Daisuke euphorisch. Bekam aber erst mal keine Antwort, bis sie endlich anhielten.

„Es tut mir leid.“ Ishikawa hatte Tränen in den Augen.

„Was meinst du?“ Sie hatten vor einem Polizeirevier angehalten. Ishikawa stieg aus und öffnete dem fragend reinschauenden Kindern die Autotür. Sie betraten gemeinsam den Fahrstuhl im Revier und fuhren in eines der oberen Stockwerke. Noch immer hatte Ishikawa Tränen in den Augen und konnte den Jungen nicht anschauen. Daisuke wie auch Nobu waren verwirrt über die Situation, doch sie dachten sich nicht viel dabei. Der Fahrstuhl hielt an und die Tür öffnete sich. Dahinter warteten schon etliche uniformierte Männer wie Frauen. Es waren sowohl Leute von der Polizei als auch vom Militär. Bei den Militärs handelte es sich um die Kollegen von Daisukes Vater, jeder von ihnen schaute sie traurig an.

„Was ist denn passiert?“, fragte Daisuke mit aufgebrachter Stimme. Nun endlich konnte Ishikawa ihm die Wahrheit sagen.

„Daisuke, deine Eltern sind heute in einen Autounfall geraten.“ Er hielt kurz inne und umarmte den Jungen. „Sie haben es leider nicht überlebt. Es tut mir leid.“ Daisuke verstand es sofort.

„Nein, nein, das kann nicht wahr sein.“ Er löste sich aus der Umarmung.

„Es tut uns allen leid“, merkte einer der Kollegen seines Vaters. Nun brach Daisuke in Tränen aus. Er wurde von einem der Polizisten in einen anderen Raum geführt. Jetzt, da der kleine Daisuke sie nicht mehr sehen konnte, brachen auch die Militärs in Tränen aus, auch Nobu blieb davon nicht verschont. Doch er versuchte die Fassung zu bewahren und fragte Ishikawa, wieso sie in einem Polizeirevier seien und nicht bei ihm zuhause.

„Das wollte die Polizei so. Da er sonst in der Nähe keine weiteren Verwandten hat, ist die Jugendfürsorge für ihn zuständig, bis jemand gefunden wurde, der auf ihn aufpassen kann." Ishikawa hielt sich nicht zurück, da er wusste, dass Nobu, obwohl er noch so jung war, ihn versteht. Er war schon immer darüber verwundert, wie erwachsen sich der Junge in vielen Situationen verhielt.

„Kannst du nicht auf ihn aufpassen?", wollte Nobu von ihm wissen.

„Ja warum nicht?", fragte Daisuke, der wieder aus dem Raum trat.

„Willst du das wirklich?", fragte der Jugendbetreuer ihn.

„Er gehört sowieso schon zur Familie", betonte der Junge, dem immer noch die Nase vom ganzen Weinen lief. Für Daisuke war er so etwas wie sein Großvater, seine leiblichen Großeltern hatte er nie kennengelernt.

„Da er keine weiteren Verwandten mehr hat, und auch wenn sie nichts dagegen haben, wäre das vielleicht die beste Entscheidung." Die beiden verschwanden mit ein paar Polizisten und einigen der Militärs in einem großen Besprechungszimmer. Nach über zwei Stunden kamen sie alle wieder aus dem Zimmer. Ishikawa kam direkt auf die beiden Jungs zu und ging mit ihnen zu Daisukes Familienhaus.

Dort packte er alles ein, was er brauchte, bevor er mit zu Nobu ging. Die Dokumente brauchten noch eine Weile, bis sie rechtskräftig werden würden, weswegen er erst einmal bei Nobu unterkam.

Eine Woche später fand dann die Beerdigung statt. Dort trafen sie viele Männer vom Militär, aber auch ein paar andere Gestalten, die Daisuke schon ein- oder zweimal gesehen hatte, und Nobu mit seinen Eltern. Nach der Beerdigung kam Ishikawa auf den jetzigen Waisen, der gerade bei seinem besten Freund und seiner Familie stand, zu. Er erklärte ihnen, dass er ab sofort für ihn zuständig sei, und bedankte sich dafür, dass sie so lange auf ihn aufgepasst haben.

„Versteht sich doch von selbst, wenn Sie irgendwann mal Hilfe brauchen, rufen Sie an." Nobus Vater und Ishikawa verbeugten sich voreinander.

„Woran denkst du?" Jinpei holte ihn wieder in die Gegenwart zurück.

„An die Vergangenheit." Ohne weiter darauf einzugehen, schaute er wieder konzentriert in den Wald. Insgeheim war er froh, dass seine Eltern all das nicht mehr miterleben mussten.

Nun musste auch Jinpei an seine Vergangenheit denken. Er dachte an das Mobbing, das er Anfang der Oberschule durchlaufen musste.

Ein Jahr zuvor: Jinpei kam gerade aus der Toilette und wurde direkt von drei Jungs aus einer höheren Klasse in eine dunkle selten begangene Ecke des Schulhauses gedrängt. Einer von ihnen schlug ihm direkt ins Gesicht und wollte noch ein weiteres Mal zuschlagen, bis einer der anderen ihn aufhielt:

„Nicht ins Gesicht, das hab ich dir doch schon oft erklärt, auf den Körper, du Idiot, die Lehrer sollen nicht bemerken, dass er verprügelt wurde." Danach bekam er noch ein paar Schläge in den Bauch, ehe sie etwas von ihm verlangten:

„Und jetzt hol uns was aus der Cafeteria, wenn nicht, weißt du ja, was passiert." Jinpei nickte kurz und machte sich gebückt auf den Weg. Als er dann allerdings mit zu wenig zurückkam, wurde er wieder geschlagen und in den Unterricht entlassen. Das ging noch einige Wochen so weiter, bis Nobu es mitbekam. Gerade als Jinpei wieder kurz davor war geschlagen zu werden, diesmal aber von fünf Jungs.

„Ist es euch nicht peinlich euch mit Kleineren anzulegen, oder müsst ihr das machen, weil ihr wisst, dass ihr sonst keine Chance habt?" Nobu stand ganz lässig mit den Händen in den Hosentaschen da und provozierte die fünf, damit sie von Jinpei abließen.

„Du traust dich ja ganz schön was, hier alleine aufzutauchen."

In dem Moment trat Daisuke um die Ecke und stellte sich neben seinen Freund.

„Haben dir deine Eltern keinen Respekt vor älteren eingebläut?“, fragte einer von ihnen genervt.

„Vor Älteren schon, aber nicht vor Vollidioten.“ Einer von ihnen verlor die Beherrschung und griff ihn an. Nobu wich ihm gekonnt aus, worauf er ins Taumeln geriet. Nobu verpasste ihm einen Tritt in die Kniekehle, sodass er längsseits auf den Boden knallte. Jetzt mischten auch die anderen mit genau wie Daisuke. Es war eine üble Prügelei.

Als der Lehrer, den Nobu hergebeten hatte, endlich kam, lagen die Peiniger von Jinpei verprügelt auf dem Boden, während die beiden Freunde mit ein paar Kratzern und Prellungen davonkamen. Am Ende wurden die fünf Mobber der Schule verwiesen und sogar der Polizei übergeben. Die beiden Jungs bekamen keinen Ärger, da es Notwehr war. Danach hat Jinpei sich an die Fersen der beiden geheftet. Er bewunderte sie für ihren Mut. Dabei fiel ihm auf, dass keiner an der Schule sich freiwillig mit ihnen anlegen würde, selbst aus höheren Stufen. Daraus schloss er, dass diese fünf sich eingebildet hatten, in der Überzahl könnten sie jeden plattmachen.

Jinpei erkannte, wie schwachsinnig das damals verglichen mit der heutigen Situation war.

Auch während Reis und Umekos Schicht spielte die Vergangenheit eine große Rolle.

Rei dachte daran, dass sie die Wohnung, in die sie erst vor einem Jahr eingezogen war, schon wieder verlassen musste.

Vor über einem Jahr, bei der Wohnungssuche musste sie vor allem eine Sache im Auge behalten, und das war das Geld. Am Ende konnte es also nur eine kleine Einzimmerwohnung werden, in der ausschließlich die Toilette und die Küche eingerichtet waren. Sie steckte mehrere Monate in die Einrichtung, in denen sie inmitten von Unmengen von Kartons, die voll mit ihrem Zeug waren, wohnte. Obwohl sie so klein war, hatte sie sie mit der Zeit lieben gelernt, es war einfach zu ihrem eigenen kleinen Reich geworden, in dem sie alles machen konnte, was sie wollte.

Umeko dagegen musste an einen der wenigen Ausflüge denken, den sie mit ihrer Familie machen konnte. Kaum dass sie sich mit ihren Eltern gut verstanden hatte, wurden sie auch schon vor ihren Augen getötet. So kam es ihr zumindest vor. Denn vor sieben Jahren war ihr Verhältnis noch ganz anders.

Vor etwa sieben Jahren war sie mit ihren Eltern an den Strand gefahren. Sie hatte sich von ihrem Vater Geld geliehen, um für sich selbst und ihre Mutter ein Eis zu kaufen. Sie wollte damals unbedingt die Aufmerksamkeit ihrer Mutter bekommen.

Mit dem Eis in der Hand trat sie an ihre Mutter heran: „Mama, Mama, ich hab ein Eis für dich gekauft, schau mal."

„Hör mal Schätzchen, deine Mama muss jetzt kurz weg, aber du kannst das Eis ja mit deinem Vater essen, der wird sich darüber sicher freuen." Mit diesen Worten verließ sie den Strand.

„Komm Schätzchen, Mama hat gerade viel zu tun. Papa isst das Eis mit dir." Sie gab ihm das bereits schmelzende Eis und nahm ihn mit traurigem Blick an der Hand.

Am Tag darauf gingen sie erneut an den Strand. Umeko war mit ihrem Vater im Meer und rief ihrer Mutter, die am Strand lag, rüber:

„Mama schau mal, was ich kann." Ihre Mutter schaute hoch, sodass ihre Tochter sie sehen konnte, bevor Umeko untertauchte. Kaum war sie unter Wasser, schaute ihr Mutter auch schon wieder auf ihr Handy. Sie konnte den Urlaub nicht genießen, da es im Krankenhaus noch so einiges zu erledigen gab.

Später am Tag gab sich Umeko die beste Mühe, um ihrer Mutter eine Sandburg zu bauen. „Mama schau dir an, was ich gebaut hab." Sie zerrte am Arm ihrer Mutter und schleifte sie rüber zu der Burg. Sie war abgelenkt, versuchte aber ihrer Tochter zuliebe interessiert zu wirken. Umeko merkte, dass es nur vorgespielt war, sagte allerdings nichts. Am Abend des letzten Tages, kurz bevor sie aufbrechen wollten, kam Umeko mit einer wunderschönen Muschel zu ihrer Mutter. Sie war gerade dabei die Taschen zu packen.

„Mama schau mal, was ich gefunden hab.“ Ohne hochzuschauen, antwortete sie:

„Sieht schön aus, mein Schatz.“ Umeko schmiss die Muschel in den Sand und rannte weinend zum Auto.

Sie hatte danach eine Weile nicht mehr mit ihrer Mutter gesprochen, bis es Zeit für ihren Geburtstag wurde. Ihre Mutter hatte zwei Geschenke für sie, doch Umeko wollte sie gar nicht auspacken, bis ihre Mutter sie dazu überredete. Sie entfernte die Verpackung vom ersten Geschenk, es war etwas flaches Viereckiges.

„Du hast doch zugeschaut.“ Ein breites Lächeln machte sich auf ihrem Gesicht bemerkbar.

„Natürlich tut es mir leid, dass es nicht so gewirkt hat.“ Das Geschenk war ein Foto von ihr, wie sie gerade eine Sandburg baute. Es war jene Sandburg von dem Strandurlaub vor ein paar Wochen. „Na los, jetzt pack schon das zweite Geschenk aus.“ Das zweite war etwas kleiner und hatte die Form eines übergroßen Würfels. Es war eine Schachtel.

Als sie den Deckel öffnete, umarmte sie ihre Mutter, die die Umarmung erwiderte. Es war die Muschel vom letzten Abend, sie wurde zu einem kleinen Fußkettchen verarbeitet.

Umeko fasste sich bei dem Gedanken an diesen Moment an das Fußkettchen, das sie seit diesem Tag täglich trug. Bei ihrer Flucht aus der Villa hatte sie es vergessen, doch zum Glück hatte Nobu, als er noch einmal dort war, danach gesucht. Man sah es zwar nicht, da sie von ihren schwarzen Stiefeletten verdeckt wurde, doch sie wusste, dass es da war, genauso wie die Erinnerung an ihre Eltern. In Gedanken dankte sie Nobu dutzende Male dafür, dass er es ihr zurückgebracht hatte. Als sie mit ihren Fingern unbeabsichtigt die Haut darunter berührte, zuckte sie zusammen. Die Kette hatte den ganzen Tag die Haut abgeschürft, da sie bei jedem Schritt von den

Stiefeln in ihr Bein gedrückt wurde. Als sie loslief, dachte sie nicht daran. Die Wunde auf ihrem Rücken überschattete nämlich jegliche andere Form von Schmerz. Besonders stark war die Abschürfung an der Stelle, an der sich der Verschluss befand. Als sie loslief, war er an der Seite, doch durch die Bewegung drehte er sich genau auf die Mitte des Schienbeins. Da sie genau wusste, dass das nur zu weiteren Problemen führen würde, entschloss sie sich schweren Herzens dazu es von nun an als Armband zu tragen. Gerade klein genug, um nicht über ihre Hand zu rutschen, schlackerte es bei jeder Bewegung hin und her.

Es komplett ablegen, um es in ihren Rucksack zu packen, kam für sie nicht in Frage, nicht jetzt wo ihre Eltern tot sind und alles, was ihr von ihnen blieb, ebenjene Kette war.

Rei vermisste während ihrer Schicht das Schachspielen. Um sich hin und wieder vom Dunkel der Nacht abzulenken, horchte sie dem Knistern des Feuers. Doch beides sorgte nur dafür, dass sie immer müder geworden war. Jedoch stand sie es durch und blieb bis zum Ende wach. Sie hatte schon härtere Nächte vor einer Prüfung gehabt, auch wenn sie da etwas hatte, das sie wach hielt. Trotzdem war sie froh darüber endlich Nobu wecken zu dürfen, da absolut nichts passierte. Denn sobald Nobu wach war, hieß es für sie noch vier Stunden Schlaf.

Nobu musste daran denken, wie das alles begann. Hätte er damals vor über zehn Jahren Daisuke nicht kennengelernt, würde die Welt jetzt zwar trotzdem den Bach runtergehen, doch er wäre in einem anderen Umfeld. Vielleicht wäre er sogar schon in Tokio. Doch das störte ihn nicht, er war froh all seine Freunde getroffen zu haben.

Auf dem Spielplatz vor zehn Jahren, als alles begann. Nobu war gerade auf dem Klettergerüst, das auf dem Spielplatz in der Nähe der Grundschule stand. Er hing kopfüber an der obersten Stange, als ein Junge, der für ihn auf dem Kopf stand, anfing mit ihm zu sprechen: „Hey, kann ich zu dir hochkommen?“

Das war Daisuke, damals sieben Jahre alt, in diesem Moment sah es sehr surreal für Nobu aus, was ihn zum Lachen brachte. Nobu schwang sich wieder richtig herum, sodass er von oben auf den nun nicht mehr auf dem Kopf stehenden Jungen hinabsehen konnte, schon sah es nicht mehr so witzig aus.

„Klar, komm hoch.“

„Cool!“ Daisuke ließ sich das nicht zweimal sagen und kletterte drauf los. Oben angekommen stellte sich Nobu vor:

„Hi, mein Name ist Nobu, wie heißt du?“

„Daisuke, schön dich kennen zu lernen. Bist du öfter hier?“

„Ja, jeden Tag nach der Schule, bis meine Eltern mich abholen.“

„Dann könnten wir uns ja jeden Tag hier sehen.“ Daisuke freute sich sehr darüber einen neuen Freund gefunden zu haben. Auch Nobu freute sich über diese neue Bekanntschaft.

„Nobu, kommst du, wir wollen nach Hause.“ Das war Nobus Mutter, die ihn zum Essen holen wollte.

„Ich komm gleich“, rief er ihr zurück. „Sehen wir uns morgen wieder?“ Er war schon fast wieder unten.

„Klar“, erwiderte Daisuke.

„Dann bis morgen“

„Bis morgen.“ In den nächsten Tagen trafen sich die beiden jeden Tag.

„Nobu, willst du deinen neuen Freund nicht mal zu uns einladen“, fragte ihn seine Mutter.

„Au ja“, voller Freude lief er zurück zu seinem Freund, dessen Eltern auch gerade gekommen waren, um ihn abzuholen. Daisuke kam mit seinem Vater rüber und stellte sich vor.

„Freut mich Sie kennenzulernen“, gab Nobus Mutter zurück.

Die beiden Kinder rannten schon einmal vor, während sich die beiden Erwachsenen miteinander unterhielten. Ab diesem Moment waren die beiden unzertrennlich.

Bei dem Gedanken an diese schöne, unbeschwerte Zeit musste er lächeln. Das bemerkte Harui, als sie mal kurz zu ihm rüberschaute.

„Woran denkst du gerade?“

„Daran, wie ich Daisuke kennengelernt hab und all das hier begann“, antwortete ihr Nobu.

„Wie lange kennst du ihn jetzt eigentlich schon, ich weiß zwar, dass ihr beide unzertrennlich seid, aber nicht, wie lange das schon so ist“, wollte Hauri wissen.

„Es dürften jetzt bereits über zehn Jahre sein.“

„In der Nacht ist echt noch nie was Spannendes passiert oder.“ Sie dachte an die Nacht, in der sie Nobu und Rei gesehen hatte, wie sie zusammen geschlafen hatten.

„Lieber langweile ich mich, bevor ich keinen Schlaf mehr bekomme, findest du nicht auch.“

„Ja da hast du auch wieder Recht.“ Sie dachte, er würde nicht wissen, was in der Nacht passierte, und konzentrierte sich wieder darauf die Umgebung im Auge zu behalten.

Kapitel 13 Der brennende Mann

Außer in seinen Gedanken war während Nobus Schicht alles ruhig. Bis es plötzlich Geräusche aus dem Wald gab, die sich so anhörten, als würde sich jemand nähern, das Knacken von Ästen vermischt mit dem Rascheln der Blätter. Nobu zog seine Waffe und befahl Harui, leise und unauffällig die anderen zu wecken. Versteckt hinter der Motorhaube eines Autos schaute er in den Wald hinein, den Finger die ganze Zeit am Abzug. Es könnte nur ein Reh sein, das sich auf die Straße verirrt hatte, es könnte aber genauso gut einer ihrer Verfolger gewesen sein. Er wollte kein Risiko eingehen. Plötzlich spürte er eine Hand auf seiner Schulter.

„Ich bin's, Ishikawa." Er hatte sich unbemerkt rangeschlichen und deutete Nobu mit einem Finger vor dem Mund an ruhig zu bleiben. Nobu zeigte ihm, von wo die Geräusche kamen und Ishikawa verschanzte sich mit gezogener Waffe hinter dem Kofferraum desselben Wagens. Der Rest hatte sich innerhalb des Autokreises mit ihren Messern bewaffnet und gingen in Deckung. Alle außer Daisuke, der am Lagerfeuer in Richtung Feld Ausschau hielt, damit sich niemand unbemerkt von hinten an die beiden heranschleichen konnte. Sie warteten, bis was auch immer von sich aus den Wald verließ und hofften, dass es nur ein Tier war, das sich verirrt hatte.

Lange warten mussten sie darauf nicht, doch es war nichts von dem, was sie erwartet hatten. Es war weder ein Tier noch einer ihrer verschleierten Verfolger. Es war ein Mann, der offenbar die Orientierung verloren hatte. Er taumelte hin und her. Es wirkte so, als bräuchte er Hilfe. Mehr konnten sie auf Grund der schlechten Lichtverhältnisse vorerst nicht erkennen. Eines stand jedenfalls fest. Sollte er sich wirklich verlaufen haben, mussten sie ihm helfen. Aber sie konnten nicht einfach so ihre Deckung verlassen, da es immer noch ein Trick ihrer Verfolger sein könnte ihre Aufmerksamkeit auf etwas anderes zu lenken, während sie sich anschleichen. Hatte es überhaupt jemand auf sie abgesehen. Sie wussten es natürlich nicht mit Sicherheit, aber sie nahmen es an. Darum wies Ishikawa Daisuke mit der beim Militär üblichen Zeichensprache an das Feld hinter ihnen und die Straße seitlich genau im Auge zu behalten. Sollte er irgendwas sehen, das ihm komisch vorkam, sollte er einen der anderen schicken. Sie wollten warten, bis der Mann sich ihnen genähert hatte, und ihm dann von hinten auflauern.

Doch daraus wurde nichts, der Mann stürzte zu Boden und blieb regungslos liegen. Nobu und Ishikawa sahen sich an und führten mit ihren Augen eine Unterhaltung.

Sie gingen schnell sicher, dass niemand sonst in der Nähe war, und näherten sich ihm im Schutze der Dunkelheit. Je näher sie ihm kamen, desto stärker wurde auch der Geruch von verbranntem Fleisch. Nachdem sie seinen Puls gecheckt hatten, trugen sie ihn zu ihrem Camp.

Im Licht des Feuers untersuchten sie ihn dann genauer. Dort konnten sie erkennen, dass es ein Mann mittleren Alters mit bereits ergrauten Schläfen und zerrissener, an manchen Stellen sogar verbrannter Kleidung war. Er hatte jede Menge getrocknetes Blut an seiner Kleidung, sein Blut, so viel war klar. Kaum dass Harui ihn sah, bekam sie es mit der Angst zu tun, sie fürchtete sich vor seinem teils verbrannten Körper. Einige der Brandblasen wurden durch seinen Trip durch den Wald aufgerissen, was sein Aussehen noch unansehnlicher machte. Ishikawa schloss daraus, dass er einer der Beteiligten des Unfalls gewesen war, konnte aber nicht sagen, ob er Opfer oder Verursacher war.

„Wie kann dieser Typ bitte bis jetzt überlebt haben?“, wunderte sich Ishikawa.

Sie versuchten seine Wunden mit Stofffetzen, die sie von seiner

Kleidung abgerissen hatten, zu verarzten. Zur Stärkung hatten sie ihm etwas von ihren begrenzten Lebensmitteln abgegeben.

Sie hatten diskutiert, wie sie mit ihm weiter verfahren sollten, als er wieder aufwachte. Sofort fragten sie ihn, wo er sich all diese Verletzungen geholt hatte. Ishikawa hatte zwar bereits eine Ahnung, würde es aber gerne aus seinem Mund hören.

„Es ging alles so schnell." Er hatte Schwierigkeiten sich zu erinnern und kam immer wieder ins Stocken. „Ich war mit meiner Frau unterwegs, wir gehörten zu den wenigen Leuten, die zurück in die Stadt wollten. Ich habe dort noch Familie, die nicht die Möglichkeit hatte mit dem Auto zu fahren und wir wollten ihnen helfen. Und dann ging alles so unfassbar schnell. Auf einmal kam uns ein Auto entgegen und das Nächste, woran ich mich erinnere, ist, dass ich mich aus dem brennenden Auto rettete, ohne die Chance meine Frau zu retten, sie ist …" Weiter darüber zu reden, war zu schmerzhaft für ihn.

„Und wie kommt es dann, dass sie auf unser Lager zugesteuert sind?", wollte Nobu von ihm wissen.

„Ich weiß es nicht, das Nächste, woran ich mich nach meiner Rettung erinnere, ist, dass ich hier aufgewacht bin", erläuterte der Mann.

„Dann will ich es ihnen mal erklären", fing Ishikawa an. „Sie dachten, das hier wäre das immer noch brennende Wrack ihres Autos und sie wollten instinktiv ihre Frau vor den Flammen retten. Sind dann aber zusammengebrochen, eh sie es erreicht haben. Doch es wird vermutlich sowieso schon zu spät sein, wenn sie sich nicht irgendwie retten konnte, ist sie lebendig verbrannt."

Der Mann brach in Tränen aus, als ihm der vermeintliche Tod seiner Frau mitgeteilt wurde. Ishikawa tat es leid, dass er es ihm in so einer gefühllosen Stimme mitteilen musste. Auf einmal unterbrach er seine Tränen und fing zu schreien an. Ishikawa stopfte ihm sofort ein Shirt in den Mund, damit nicht jeder auf sie aufmerksam werden würde. Dann untersuchte Ishikawa ihn genauer, wobei er schockiert feststellte, dass sich ein Metallteil in seine rechte Wade gebohrt hatte. Sein Adrenalinrausch musste verhindert haben, dass er es spürte, doch jetzt, wo er sich langsam wieder beruhigte, fing er an die Schmerzen zu spüren.

Sie hatten keine Schmerzmittel mehr, die sie dem Mann hätten geben können und selbst dann hätten sie sie ihm nicht überlassen, da Umeko wichtiger war.

Ishikawa musste das Bein abbinden, um den Blutverlust zu stoppen. Er würde es zwar nie wieder verwenden können, doch würde überleben. Somit hatte sich auch die Frage erledigt, ob er sie vielleicht in einem der Autos hätte mitnehmen können. Von der oberflächlichen Untersuchung sah es ganz so aus, als wären sowohl Muskeln als auch Nerven durchtrennt worden. Dieses Bein würde in Zukunft nichts weiter als eine Belastung für den Mann sein.

Entweder ließen die Schmerzen nach oder er spürte sein Bein nicht mehr, auf jeden Fall hatte er nach kurzer Zeit aufgehört zu schreien. Da es Sommer war, wurde es auch langsam hell, sodass sie das Feuer löschen konnten. Sie mussten ihn kurz im Camp zurücklassen, um zu entscheiden, wie sie mit ihm verfahren wollen, ohne dass er mithörte.

„Wir können ihn nicht mitnehmen, mit dem Bein hält er uns nur auf und wir haben so schon ein knappes Zeitfenster“, meinte Nobu.

„Wir können ihn aber auch nicht einfach hier lassen. Er hat nichts zu essen und kann sich nicht ohne Hilfe bewegen“, kam von Umeko.

„Was sollen wir deiner Meinung nach also tun? Ich sehe das so wie Nobu“, erwiderte Rei.

„Was meint denn der Rest dazu?“, erwiderte er mit einem fragenden Blick zu Harui.

„Ich find beide Seiten einleuchtend. Wir können ihn nicht mitnehmen, aber wenn wir ihn hierlassen, wäre das sein sicherer Tod.“

„Was haltet ihr von der Idee, wir helfen ihm, indem wir ihm ein paar Lebensmittel überlassen und eine Krücke für ihn bauen. Ich weiß, es würde Zeit kosten, die wir eigentlich nicht haben.“ Mit diesem Vorschlag wollte er sich dafür entschuldigen ihm den Tod seiner Frau so herzlos mitgeteilt zu haben.

„Find ich gut. Ich hätte noch die Idee, dass wir ihm helfen mit der Sache abzuschließen und ihn zu seiner Frau bringen, danach soll er selbst entscheiden, was er machen will. Aber er wird uns unter keinen Umständen begleiten.“ Dies betonte Nobu noch einmal mit Nachdruck. Jeder war mit der Idee, ihn erst noch zu seiner Frau zu bringen, einverstanden.

Sie machten sich rasch ans Werk, ihm eine Krücke zu bauen. Einfach ein paar Äste genommen und sie mit ein paar der Halme auf dem Feld zusammengebunden und fertig waren die improvisierten Krücken.

Erst danach kam das Wichtigste des Tages, das Frühstück. Auch der Verwundete bekam etwas ab, wodurch die Rechnung der Ration durcheinandergeriet, was aber nur insoweit schlimm war, dass sie früher ausgehen als gedacht. Ausgehen würden sie so oder so. Sie konnten ja nicht einfach vor ihm essen, ohne dass er etwas davon abbekam. Der Mann erzählte davon, dass er vorher Lehrer an einer Grundschule in einer nahegelegenen Stadt war, doch seit der Verkündung, dass diese komische schwarze Masse kommt, ging für ihn alles den Bach runter.

Mit improvisierter Krücke, vollem Magen und gepackten Taschen machten sie sich daran an die Spitze der Autoschlange zu gelangen. Sie kamen an allen möglichen Automarken und Farben vorbei. Auch hier wieder überall dieselben offenen Türen und leeren Innenräume, nichts war mehr zu holen, alles wurde auf die lange Reise zu Fuß mitgenommen.

Mit der Zeit wurde der Gestank von verbrannten Reifen und Benzin immer stärker und sie wussten, dass sie dem Ende immer näher kamen. Am Ende angelangt konnten sie mehr als nur 2 Autos sehen, die ausgebrannt waren. Insgesamt waren fünf Autos in den Flammen untergegangen. Noch näher dran, war der Gestank bestialisch, da sich nun auch der Geruch von verbrannten Menschen daruntermischte. Der Mann musste sich übergeben bei dem Gedanken, dass er auch so hätte enden können und seine Frau vermutlich so geendet ist.

Anders als alle anderen sah Dai vor seinen Augen nicht diese Unfallstelle vor sich, sondern die, in der seine Eltern ums Leben gekommen waren. Er hatte sie nie tatsächlich gesehen. Alles, was er darüber wusste, waren die Bilder, die davon in den Nachrichten gezeigt wurden. Jedes Mal, wenn er einen Autounfall sah, sah er, wie seine Eltern auf eine andere grausame Art und Weise vor ihm um ihr Leben kämpften. Was ihn daran am meisten störte, war, dass er nicht einschreiten und ihnen helfen kann. Er fühlte sich einfach nur machtlos, als Zuschauer in seinen Gedanken. Diesmal starben sie, indem sie bis zur Unkenntlichkeit verbrannten. Alles, was sie von sich geben konnten, war der Name ihres Sohnes. Ihm rann eine Träne über die Wange. Er selbst war so in Gedanken, dass er sie überhaupt nicht spürte. Rei hingegen fiel sie auf, sie wollte schon zu ihm, wurde dann jedoch von Nobu am Arm gepackt und mit einem Kopfschütteln zurückgehalten. Sie vermutete, dass der Grund für den leichten Gefühlsausbruch in einer Zeit lag, in der nur Nobu ihn kannte. Sie wollte keine alten Gefühle wachrütteln und ließ es deshalb gut sein. Zur Überraschung des Mannes war sein Auto leer, niemand saß darin. Er freute sich, da der Gedanke aufkam, dass seine Frau noch am Leben sein könnte. Als er fertig war sich zu freuen, schaute er sich den Wagen, der in sie hineingefahren war, genauer an.

„Das kann doch nicht sein." Verdutzt schaute er auf das Nummernschild des Fahrzeuges.

„Wieso, was stimmt denn damit nicht?", fragte Jinpei, der mitbekommen hatte, was er sagte.

„Das ist das Auto von den Verwandten, die ich vorhin erwähnt hatte.“

„Ich dachte, die hätten kein Auto.“

„Doch normal schon, nur im Moment nicht, da es angeblich in der Werkstatt war. Ich versteh nicht, wieso sie mich angelogen haben.“

„Tja, den Grund werden wir jetzt wohl nicht mehr erfahren“, antwortete ihm Daisuke.

Der Mann schaute sich ungläubig um und konnte einfach nicht fassen, was passiert war.

„Hey, kommt mal hierher und bringt den Mann mit.“ Nobu rief ihnen aus einiger Entfernung zu.

Sie hörten seinen Ruf und näherten sich ihm. Auf dem Boden waren irgendwelche dunklen Spuren, die nicht weiter beachtet wurden. Die Spur führte sie direkt zu Nobu, der in dem Straßengraben stand. Vor ihm lag etwas dunkles Verkohltes, das wie ein Mensch aussah. Der Mann ließ seine Krücken fallen und fiel bei dem Versuch nach vorne zu laufen hin. Ohne sich aufzurichten, kroch er weiter auf die Leiche zu. Angekommen erhob er die rechte Hand der Leiche und brach erneut in Tränen aus. Den Ring an der Hand konnte er zweifelsfrei seiner Frau zuordnen. Die verkohlte Leiche war die seiner Frau. Unter Tränen nahm er sie noch ein letztes Mal in den Arm, ihm war egal, wie sie aussah oder wie sie roch, alles, was für ihn zählte, war, dass es seine Frau war, die er da in Händen hielt. Die Kinder sowie Ishikawa gingen ein paar Meter auf Abstand, um ihm den letzten Moment mit seiner Frau zu lassen.

„Ich hab die Spur gesehen und bin ihr einfach gefolgt“, erklärte Nobu.

„Was sollen wir jetzt machen?“, fragte Jinpei in die Gruppe.

„Ich würde immer noch am Plan festhalten und ihm ein paar Lebensmittel geben, mit denen er dann selbst schauen kann, wie er klarkommt“, wiederholte Nobu.

„Aber können wir ihn in dieser Verfassung wirklich alleine lassen?“

„Wir müssen, außer du bleibst hier und kümmerst dich um ihn“, sagte er mit einem sarkastischen Unterton.

Jinpei schaute zu Boden und antwortete.

„Das wäre zwar das Beste, aber nein.“

„Gut, dann wäre das ja geklärt. Sonst noch Einwände?“ Nobu schaute sich in der Runde um und sah nur Kopfschütteln.

Sie hörten, dass der Mann zu weinen aufgehört hatte, und gingen wieder zu ihm.

„Danke!“ Er hob seinen Kopf nicht, sondern sah weiterhin seine tote Frau an.

„Wofür?“

„Dafür, dass du mir die Wahrheit gezeigt und es nicht einfach totgeschwiegen hast.“

Nobu antwortete nicht. Er hatte kurz daran gedacht, ließ es aber bleiben.

„Ihr habt euch sicher schon besprochen, wie ihr mit mir weiter verfahren wollt.“ Nun sah er wieder zur Gruppe und suchte ihre Blicke. Keiner wollte ihm das Ergebnis mitteilen, niemand wollte derjenige sein, der indirekt seinen Tod aussprechen musste.

„Wir haben uns entschieden Ihnen ein paar Lebensmittel hierzulassen, aber sonst müssen Sie alleine weitermachen. Wir werden Sie nicht mitnehmen, mit Ihnen würden wir langsamer werden und die Zeit ist ohnehin nicht auf unserer Seite.“ Ishikawa trug es ihm ganz trocken vor.

„Danke.“ Er bedankte sich erneut. „Danke, dass sie so ehrlich zu mir sind. Ich habe das Gefühl, eure Hilfe gar nicht verdient zu haben, ich halte euch nur auf und koste euch kostbare Lebensmittel. Es tut mir leid.“

„Wofür entschuldigen Sie sich denn, wir hätten Sie auch einfach liegen lassen können und hätten weitergehen können. Es war also unsere Entscheidung, Ihnen etwas vom momentan Kostbarsten abzugeben und keiner bereut diese Entscheidung. Also tun Sie es auch nicht."

„Ich wünschte, wir hätten uns unter anderen Bedingungen begegnet, wir hätten uns sicher gut verstanden", bedauerte der Lehrer.

„Da sie ein Lehrer sind, wäre ich mir da nicht so sicher", konterte Nobu mit einem Lächeln. Der Mann stieß einen Laut aus, der an ein Lachen erinnerte.

„Was wollen Sie jetzt machen?", wollte Harui wissen.

„Ich werde meine Frau hier irgendwo in der Nähe begraben, als Schaufel kann ich einen der Äste nehmen und danach weiß ich es noch nicht." Er schaute wieder hinunter zu seiner Frau und senkte erneut den Kopf.

„Jetzt tut es uns leid, aber wir können Ihnen leider nicht dabei helfen, wir müssen los", drängte Ishikawa die Gruppe indirekt zum Aufbruch.

„Nein, kein Problem, ich verstehe Sie, wenn ich laufen könnte, würde ich auch so schnell wie möglich hier wegwollen." Er hatte Verständnis für ihr Problem.

„Aber warten Sie kurz." Ishikawa setzte seinen Rucksack ab und holte zwei Dosen mit Bohnen heraus, die er dem Mann übergab. „Mehr können wir Ihnen leider nicht geben."

„Es sollte reichen, um meine Frau zu beerdigen und vielleicht auch noch meine anderen Verwandten aus dem Auto. Es wird vermutlich meine letzte Tat und danach werde ich darauf warten, dass mich dieses schwarze Zeug zusammen mit meiner Frau verschlingt." Keiner sagte ein Wort, sie alle waren zu schockiert von den Worten, die sie gerade gehört hatten. „Tut mir leid, ich wollte euch keine Angst einjagen." Erst jetzt bemerkte er, was er da gerade zu einer Gruppe Kindern sagte, jedoch blieb er bei dem Entschluss.

Nobu schaute zu Harui und Jinpei, die sich beide gerade wegdrehten. Sie dachten an ihre Mutter, die sich das Leben nahm, weil sie keinen Ausweg mehr sah. Nobu schaute zu dem Mann und blickte ihn mit einem Blick an, der so viel sagte wie: „Sagen Sie das noch einmal und Sie müssen nicht warten, bis dieses Zeug kommt."

Doch als er dem Mann in die Augen sah, konnte er Reue für seine Worte erkennen, es tat ihm sichtlich leid, das gerade laut gesagt zu haben, ohne daran zu denken, dass er Kinder vor sich hatte. Kaum hatte er seinen Platz als Lehrer und seine Frau verloren, fing er an nur noch an sich zu denken und nicht mehr an die Kinder, die er früher einmal so liebte.

Nobu nahm den Mann unter dem Vorwand, ihm sein Mitgefühl auszudrücken, zur Seite und fing mit ihm eine Unterhaltung an.

„Ich kann zwar sehen, dass es Ihnen leidtut, was Sie gerade gesagt haben, doch das macht es nicht mehr ungeschehen", fing Nobu an.

„Es tut mir leid, eigentlich liebe ich Kinder und würde so etwas niemals in ihrer Gegenwart sagen, doch es ist so viel passiert, dass ich vergessen habe, dass ich nicht mit Erwachsenen spreche." Er entschuldigte sich abermals.

„Ich kann ja sehen, dass es Ihnen leidtut, doch Sie müssen wissen, diese beiden da drüben sind meine Freunde und jeder, der ihnen etwas antut, bekommt es mit mir zu tun. Egal ob physisch oder psychisch. Kapiert?" Nobu drohte ihm bereits.

„Ja." Erschrocken darüber, was gerade zu ihm gesagt wurde, fand er keine anderen Worte.

„Diese beiden haben vor wenigen Monaten ihre Mutter verloren." Er hielt kurz inne. „Es war Selbstmord, sie sah einfach keinen anderen Ausweg so wie Sie jetzt."

„Das tut mir leid für die beiden, ich konnte ja nicht wissen, was ihnen widerfahren ist", versuchte der Lehrer sich zu retten.

„Mir ist es egal, ob Sie sich das Leben nehmen wollen oder nicht. Doch denken Sie noch einmal daran, ob es nicht doch noch jemanden gibt, der Ihnen was bedeutet oder dem Sie etwas bedeuten. Denn ich möchte verhindern, dass jemand erleben muss, was

Sie erlebt haben. Die wichtigste Person in Ihrem Leben ist von einem Moment auf den anderen einfach so ohne Vorwarnung verschwunden."

Der Mann brauchte kurz, bis er die gerade gehörten Worte verarbeiten konnte, doch sprach dann drauf los:

„Ich weiß jetzt nicht, ob das eine Drohung war oder doch eher der Versuch es mir auszureden."

„Beides und ich verspreche Ihnen, wenn Sie das Thema vor meinen Freunden noch einmal in den Mund nehmen, brauchen Sie sich über Zweiteres keine Gedanken mehr machen müssen, denn dann wird es nicht nur bei einer Drohung bleiben."

Der Mann konnte noch immer nicht verstehen, dass er sich gerade wirklich mit einem 17-jährigen Schüler unterhielt und nicht mit jemandem von der Yakuza. Dennoch nahm er es ernst und bat erneut um Verzeihung, bevor er mit dem Jungen wieder zurück zum Rest ging.

„Worüber habt ihr gesprochen?" Dai waren die Blicke des Lehrers nicht entgangen.

„Über nichts von Bedeutung." Natürlich war es gelogen, doch Nobu fand, sie müssten es nicht erfahren.

Kapitel 14 Der Wald und seine Wunder

Ihre Lebensmittel reichten schon davor nicht für die gesamte Reise, doch jetzt wurden sie noch mal dezimiert. Sie beschlossen die Straße zu verlassen und weiter durch den Wald zu gehen. Er konnte ihnen mehr Schutz bieten als eine Straße, die voll mit leeren Autos war. Immerhin waren sie dort am vorigen Tag zu viert unterwegs und haben dort nach Holz, Tieren und anderen Sachen gesucht. Was sie aber nicht gefunden haben, war ein verwundeter Mann, der es nicht mal darauf angelegt hatte sich zu verstecken.

Nachdem sie sich von dem Mann verabschiedeten, gingen sie direkt in den Wald. Schon nach nur zwei Schritten änderte sich das Terrain unter ihren Füßen. Aus der ebenen Fläche wurde schlagartig eine unebene, stellenweise immer noch schlammige. Nach nur wenigen Metern konnten sie die Straße mit all ihren darauf stehenden Autos kaum mehr sehen. Das Einzige, was sie klar und deutlich sehen konnten, war ein kleiner Ausschnitt, in dem der Mann auf der Motorhaube eines Wagens lehnte und ihnen mit seiner Hand zuwinkte. Ihnen war vollkommen klar, dass es nur ein kleiner Streifen Wald war, in dem sie unterwegs waren und ebenso dass die großen Waldgebiete noch auf sie warteten. Trotzdem würden sie mindestens einen ganzen Tag dortbleiben, bis sie in wieder verlassen würden. Selbst dann würden sie nicht mal eine Straße erwarten.

Im Wald konnten sie die Vielfalt der Pflanzenwelt bewundern von schönen Blumen, stacheligen Büschen bis hin zu riesigen Bäumen, die teilweise mit Moos bewachsen waren. An manchen wuchsen aber auch Kletterpflanzen. Einige davon waren bereits verdorrt und braun geworden. An einer von ihnen erblühten allerdings weiße-rosa Blumen.

Neben den normalen Bäumen sahen sie auch einige, die vor einigen Tagen bei dem Sturm umgestürzt waren. Außer Bäumen und Sträuchern gab es dort auch die ein oder andere interessante Steinformation. Zwar keine, die auch nur annähernd an Stonehenge oder die Steinköpfe auf den Osterinseln rankam, dennoch waren sie recht interessant. Doch bei all dem Spaß, den sie hatten, und den schönen Dingen, die sie gesehen hatten, durften sie nie vergessen, dass sie nicht ewig Zeit hatten. Früher hätten sie dort Tage verbracht und die Natur in jeder Einzelheit bewundert, doch außer für ein paar schöne Momente hatten sie leider keine Zeit. Sie hätten früher all die schönen Blumen bewundert und nicht nur eine einzige, sie hätten sich ganze Kränze daraus gebastelt. Außerdem wären sie auf Bäume geklettert und hätten die Aussicht genossen oder hätten einfach nur die Natur ihre Wirkung entfalten lassen. Abends hätten sie dann einer geselligen Runde zusammengesessen, vielleicht über offenem Feuer gegrillt, Lieder gesungen und ihre Augen ohne den Gedanken an den Tod schließen können. Doch für all das hatten sie keine Zeit mehr. Denn die Welt, in der sie nun waren, war anders. Sie erschien brutaler, gefährlicher als alles andere, vor dem sie bisher behütet wurden.

Ishikawa wollte die gemeinsame Zeit nutzen und der Gruppe ein bisschen was von seinem Wissen über die Natur weitergeben. Er fand es einen guten Moment, ihnen ein bisschen was über das Fährtenlesen beizubringen, als er auf dem Boden die Abdrücke eines Tieres fand. Er bückte sich und deutete darauf, woraufhin die Anderen hinter ihm anhielten. Er ließ sie raten, von welchem Tier sie wohl stammen könnten. Es war alles von Reh, Hirsch bis hin zu Wildschwein dabei.

Die richtige Antwort lautete Reh, wie er auflöste. Es waren die Abdrücke von einem jungen Reh, oder auch Rehkitz genannt. Die

Abdrücke waren nicht mehr frisch, das konnte man daran erkennen, dass die Ränder in der Erde nicht mehr feucht, sondern schon leicht verkrustet waren, aber dennoch nicht weggewaschen wurden, was wiederum bedeuten musste, dass das Tier erst nach dem Sturm diesen Weg entlanggegangen war. Dabei vermutlich auf der Suche nach Nahrung. Er schloss daraus, dass es maximal eine Woche her sein konnte, seit es diesen Weg entlanggelaufen war. Es wurde vermutlich genauso von den Autohupen verscheucht, wie all die anderen Tiere, die man hier normalerweise sonst so antreffen würde.

Er war nicht darüber verwundert, dass Daisuke wusste, von welchem Tier sie stammten. Immerhin hatte er ihm schon früher ein paar Dinge beigebracht. Auch bei Nobu war es kein Wunder, er hatte es vermutlich durch Zusehen bei ihren Campingausflügen gelernt. Ishikawa war immer wieder von dem Jungen und seinem Wissen überrascht. Was ihn aber überraschte, war, dass Rei es wusste.

„Hast du geraten?“, fragte er deshalb scherzhaft.

Das verneinte sie. Sie verriet ihm, dass ihr Vater Biologe an einer Universität war und sich auf die Tiere in den japanischen Wäldern spezialisiert hatte. Früher, als sie noch klein war, folgte sie ihm deshalb oft in die Wälder, wo sie ihn bei seiner Arbeit beobachtete. Zum Beispiel wenn er gerade auf der Suche nach einem bestimmten Wildtier war. Er folgte Gerüchen, abgebrochenen oder angefressenen Ästen sowie Abdrücken am Boden. Jedes Mal, wenn sie dabei war, brachte er ihr etwas Neues bei.

So erzählte er ihr einmal, dass man an der Tiefe der Fußspuren erkennen konnte, wie schwer beziehungsweise groß das Tier war. Den je schwerer das Tier, desto tiefer die Abdrücke. Wenn man Menschen suchte, von denen man das ungefähre Gewicht wusste, konnte man anhand ihrer Fußabdrücke sogar erkennen, ob sie noch etwas mit sich trugen.

Als einmal ein Kind verschwunden war, halfen ihr Vater und

sie bei der Suche. Am Ende brauchten sie zwar einen Spürhund, um ihn zu finden. Da man anfangs jedoch keinen Spürhund zur Verfügung hatte, musste man sich auf die für Menschen sichtbaren Spuren verlassen. Doch ohne den Hund hätte man das Kind letzten Endes nicht finden können, da sich die sichtbaren Spuren mit der Zeit verliefen. Als man ihn fand, stellte sich heraus, dass er von zuhause weggelaufen war, weil seine Eltern sich mal wieder gestritten hatten. Von diesem Moment an fand sie die Arbeit ihres Vaters noch spannender, einen Großteil davon zumindest. Der Teil, an dem sie einfach kein Interesse finden konnte, war derjenige, in dem sich ihr Vater mit den Ausscheidungen der Tiere befassen musste, um rauszufinden, was sie zuvor gefressen hatten. Daher dachte sie eine lange Zeit, dass es für sie niemals in Frage käme, in die Fußstapfen ihres Vaters zu treten. Sie dachte anfangs, ihr Vater wäre enttäuscht von ihr, doch für ihn war es vollkommen in Ordnung. Das war allerdings schon über 12 Jahre her und sie wusste nur noch wenig darüber. Die Abdrücke und die Verhaltensweisen einiger Tiere gehörten dazu. Sie erwähnte auch, dass sie sich später, als sie in der Mittelschule war, ein bisschen mit dem Beruf des Biologen im Allgemeinen beschäftigte. Ihn danach sogar noch spanender fand als zu der Zeit, als sie ihren Vater beobachtete. Denn wie sich herausstellte, muss sich ein Biologe nicht zwangsläufig mit Tieren beschäftigen. Es gibt auch Gebiete wie Mikrobiologie, in der man sich zum Beispiel mit Bakterien und Viren beschäftigt. Die Pflanzenwissenschaft, in der man sich, wie der Name schon sagt, mit Pflanzen beschäftigt. Oder aber die Molekularbiologie, in der es zum Beispiel um die DNA geht, um nur ein paar wenige aufzuzählen.

Sie war sich aber trotzdem sicher, dass es nichts für sie gewesen wäre. Der Grund dafür war, dass sie sah, wie oft ihr Vater nicht zu Hause war, um seinem Job nachzukommen. Am Ende wurde es so schlimm, dass ihre Eltern umziehen mussten. Manchmal war er sogar außerhalb von Japan unterwegs. Dort beobachtete er dann, wie sich die Tiere aus Japan in der ganzen Welt vermehrten und manche so sogar die ganze Welt bevölkerten. Auch wenn es ihr definitiv gefallen hätte einmal die Welt zu sehen und an Orte zu gelangen, an die man als normaler Tourist niemals kommen würde. Diesmal war sie sich sicher, denn sie wusste, dass so etwas in jedem Fachbereich, für das sie sich interessierte, der Fall war. Also hörte sie auf sich damit zu beschäftigen und konzentrierte sich auf ihre Noten, damit ihr einmal alle Wege offenstehen würden.

Doch mittlerweile hat sie sich gedacht, dass sie, sollte es so etwas geben, in einem Forschungsteam mitarbeiten möchte, das diese schwarze Substanz untersucht.

„Ich würde ihn gerne einmal kennenlernen." Ishikawa war definitiv von ihm beeindruckt.

Rei musste in dem Moment daran denken, dass sie sich, seitdem alles losging, nicht ein einziges Mal bei ihren Eltern gemeldet hatte. Sie kramte ihr Handy aus der Tasche. Es war ausgeschaltet und sollte nur im Notfall eingeschaltet werden, um den Akku zu schonen. Sie schaltete es wieder ein und wartete, bis es hochgefahren war. Danach suchte sie die Nummer ihres Vaters und rief ihn an. Es klingelte zweimal.

„Hallo?" Die Stimme eines Mannes erklang. Es war ihr Vater, sie führte eine Unterhaltung mit ihm, während sie weiter den Wald durchquerten.

„Hallo Papa, wie geht es dir?", erkundigte sie sich.

„Oh Rei. Mir und deiner Mutter geht es gut, wir sind schon vor einigen Tagen in Tokio angekommen. Wie ist es bei dir, wo bist du?"

„Ich bin unterwegs nach Tokio, es wird noch eine ganze Weile dauern, bis ich mit meinen Freunden ankomme."

„Und wie lange, wir machen uns große Sorgen um dich."

„Noch zwei bis drei Monate."

„Was, wieso dauert das noch so lange?" Ihr Vater war beunruhigt und machte sich keine Mühe das zu verheimlichen.

„Hier ist einiges passiert, ich erzähl dir alles, wenn ich angekommen bin.“

„Ich weiß, dass es nichts bringt dich zu drängen, also frage ich lieber, ob du in Sicherheit bist.“ Er bohrte nicht weiter nach, da er sie kannte und wusste, dass es zu nichts führen würde.

„Ja, ich bin mit Nobu, Daisuke und Ishikawa unterwegs, mir wird nichts passieren“, versicherte sie ihrem Vater.

„Ist Ishikawa der Mann, der Daisukes Vater früher beim Militär ausgebildet hatte und seit dem Tod seiner Eltern für ihn zuständig ist?“

„Genau, du siehst also, es besteht kein Grund zur Sorge.“

„Ein Grund zur Sorge besteht momentan immer, denn egal, wen du bei dir hast, sobald ihr von diesem schwarzen Zeug, oder wie die Forscher es hier mittlerweile auch nennen ‚Das Nichts‘, erfasst werdet, ist es aus.“

„Keine Sorge, wir haben einen großen Vorsprung.“ Als Reaktion kam nur ein Piepen.

„Hallo Papa, bist du noch dran?“ Keine Antwort.

Sie waren in ein Funkloch geraten und die Verbindung wurde unterbrochen, bevor der letzte Satz übertragen werden konnte. Sie selbst hatte zwar keinen Grund zur Sorge, doch ihr Vater machte sich nun nur noch größere, nachdem das Gespräch so abrupt endete.

„Konntest du deine Eltern erreichen?“ Daisuke hatte das Ende mitbekommen.

„Ja, es scheint ihnen gut zu gehen. Sie sind bereits seit einigen Tagen in Tokio.“

„Sie leben doch sowieso schon recht nah an der Hauptstadt oder?“

„Ja und ich schätze mal, als bekannter Biologe wurde er hinzugezogen, um bei einer Lösung zu helfen.“

„Wie ist das Leben dort?“

„Leider konnten wir darüber noch nicht reden, da die Verbindung gerade abgebrochen ist.“ Rei wirkte ein bisschen besorgt.

„Du hast keinen Grund, dir Sorgen zu machen, es geht ihnen gut.“ Daisuke versuchte sie aufzuheitern.

„Das ist es nicht.“

„Was dann?“ Er bohrte weiter nach.

„Er macht sich nach dem abrupten Abbruch sicher Sorgen und ich würde ihm gerne sagen, dass alles in Ordnung ist“, erklärte sie ihm.

„Ich würde damit vielleicht noch ein bisschen warten, zumindest so lange, bis wir sicher sein können, dass wir es nach Tokio schaffen können. Denn aktuell liegt das alles noch in weiter Ferne.“ Daisuke versuchte sie zu beschwichtigen.

„Meinst du wirklich?“ Sie war nicht sicher, was sie machen sollte.

„Ja, ich kann verstehen, dass du deinem Vater nicht unnötig Sorgen machen willst. Zu große Hoffnungen würde ich ihm aber auch nicht machen. Wenn du verstehst, was ich meine.“

Sie nickte und bedankte sich bei ihm.

Ishikawa, Nobu und Umeko bemerkten das Knistern zwischen den beiden. Ishikawa jedoch unterbrach sie, indem er ihnen neben Spurenlesen noch beibrachte, wie sie ihre eigenen Spuren verwischen können oder gar nicht erst welche hinterlassen. Dazu gehörte, dass man darauf aufpasst nicht zu fest aufzutreten bzw. Äste vermeidet, ob sie nun auf dem Boden oder in der Luft hängen.

Harui erinnerte sich daran, dass sie den „Brennenden“ Mann schon aus der Ferne hörten, nur weil er im Wald auf ein paar Äste getreten war.

„Genau so erkennt man Verfolger, also immer genau hinhören, was der Wald euch zu sagen hat, dann werdet ihr nur selten überrascht. Natürlich weiß ich, dass man das nicht über Nacht lernen kann, doch vielleicht werdet ihr jetzt ein bisschen aufmerksamer durch die Welt gehen“, gab Ishikawa als Antwort zurück.

Obwohl die Sonne jetzt genau über ihnen stand, war es erstaunlicher Weise kühl, da die Bäume einen Großteil der Wärme abhielten. Dennoch war es schweißtreibend sich einen Weg durch den Wald zu bahnen, besonders da die Rucksäcke auf ihrem Rücken selbigen allein durch das Tragen mit Schweiß überschwemmten. Ihre Klamotten klebten bereits nur so an ihnen.

Rei war so heiß, dass sie sich dazu entschloss zumindest ihrem Bauch und dem unteren Rücken eine kleine Abkühlung zu gönnen. Sie griff also nach der Unterseite ihres Shirts und machte einen Knoten hinein, der ebendiese Gebiete freilegte. Das wiederum betonte ihre schlanke Figur nur noch mehr. Nun war nur noch alles ab ihren Brüsten verdeckt. Da ihre Jeans das Einzige war, das ihre Beine davon abhielt von den Sträuchern, welche am Wegesrand standen und an denen man teilweise einfach nicht vorbeikam, zerkratzt zu werden, musste sie diese notgedrungen in Ruhe lassen. Trotzdem würde sie bei diesen Temperaturen lieber eine Hotpants tragen oder noch besser einen luftigen Rock. Sie war um jede kühle Brise, die ihren Bauchnabel streichelte, dankbar. Was sich jedoch noch schöner anfühlte, war, wenn ein Windhauch ihren nassen Rücken streifte, das war die reinste Wohltat.

Umeko im Gegenzug war ganz froh, dass noch eine Schicht zwischen dem Rucksack und ihrem Verband lag. Durch den Schweiß juckte es schon genug. Wenn der Rucksack direkt auf der Wunde reiben würde, hätte es das Risiko noch mehr erhöht, dass sich die Wunde wieder öffnete.

Die anderen Teammitglieder litten im Stillen unter der Hitze. Worüber allerdings jeder froh war, waren die Tage zuvor, in denen sie ihren Körper immerhin einigermaßen auf Vordermann bringen konnten.

Das Jucken der Wunde wurde langsam so schlimm, dass das gesamte Team eine kleine Pause ihretwegen einlegen musste, in der sie endlich mal die Rucksäcke ablegten und etwas aßen und tranken, somit machten sie es gleich zu ihrer Mittagspause. Umekos Wunde hatte wieder angefangen zu schmerzen und ohne Schmerzmittel musste Ishikawa mal nach ihr sehen. Aufgegangen war sie zwar nicht, dafür aber rot und leicht entzündet.

Ishikawa nahm eine Flasche Wasser und ein Stück Stoff, das er befeuchtete, aus seinem Rucksack. Damit strich er langsam über die Wunde. So konnte er Wasser sparen und gleichzeitig das Jucken lindern.

„Wir werden wohl doch dein gesamtes Gepäck tragen müssen. Ich dachte nicht, dass er so stark an deinem Rücken reiben würde.“ Umeko fühlte sich zwar schlecht, jetzt auch noch das letzte bisschen Gepäck, das sie trug abzugeben. Doch sah sie ein, dass es nicht anders gehen würde. Der Platz, der durch das verzehrte Essen wieder frei wurde, musste nun den Klamotten weichen. Danach bat er jeden, sobald er einen Bach oder ähnliches Gewässer sieht, Bescheid zu geben, da sie dort dringend ihre Trinkwasservorräte wieder auffüllen müssen. Sie waren zwar noch nicht mal zwei Tage unterwegs, dennoch konnten sie nur eine begrenzte Menge Wasser mitnehmen. Jeder von ihnen hatte bereits an diesem Tag einen ganzen Liter, wenn nicht sogar noch mehr getrunken. In dem Moment, in dem es Umeko wieder besser ging, wollten sie eigentlich weitergehen, doch ihre Körper machten ihnen einen Strich durch die Rechnung. Jinpei hatte trotz der guten Wanderschuhe Blasen an den Füßen bekommen. Auch die anderen waren vollkommen fertig.

Nach einer Weile standen sie dann aber dennoch alle auf, hievten ihre Rucksäcke zurück auf ihre Schultern und machten sich wieder auf den Weg nach Norden.

In der Ferne ertönte plötzlich ein Geräusch, das durch den gesamten Wald hallte, dass niemand einordnen konnte. Niemand außer Ishikawa und Daisuke, die beiden wussten sofort, was es war. Es waren Pistolenschüsse, Unruhe machte sich in der Gruppe breit, als die anderen das erfuhren. Bei einer Sache waren sie sich alle einig, die Schüsse kamen aus der Richtung des Mannes, den sie am Morgen noch zurückgelassen hatten.

Kapitel 15 Schüsse

„Oh, mein Gott, hat er sich etwa selbst erschossen?“ Sie alle hatten seine Worte vom Morgen noch nicht vergessen.

„Wieso sollte er das tun, er wollte doch mit seiner Frau auf dieses schwarze Zeug warten?“, erwiderte Umeko.

„Aber vielleicht konnte er einfach nicht warten, mit seiner Frau wieder vereint sein.“

„Er hatte keine Waffe bei sich, ich hab ihn durchsucht, das heißt …“ Nobu war sich sicher.

„Das heißt, er wurde von jemand anderem erschossen, der keine Hemmungen hat Menschen zu töten“, verdeutlichte Ishikawa den Moment nochmal.

In dem Moment erklang ein zweiter Schuss.

„Okay, das war er auf keinen Fall.“

„Ich schlag vor, wir nehmen die Beine in die Hand und beeilen uns, damit wir hier wegkommen. Wer weiß, das könnten unsere Verfolger gewesen sein, die den Mann erschossen haben, nur weil sie ihn mit uns gesehen haben“, kam von Nobu und Ishikawa gab ihm Recht:

„Er könnte aus allen möglichen Gründen getötet worden sein, aber du hast Recht, wir müssen hier so schnell wie möglich weg.“

„Aber wieso, woher wollt ihr wissen, dass sie uns verfolgen?“, fragte Jinpei in die Runde.

„Der erste Schuss war, um herauszufinden, wo er das Essen her hatte, und der zweite, um ihn zu töten.“ So schätze Ishikawa die Situation ein. Doch kaum hatte er diese Aussage getätigt, trennte sich Ishikawa von der Gruppe. Damit ließ er die Kinder in dem Moment im Stich, in dem sie ihn am meisten als seelische Stütze brauchten.

„Was, warum geht Ishikawa jetzt weg?“, fragte Jinpei ängstlich.

„Ich werde den Verfolgern auflauern und sie von hinten attackieren.“ Es erleichterte den Jungen zwar, dass er die Gruppe nicht ganz verließ, aber war dennoch misstrauisch. Er hatte schon zu oft erlebt, dass jemand, der im einen Moment noch nett zu dir war, im nächsten ein kompletter Arsch war und dich im Stich ließ.

Bevor er im Dickicht verschwand, um sich auf die Lauer zu legen, gab er aber noch den Kompass aus seiner Tasche an Daisuke weiter, damit sie sich nicht verlaufen konnten. Mit der Zeit hatte er zwar gelernt, anhand des Sonnenstandes zu navigieren, nicht aber die Anderen. Dai machte dabei noch ein paar kleine Fehler, die in dieser Lage ohne jemanden, der sie korrigieren könnte, fatal geworden wären.

Jetzt war allen noch mulmiger zu Mute, da sie nun nichts weiter waren als eine Bande von Schülern, von denen zwei bewaffnet waren. Im schlimmsten Fall würde es also zu einer Schießerei mit Toten auf beiden Seiten kommen. Doch sollte es sogar noch schlimmer kommen, sterben nur auf ihrer Seite Leute.

„Denkt ihr wirklich, dass er zurückkommen wird. Er ist ohne uns doch sowieso schneller.“ Mit einem unsicheren Lächeln schaute Jinpei in die Gruppe.

„Ich kann verstehen, wieso du misstrauisch bist. Doch wenn du ihn so lange kennen würdest wie Nobu oder ich, würdest du wissen, dass man ihm blind sein Leben anvertrauen kann“, gab Daisuke zurück. Nobu stimmte zu, bemerkte aber auch die allmählich wieder aufkommende Unruhe und übernahm vorerst die Führung der Gruppe. Er dirigierte sie weiter Richtung Norden, bevor die Situation eskalieren konnte. Es ging nun ohne weitere Pausen voran. Bis zu dem Punkt, an dem es Zeit war ein Lager für die Nacht zu suchen.

„Können wir heute nicht aufs Schlafen verzichten und dafür weiter laufen?“ Jinpei fand es eine gute Idee.

„Wenn du morgen nicht weit kommen willst, kannst du das

gerne machen. Wenn du aber mit voller Kraft die nächsten Tage weiterlaufen willst, würde ich dir davon abraten. Denn wir können nicht wissen, wie lange die uns auf den Fersen sein werden." Schon fand er es nicht mehr eine so gute Idee.

Dass bis zum Abend nichts passierte, erhöhte die Spannung nur, da sie dachten, es könnte jeden Moment ein Überfall stattfinden. Keiner hatte seit den Schüssen auch nur ein Wort in privatem Sinne gesagt und peinlichst darauf geachtet kaum Spuren zu hinterlassen. Hatten es aber trotzdem nicht ganz hinbekommen und ein paar Spuren hinterlassen.

Anders als am Vortag achteten sie bei der Wahl für ihr Lager darauf, dass es ihnen möglichst viel Schutz bieten konnte.

Am Ende wurde es ein umgestürzter Baum vor einer kleinen Erhöhung, die den Eindruck einer kleinen Höhle vermittelte. Das Laub in der Gegend sammelten sie auf, um es dann später als Zündstoff gebrauchen zu können. Dadurch, dass es die letzten Tage nicht geregnet hatte, war es schön trocken. Ohne Ishikawa mussten sie nun wieder ihre alten Schichten aus der Wohnung nutzen. Zu essen gab es dasselbe wie am Vortag, Chili mit Reis als Beilage. Jeder beugte sich vor und nahm sich etwas aus den Konservendosen auf die mitgenommenen Pappteller. Nach dem Essen wurden die dann ins Feuer gelegt, wo sie in einer großen Flamme verbrannten, bevor sie sich in Aschehäufchen verwandelten und vom Wind in den Nachthimmel hinausgetragen wurden.

Die Flammen brachten in jedem ein Gefühl des Unwohlseins zum Vorschein. Unentwegt mussten sie an den Mann denken, mit dem sie noch am Morgen gesprochen hatten, der jetzt erschossen irgendwo auf der Straße lag. Die Funken flogen nach oben, genau wie die Vögel am Mittag, als der erste Schuss fiel. Nur ließen sich die Funken alle Zeit der Welt, als ob sie genau wüssten, dass ihr Ende bereits auf sie wartete und es keinen Sinn machte dagegen anzukämpfen.

Obwohl dieser Tag mit den größten Anstrengungen verbunden war, konnten sie am Abend weder richtig entspannen noch normal einschlafen. So wie damals, als Umeko verwundet wurde. Denn diesmal wussten sie, dass Leute hinter ihnen her waren und auch nicht zögerten Menschen zu töten.

Das wurde auch nicht besser, als es 23 Uhr und somit Zeit für die erste Nachtwache und für die anderen zum Schlafen wurde. Man hörte so viele neue Geräusche wie das Zirpen der Zikaden, Plätschern von Wassertropfen auf den Blättern, das Knistern des Feuers, welches in dieser Nacht noch viel intensiver zu hören war als zuvor. Einige dieser Geräusche hörte man zwar auch schon am Vortag, doch jetzt saß man mittendrin und bekam es noch mal ganz anders mit. Das gruseligste Geräusch, das allerdings zu hören war, war der Ruf einer Eule, die sich ganz in ihrer Nähe aufzuhalten schien.

Doch nicht die Geräusche, die sie hören konnten, machten sie nervös, es waren eher die, die sie dank der Kulisse des Waldes nicht hören konnten. Bei jedem knacksenden Ast schreckten sie in ihren Schlafsäcken auf. Außer Rei, Nobu und Daisuke, sie waren sowohl tagsüber als auch in der Nacht der Ruhepol für den Rest. Dennoch hatten die beiden Jungs ihre Pistole die ganze Zeit griffbereit und könnten schießen.

Doch wie lange würde das noch gut gehen, irgendwann würde jemand endgültig die Nerven verlieren, durchdrehen und so die ganze Gruppe in Gefahr bringen. Das wollte Nobu auf jeden Fall verhindern, allerdings konnte er gerade nichts anderes machen, als auf die Typen, die hinter ihnen her waren, zu warten und ihnen dann in den Arsch zu treten. Während er sich darauf konzentrierte, wie er diese Typen fertigmachen konnte, bekam er wieder diesen Ausdruck in den Augen, vor dem die anderen mehr Angst hatten als vor allem anderen.

Er wünschte sich, dass diese Typen so schnell wie möglich auftauchen würden, damit sich die anderen wieder entspannen konnten.

Für Harui sah der Blick durch das Feuer, das in seine Augen leuchtete, noch bedrohlicher aus als sonst. Nobu bemerkte ihre Angst und wollte etwas dagegen tun. Er näherte sich ihr. Sie schreckte aber reflexartig zusammen, wurde dann aber wieder ruhiger, da sie genau wusste, dass er ihr nie etwas antun würde. Sie wurde ruhiger, als sich der Ausdruck in seinen Augen wieder änderte. Er ging wieder etwas auf Abstand, um ihr den Raum zu lassen, den sie brauchte.

„Ist bei dir alles in Ordnung?“, wollte Nobu wissen.

„Alles okay, es war gerade nur so als …“ Sie fand keine Worte, um zu beschreiben, was sie sah. „Als würde ich mit einem Blick in deine Augen auch alle deine Emotionen sehen können.“

„Ich wollte dir keine Angst einjagen, tut mir leid.“

„Schon in Ordnung, ich weiß ja, dass du mir nie etwas tun würdest.“ Mit einem künstlichen Lächeln wollte sie sich aus der Situation befreien. Es war ihr wie immer unangenehm mit ihm zu sprechen.

„Ich glaube, ich kann ganz gut einschätzen, wie du dich gerade fühlst.“ Er wandte sich dem Feuer zu.

„Ich habe Angst, ich vermute, das ist nicht zu schwer zu erraten.“ Wieder beendete sie den Satz mit einem gespielten Lächeln.

„Das meine ich gar nicht.“

„Was denn dann?“ Jetzt war sie verwirrt.

„Du fragst dich, was wir machen, wenn diese Typen uns erwischen. Du wüsstest gerne, ob es richtig ist sie zu töten. Ich kann dir sagen, dass uns keine andere Wahl bleibt, wenn wir sie erwischen.“ Darauf antwortete Harui mit Schweigen.

Als es dann Zeit war Rei und Umeko zu wecken, hielt Nobu weiter Ausschau, während Harui sie weckte.

„Denkst du, zwischen den beiden entwickelt sich gerade was?“, fragte Umeko.

„Weiß ich nicht, ich kann besonders Nobu nur schwer einschätzen.“ Bei Harui fiel es ihr so leicht wie bei sonst niemandem.

„Dafür kann er aber jeden anderen mit einem Blick einschätzen."

„Tja so ist er nun mal, ich wünschte, wir könnten mehr für sie tun."

„Am Ende müssen sie es eben selbst übernehmen, und wir können nichts anderes machen, als sie zu unterstützen." Rei dachte dabei an sich selbst. Sie dachte eigentlich, dass es für sie leichter wäre auf Daisuke zuzugehen, doch genau das Gegenteil war der Fall. Nach dem Kuss hatte sie Probleme, damit auf Daisuke zuzugehen. So etwas war ihr zuvor noch nie passiert.

„Aber jetzt mal was anderes, wie läuft es denn zwischen dir und Dai?", fragte Umeko leise, um niemanden aufzuwecken. „Ist zwischen euch bereits was passiert?"

Rei musste erst kurz überlegen, bevor sie antwortete.

„Nein, bis jetzt noch nicht." Das war natürlich gelogen, denn dieses Geheimnis wollte sie selbst vor Umeko bewahren, das hatten sie und Daisuke sich versprochen.

Umeko, die ihr die Lüge abkaufte, löcherte sie weiter:

„Hast du vor in nächster Zeit etwas zu unternehmen?"

„Ich weiß es nicht, ich würde aber gerne erst die Situation abwarten." Wieder eine Lüge, denn Daisuke war dran etwas zu unternehmen.

„So kenn ich dich gar nicht, sonst fackelst du nicht so lange." Umeko war verwundert über ihr Verhalten.

„Ich weiß, sonst will ich es ja auch einfach nur ausprobieren und es ist nicht so schlimm, wenn etwas schiefgeht. Hier will ich alles richtig machen und mich nicht vorzeitig entscheiden." Rei war selbst von sich überrascht, es stimmte, sie wollte, dass alles gut läuft. Sie saß mit angewinkelten Beinen am Feuer und schaute in die Finsternis hinein, während sie sich über ihre braunen Naturlederstiefel strich. Das Leder war noch ganz frisch, da sie diese bisher noch nie genutzt hatte, jedoch hatten sie kleine Flecken von Pflanzen.

Umeko war gerade dabei die anderen in ihren Schlafsäcken zu wecken, als Rei Schatten zwischen den Bäumen, ein bisschen weiter vorne, entdeckte. Sie ging zwar in Alarmbereitschaft und bewegte sich langsam zu Nobus Schlafsack, um ihn selbst zu wecken, doch es war bereits zu spät. Gerade als der Letzte aufgeweckt wurde, ertönte ein Schuss.

„Gebt uns alles, was ihr habt und ihr endet nicht so wie der Mann auf der Straße, der jetzt ne Kugel im Kopf hat.“ Einer der Männer, die aus dem Dickicht traten, drohte den Kindern brüllend, während die anderen nur hämisch lachten. Sie hatten Jagdklamotten an und sahen so aus, als wären sie schon eine Weile unterwegs. Die drei waren verwahrlost, ihre Klamotten waren dreckig genau wie ihr Gesicht. Die Haare zerzaust und die Bärte schon länger nicht mehr gestutzt. Sie alle hatten ihre Jagdgewehre über ihre Schultern gehängt, der Mann, der in den Himmel schoss, hatte einen Revolver in der Hand.

Nobu verfluchte es, dass er noch im Schlafsack gefangen war und nichts unternehmen konnte. Bei einem hätte er schießen können, doch bei mehreren wäre er erschossen worden, noch ehe er zum zweiten Mal gezielt hätte. Er wollte auf einen Moment warten, bis alle abgelenkt waren, um die Situation zu ihren Gunsten zu ändern. Um diesen Moment zu schaffen, sagte er den Räubern, sie können sich alles nehmen.

Gerade als sie dabei waren sich die Rucksäcke und deren Inhalt unter den Nagel zu reißen, befreite er sich aus seinem Schlafsack und schlich sich weg.

Als die Täter wieder aufpassten, war es schon zu spät und Nobu war weg, doch das blieb nicht lange unbemerkt. Einer der Typen nahm sich Harui und hielt ihr seine Waffe an den Kopf und brüllte in den Wald hinaus.

„Wo steckst du, du kleine Ratte? Komm raus oder ich blas ihr die Birne weg.“

Seine Freunde nahmen ihre Gewehre von den Schultern und

zielten in die Richtungen, die ihr Kollege nicht einsehen konnte.

„Na los, komm raus, du kleiner Scheißer." Er machte eine kurze Pause, um Luft holen zu können. „Ich zähl jetzt runter!" Er brüllte rum, während er sich in alle Richtungen drehte, um nichts zu übersehen.

„3" – nichts passierte.

„2" – Er spannte den Hahn seines Revolvers und presste ihn noch fester an Haruis Schläfe.

„1" – immer noch nichts geschah, sein Finger näherte sich dem Abzug.

Ein Schuss ertönte.

Doch zur Überraschung aller sahen sie nicht Harui tot auf dem Boden liegen, als sie ihre Augen wieder aufmachten. Stattdessen lag der Geiselnehmer regungslos am Boden. Er lag mit einer klaffenden Wunde am Hals seitlich auf dem Boden und verlor Blut, war aber bereits tot.

Nobu hatte ihm aus seiner Deckung heraus in den Hals geschossen, nur wenige Zentimeter neben Haruis Kopf vorbei. Sie fiel nun auch zu Boden. Als der Griff des Mannes sich löste, kroch sie weinend zu den anderen. Durch den Rückstoß wurden Nobus Arme nach oben gerissen. Ishikawa hatte ihm zwar davon erzählt, doch es einmal selbst zu erleben, war etwas ganz anderes.

Einer der anderen Übeltäter war gerade dabei mit seinem Gewehr auf Nobu zu zielen.

„Du Bas…" Ein weiterer Schuss ertönte. Erneut traf es einen der Übeltäter und den anderen direkt hinterher, als er auf den Schuss reagieren wollte. Diesmal war es Ishikawa. Er erschoss die beiden Verbliebenen mit je einem gutgezielten Kopfschuss.

Ishikawa hatte wieder zur Gruppe aufgeschlossen und sie gerettet, er hatte sich hinter einem Baum in Deckung begeben und von dort aus die beiden erschossen. Diese Deckung verließ er nun, um zu den anderen zu gelangen.

Er atmete gerade durch, als ihm etwas Kaltes in den Nacken gehalten wurde. Dank seiner Erfahrung beim Militär wusste er sofort, worum es sich handelte, es war eine Waffe. Die Täter hatten dieselbe Idee wie Ishikawa. Sie ließen ebenfalls einen ihrer Leute zurückfallen, der sie vor Hinterhalten schützen sollte. Sie hatten den Mann auf der Straße ausgefragt, bevor sie ihn töteten. Er sah anders aus als seine Kameraden, sein Gesicht war mit Schlamm eingerieben. Das macht man, wenn man in der Dunkelheit nicht auffallen wollte. Diese Methode wird sowohl bei Jägern wie auch beim Militär schon seit langem verwendet. Allerdings kam er zu spät, weil er den alten Mann unterschätzte und ihn immer wieder aus den Augen verloren hatte.

„Dafür werdet ihr leiden müssen", drohte der Mann hinter Ishikawa mit Zorn in der Stimme, als er seine toten Kollegen auf dem Boden liegen sah. Er befahl Nobu als Erstes seine Waffe wegzulegen. Gesagt, getan, Nobu bückte sich und legte die Waffe weg. Der Typ hinter Ishikawa wendete seinen Blick kurz von ihm ab, um zu Nobu zu schauen, das war sein Fehler. Diesen Augenblick nutzte Ishikawa aus: Er lehnte sich leicht nach vorne, um von der Waffe wegzukommen, und bückte sich. Der Verfolger bemerkte es und ging mit seinem Blick wieder zurück zu dem alten Mann, doch es war schon zu spät. Mit seiner linken Hand schlug er die Waffe weg, dabei löste sich ein Schuss, während er dem Typen mit dem flachen Handballen einen Kinnhaken verpasste, der ihn sofort außer Gefecht setzte. Ishikawa schnappte sich seine Waffe und warf sie zum Rest seiner Gruppe. Er beugte sich über ihn, nahm seinen Kopf und brach ihm mit einer ruckartigen Bewegung das Genick. Der Mann war auf der Stelle tot.

„Ich geh nicht das Risiko ein, dass er noch einmal aufwacht und uns verfolgt", sagte Ishikawa leise zu sich. Es war eine gewisse Anstrengung in seiner Stimme zu hören. Auch wenn er nie aus der Übung kam, war er mit seinen 72 Jahren auch nicht mehr der Jüngste, sein Körper gehorchte ihm nicht mehr so, wie er es gerne hätte.

Es war nun endlich vorbei und Harui rannte zu Rei und umarmte sie. Ishikawa lobte Nobu:

„Als klar war, dass er sie erschießen würde, hast du gehandelt ohne zu zögern. Ich kenne nicht viele, die so ruhig geblieben wären in so einer Situation. Ich kann mich glücklich schätzen jemanden wie dich auf meiner Seite zu haben."

Harui löste sich von Rei und ging weiter zu Nobu und umarmte ihn ebenfalls. Diesmal war es anders als in der Wohnung, sie hatte sich nicht dafür geschämt, sie war einfach nur dankbar. Als sie anfing zu weinen, nahm Nobu sie nun ebenfalls in den Arm, zog sie an sich heran und drückte ihren Kopf an seine Brust.

„Es ist doch alles gut." Das war ihr dann zwar ein bisschen peinlich, doch sie wollte den Augenblick noch etwas auskosten:

„Du Arsch, lass mich doch einfach den Moment und die Tatsache genießen, dass ich noch lebe."

„Ist ja gut." Mit immer noch Tränen gefüllten Augen, aber wieder einem Lächeln auf den Lippen löste sie sich nach einer Minute wieder von ihm. Nobu atmete kurz durch und kostete den Moment der Ruhe aus, ehe er anmerkte, dass das nicht die Typen waren, die hinter Umeko her sind. Es waren wohl einfach irgendwelche Spinner. Die Typen, die hinter Umeko her waren, schienen sie nicht zu verfolgen.

Nichtsdestotrotz mussten sie die Leichen nach Waffen durchsuchen. Doch außer den Schusswaffen hatten sie nur noch 2 Taschenmesser bei sich und die zwei Dosen, die Ishikawa am Vortag dem Mann auf der Straße gegeben hatte.

Sie teilten die Waffen unter sich auf, dennoch hatte immer noch nicht jeder eine Schusswaffe. Die drei Gewehre wurden unter Nobu, Daisuke und Ishikawa aufgeteilt. Die beiden Revolver gingen zum einen an Rei und zum anderen an Umeko, somit hatte nun jeder außer den Zwillingen eine oder mehrere Schusswaffen. Auch wenn es gerade keinen Grund gab eine mit sich zu führen.

„Ähm Leute, es ist ja schön und gut, dass wir jetzt Waffen haben, doch das ändert nichts an der Tatsache, dass wir gerade vier Menschen getötet haben", wendete Jinpei berechtigter Maßen ein.

„Das war Notwehr, niemand wird uns dafür verurteilen", versicherte Nobu ihm und Ishikawa gab ihm Recht.

Kapitel 16 Verfolger

Alle dachten, die Gefahr wäre gebannt und sie könnten sich wieder auf die Schönheit des Waldes konzentrieren. Aber nicht sehr lange, denn Ishikawa merkte recht bald etwas an.

„Tut mir leid euch die gute Laune so schnell wieder zu vermiesen, doch ich war nicht der Einzige, der diesen Typen gefolgt ist und wenn ich sie nicht gesehen hätte, wären sie mir überhaupt nicht aufgefallen. Diese Typen haben überhaupt keine Spuren hinterlassen. Sie sahen so aus wie der Typ, der Umeko laut Nobus Beschreibung angriff. Dunkle Gestalten mit braunen Umhängen, die einen Großteil ihres Gesichtes verdeckten."

„Ich dachte, diese Typen hätten wir hinter uns." Nobu musste daran denken, dass er einen von ihnen getötet hatte.

Ishikawa erzählte weiter: „Das Schlimmste kommt aber erst noch, nämlich waren es nicht nur wie so viele wie damals, als sie bei Umeko eingebrochen waren, sondern mindestens 20 vielleicht auch mehr kann sein, dass ich nicht alle gesehen habe."

„Und wir machen sie auch noch auf uns aufmerksam." Daisuke redete von den Schüssen, die vor wenigen Augenblicken noch gefallen waren.

„Wir haben dann wohl keine Zeit mehr weiter den Wald zu bewundern, geschweige denn zum Frühstücken, zumindest so lange nicht, bis wir loslaufen", ergänzte er seine Aussage von zuvor.

Die Schlafsäcke wurden also einfach nur in die Beutel gestopft, und die Klamotten vom Vortag sollten für jetzt erstmal genügen. Sie verloren keine Zeit und machten sich wieder auf den Weg nach Norden. Verpflegung hieß es unterwegs zu verzehren. Die Freude über den Sieg gegen die Jäger verfiel schnell und wurde erneut zur Angst.

Sogar Ishikawa hatte Angst vor ihnen, als er sie sah, konnte er sich vor Angst nicht bewegen. Die Mordlust, die sie verströmten, war etwas, das er noch nie erlebt hatte. Das erzählte er den Kindern aber nicht, er wollte ihnen nicht noch mehr Angst machen, als sie ohnehin schon hatten. Er war von der Mordlust überrascht, die Nobu in manchen Momenten ausstrahlte, doch diese Typen waren nochmal auf einem ganz anderen Level. Er wollte nie wieder auf sie treffen, aber er wusste, dass sie früher oder später gegen sie antreten werden müssen und wenn es so weit war, müssten die Schüler bereit sein.

Bereit sein zu töten.

Sonst würden sie getötet werden. Auch wenn es wenig erfolgversprechend war, ließen sie die Leichen der Banditen offen herumliegen. In der Hoffnung, dass sie ein abschreckendes Beispiel darstellen würden, was passiert, wenn man sich mit der Gruppe anlegt. Es war zwar unwahrscheinlich, doch die Hoffnung bestand, dass sie es sich noch einmal überlegen und sie in Ruhe lassen würden.

Es war schlimm, an diesem Tag war es noch heißer als zuvor und die Bäume boten ihnen nicht genug Schutz vor der Hitze und sie fingen schon früh das Schwitzen an. Die Hitze war jedoch nicht alleine schuld, es lag hauptsächlich daran, dass sie fast schon durch den Wald rannten.

„Konntest du sehen, ob sie Hunde bei sich hatten?“, fragte Nobu aus heiterem Himmel.

„Nein, nicht dass ich welche gesehen hätte, wieso fragst du?“

„Wenn diese Typen uns nicht selbst riechen, werden sie uns zumindest nicht wegen des Schweißes erwischen.“ Ein kleiner Hoffnungsschimmer keimte in Nobu auf. Dieser verwelkte aber sofort wieder, als er darüber nachdachte, dass sie nicht wussten, wie nahe ihre Verfolger ihnen waren. Sie konnten sowohl zehn Kilometer entfernt sein als auch nur ein Kilometer.

Doch eines war völlig klar, wenn sie erwischt werden, war es das.

Sie waren anders als die Banditen vom Morgen, sie gaben keine Warnung ab, sondern töteten jeden, der ihnen im Weg steht, so wie damals in der Villa.

Sogar Nobu war besorgt, denn er wusste etwas, was außer ihm nur noch Umeko wusste. Es ging um den Mann, den Nobu getötet hatte. Wenn seine Kollegen auf Rache aus sind, hätten sie keine Chance. Er hatte zwar daran gedacht es den anderen mitzuteilen, behielt es dann aber doch lieber noch für sich.

Durch ihren zügigen Schritt kamen sie schon mittags aus dem Wald heraus. Was dort wartete, war allerdings keine Stadt, sondern ein großes Feld. Zu ihrem Glück stand es gerade in voller Blüte und das ist wörtlich zu nehmen. Es war ein Feld voll Sonnenblumen, dessen Größe knapp zwei Kilometer auf zwei Kilometer entsprach. Sie wollten dort hindurch, da es für sie nach dem schnellsten wie auch sichersten Weg aussah.

„Wartet mal." Jinpei war völlig außer Atem.

„Was ist denn, na los, wir müssen weiter", drängte Nobu ihn.

„Wieso rennen wir weg, doch nicht nur, weil ein paar gruselige Typen mit uns im Wald waren. Das heißt noch lange nicht, dass sie auch hinter uns her waren. Sie könnten doch genauso gut hinter den Jägern her gewesen sein. Oder gibt es da etwas, das wir wissen sollten?" Jinpei schaute Umeko fragend an. Nobu stellte sich zwischen die beiden und gab Jinpei die Antwort:

„Sie hat nichts damit zu tun, es ist allein meine Schuld. Wir haben euch ja schon erzählt, dass sie von einem von denen verfolgt wurde."

„Ja und du hast ihn außer Gefecht gesetzt, nicht wahr?", kam von Daisuke als Antwort.

„Das stimmt nicht ganz." Er wusste, dass jetzt kein Weg an der Wahrheit vorbeiführte. „Ich…ich habe ihn nicht nur außer Gefecht gesetzt, sondern getötet." Das war das erste Mal, dass Nobu bei einer Antwort ins Stocken kam.

„Bereust du, was du getan hast", war das Einzige, das Ishikawa von ihm wissen wollte.

„Nein", erwiderte Nobu nun wieder selbstbewusst.

„Dann hast du alles richtig gemacht. Solange du es mit deinem Gewissen vereinbaren kannst, ist alles in Ordnung, besonders in so einer Situation", versicherte ihm Ishikawa. Er konnte sich nur zu gut an den ersten Menschen erinnern, den er getötet hatte. Er wurde selbst heute noch manchmal von ihm verfolgt.

„Was reden Sie denn da, haben Sie etwa nicht zugehört? Hinter uns sind 20 Killer her, und zwar nur, weil er einen von ihnen getötet hat", fuhr Jinpei Ishikawa in einem verängstigten Ton an.

„Und was war gerade mit den Jägern? Hätten wir den Typen, der Harui fast umgebracht hat, etwa am Leben lassen und riskieren sollen, dass er noch einmal abdrücken kann?" Jetzt traf er seinen wunden Punkt.

„Da gab es keine andere Lösung, als sie zu töten, das gebe ich zu. Aber diesen Typen hätte man auch einfach außer Gefecht setzen können."

„Du warst nicht dabei, du hast keine Ahnung, was passiert ist." Umeko verteidigte Nobu.

„Ich weiß aber, was ihr mir erzählt habt, und danach hätte man ihn ganz normal außer Gefecht setzen können."

„Wenn du gehen willst bitte, niemand ist gezwungen mit uns zu laufen, aber was mich angeht, ich halte zu Nobu. Wer gehen will, kann gehen." Mit diesen Worten hatte Jinpei nicht gerechnet, vor allem nicht von Daisuke. Er stellte sich mit verschränkten Armen direkt neben Nobu, um seine Aussage noch zu bekräftigen. Umeko steckte sowieso schon zu tief mit drin und konnte nicht mehr gehen. Ishikawa war ebenfalls mit von der Partie, denn er würde Daisuke niemals im Stich lassen.

„Ich bin von Anfang an dabei und mache jetzt ganz sicher keinen Rückzieher mehr", ergänzte Rei. Die Einzige, die sich nicht sofort sicher war, war Harui.

Sie hatte wohl die schwerste von allen Entscheidungen zu treffen. Sie musste zwischen ihrem Bruder und der Person, in die sie verliebt war, inklusive all ihrer Freunde, entscheiden.

Auch wenn es ihr schwerfiel, entschied sie sich letztlich für die Gruppe. Entschuldigte sich aber bei ihrem Bruder dafür.

„Wie du siehst, stehen wir alle hinter Nobu und seiner Tat“, bekräftigte Umeko noch einmal.

„Wenn du gehst, müssen wir uns darüber unterhalten, was du mitnehmen darfst und was nicht“, wandte Ishikawa ein.

„Was meinen Sie?“ Jinpei schaute genauso verwirrt wie verängstigt.

„Ich rede von den Lebensmitteln, die du in deinem Rucksack trägst, sie gehören der ganzen Gruppe und nicht dir.“

Jinpei musste schlucken und konnte nun nicht mehr anders als zu erkennen, dass er keine Chance hatte die anderen zu überzeugen. Und alleine ganz ohne Lebensmittel würde er es niemals bis nach Tokio schaffen.

„So wie ich das sehe, hast du gar keine andere Wahl, als mit uns zu kommen. Den egal welchen Weg du beschreitest, dem Tod siehst du so oder so ins Gesicht. Ob du jetzt mit uns kommst und vielleicht durch die Killer stirbst oder alleine losziehst und ganz sicher verhungern wirst.“ Nobu machte eine kurze Pause, bevor er weitersprach. „Also für mich wäre die Entscheidung eindeutig.“

Schweren Herzens entschied sich Jinpei dafür weiterhin mit der Gruppe unterwegs zu sein, denn Nobu hatte recht, er würde demt Tod ins Gesicht sehen, egal was er macht.

Nachdem das geklärt war, bestand die nächste Hürde darin das Sonnenblumenfeld zu durchqueren, ohne Spuren zu hinterlassen. Das hieß wiederum sich Zeit zu lassen und das war etwas, das sie nicht hatten. Aber genauso wenig hatten sie Spielraum für Fehler bei der Spurenbeseitigung.

„Wie machen wir es?“, fragte Rei in die Runde.

„Aufteilen bringt nichts, da wir wissen, dass diese Typen mehr sind als wir, wodurch sie jeden von uns verfolgen können. Das heißt, wir müssen zusammenbleiben“, erklärte Nobu.

„Zwischen den Pflanzen ist an manchen Stellen genug Platz das wir durchschlüpfen können“, merkte Harui an.

„Was Besseres haben wir leider nicht, also los", drängte Ishikawa die Gruppe.

Einer nach dem anderen verschwand in dem gelben Blumenmeer. Alle achtete penibel darauf nichts zu zertreten oder zu viele Spuren zu hinterlassen.

„Weiß eigentlich jemand, was dahinter auf uns wartet?" Ein berechtigter Einwand von Harui.

„Wenn wir uns nicht verlaufen haben, wartet dahinter eine kleinere Stadt auf uns. Sofern wir Glück haben, können wir dort unsere Vorräte auffüllen", antwortete Ishikawa.

„Wann hatten wir in der letzten Zeit bitte mal Glück, eine schlechte Nachricht folgt der nächsten und es würde mich ehrlich nicht wundern, wenn dort nichts Gutes auf uns wartet." Nobu sprach die Wahrheit aus, die keiner anerkennen wollte.

„Wie groß ist dieses Feld überhaupt?", fragte Umeko.

„Keine Ahnung, aber wir dürften schon tief genug sein, um mal eine kleine Pause einzulegen. Wir haben bis jetzt immerhin noch nichts gegessen." In dem Moment, in dem Ishikawa das sagte, fingen bei allen die Mägen an zu knurren.

„Jedoch müssen wir auf jede Art von Feuer verzichten, da das wieder unsere Position verraten würde."

„Also nicht nur Konserven, sondern auch noch kalte Konserven, da freut man sich doch." Der sarkastische Unterton in Daisukes Aussage war nicht zu überhören.

Die Sonnenblumen um sie herum mussten sie jedoch plattmachen, um genug Platz zu haben. Die Dosen wurden nicht erwärmt, sondern einfach geöffnet und es wurde auch nicht auf den Tellern verteilt, sondern direkt aus der Verpackung gegessen.

„Wir sollten langsam wieder weitergehen." Ishikawa machte den Anfang und stand auf. Bis auf Umeko, die keinen mehr tragen durfte, hievten sie ihre Rucksäcke zurück auf ihren Rücken. Sie machten sich wieder auf den Weg, von dem sie nicht wussten, wie lange er sie noch durch dieses Feld führen würde.

Einige Zeit später kamen die ersten Häuser in Sichtweite.

„Endlich Häuser, wir sind fast durch“, merkte Jinpei an. Er ging schneller auf die Häuser zu, bis er von Ishikawa aufgehalten wurde.

„Warte!“ Jinpei drehte sich zu ihm um und fragte:

„Wieso, da vorne sind Häuser.“ Er verstand nicht, wieso er nicht weiterdurfte.

„Weil wir nicht wissen, was uns nach dem Feld erwartet“, antwortete er in einem lauteren bestimmenden Ton, sodass ihn alle hören konnte und er die Frage nicht noch einmal beantworten musste.

„Und wie sollen wir herausfinden, was danach auf uns wartet?“, fragte Jinpei ihn.

„Einer muss sich an dem Rand des Feldes schleichen und sich unbemerkt umschauen, was uns dort erwartet, und uns berichten.“ Ishikawa erklärte allen den Plan.

„Und was macht der Rest währenddessen?“ Jinpei traute Ishikawas Plan einfach nicht.

„Die müssen warten.“ Jinpei konnte einfach nicht glauben, was er da gerade hörte.

„Wir sollen einfach warten, während einer von uns sich womöglich in Lebensgefahr befinden könnte.“

„Also meldet sich jemand freiwillig.“ Ishikawa schaute sich fragend um.

„Außer Nobu und Daisuke kennt doch niemand diesen Mann. Wieso vertraut ihr ihm so stark?“

Daisuke konnte einfach nicht mehr zusehen, wie jemand so über Ishikawa herzog. Er ging auf Jinpei zu und schlug ihm ins Gesicht. Dieser fiel auf den Boden und konnte vor Schmerzen nicht nach oben schauen. Als er wieder zu Daisuke hochschaute, konnte er die Wut in seinen Augen erkennen.

„Dafür gehst du jetzt nach vorne.“

„Jetzt hört doch endlich auf euch zu streiten.“ Harui versuchte so laut wie nötig und gleichzeitig so leise wie möglich die beiden auseinanderzubringen.

„Nein, er hat Recht, ich vertraue dem Mann nicht, dem wir alle hier unser Leben zu verdanken haben.“ Jinpei schaute auf den Boden und wollte sich entschuldigen.

„Ich werde gehen.“ Auch wenn es nicht ganz freiwillig war, traute Jinpei sich nach vorne. Er dachte wenigstens, das müsste er tun, um wieder ins gute Licht bei der Gruppe zu rücken.

Als er weit genug weg war, landete nun auch Daisuke auf dem Boden. Er wurde von Ishikawa geschlagen.

„Erhebe nie wieder die Hand gegen einen Freund, egal, was er sagen sollte, ich kann schon auf mich selbst aufpassen.“ Ishikawa war nun noch wütender, als es Dai zuvor war. „Ich bin enttäuscht, ich dachte, ich hätte dir mehr beigebracht.“ Alle Anwesenden außer Nobu waren überrascht von der Szene. Er war nämlich auf Ishikawas Seite und hätte Jinpei niemals geschlagen, egal was er gesagt hätte.

Jinpei, der von all dem nichts mitbekam, bahnte sich seinen Weg durch den Irrgarten, bis er langsam Licht durch die Pflanzen durchscheinen sah. Seine Backe schmerzte noch immer. Er ging nun wieder langsamer und achtete darauf keine unnötigen Geräusche zu machen. Als er an der letzten Pflanzenreihe angekommen war, steckte er seinen Kopf ein Stück weit hinaus, um sich umsehen zu können. Was er dort sah, schockierte ihn mehr als alles, was er bisher gesehen hatte.

Vor ihm lagen, in Reihen aufeinandergestapelt, Hunderte von Leichen. Am liebsten hätte er vor Schrecken geschrien, konnte sich aber noch einmal zurückhalten. Er wollte jetzt nur noch so schnell wie möglich zurück zu seinen Freunden.

Kapitel 17 Fehlgeleitete Seelen

Auf halbem Weg zurück zur Gruppe hielt er kurz inne und besann sich auf seine eigentliche Aufgabe zurück.

„Ich sollte herausfinden, was uns dort erwartet und das hab ich noch nicht; bevor ich das nicht erledigt habe, sollte ich lieber nicht zurückgehen." Er wollte zwar auf keinen Fall den Menschen begegnen, die für die ganzen Leichen verantwortlich waren, doch er musste zurück. Leisen Schrittes ging er wieder zu den Leichen und spähte erneut durch die Pflanzen. Sein Kopf nach außen ragend sah er, dass kein Lebender mehr in der Nähe war, also ging er ein bisschen weiter und traute sich aus seinem Versteck heraus. Er hielt sich aber dennoch hinter den Bergen von Leichen versteckt und sah sich ein wenig um.

Der Geruch von fauligem Fleisch stieg ihm in die Nase und sorgte dafür, dass sein Magen sich umdrehte, er hatte Mühe, das Essen von vorher in seinem Magen zu behalten. Neben ihm lag eine recht verschrumpelte Frau, bei der die Verwesung sehr stark fortgeschritten war. Sogar die Haut hatte sich schon von ihrem Gesicht abgelöst. Als er ihr direkt ins Gesicht schaute, konnte er den Drang zu würgen nicht mehr unterdrücken und ließ alles, was er zuvor noch gegessen hatte, wieder heraus. Er wollte unbedingt weg von dieser Stelle und ging ein paar Schritte die Reihe entlang, bis er zu den anscheinend frischen Leichen kam, von denen noch kein so starker Gestank ausging. Er sah, dass alle durch mehrere Schüsse gestorben waren. Aus den flüchtigen Blicken, die er den anderen zuwandte, erkannte er, dass die Menschen unterschiedlicher nicht sein könnten, Mann und Frau, Jung und Alt, schwarz und weiß.

Ihm kam die Autobahn in den Sinn mit den ganzen leeren Autos. Wenn sie damals wirklich der Straße gefolgt waren, könnten das all die Menschen sein, die noch vor wenigen Tagen zu Fuß nach Tokio wollten, genauso wie sie.

„Hoffentlich enden wir nicht so wie die." Er erinnerte sich an etwas, das Ishikawa vor ihrer Abreise erzählte. Nämlich dass in Japan strenge Waffengesetze herrschen, also fragte er sich, wo die Übeltäter die nötigen Waffen und die Munition herhatten, um so ein Massaker anzurichten.

Jetzt erst richtete er seinen Blick nach vorne und erblickte nur wenige Meter von ihm entfernt die Stadt, die sie schon aus einiger Entfernung sahen. Es sah so aus, als wäre sie zu einer Festung umgebaut worden, Stacheldrahtzäune, die zusammen mit ein paar Jägersitzen, die als Wachturm verwendet wurden, verhindern sollen, das ungebetene Gäste einfach so in die Stadt gelangen.

„Durch die Stadt können wir nicht, das heißt, wir müssen sie umgehen. Dabei müssen wir doch dringend unsere Vorräte auffüllen. Aber was wenn sie mit sich reden lassen?" Er schaute wieder zu den Leichen und wusste, dass das nicht der Fall sein wird. Plötzlich hörte er zwei Stimmen auf sich zukommen.

„Oh Mann, ich hasse es Wachdienst zu haben, wenn Leute kommen", sagte die eine.

„Sag bloß, du hast Mitleid mit diesen fehlgeleiteten Seelen?", fragte die andere Stimme.

„Fehlgeleitete Seelen, reden die über die Toten?" Jinpei dachte, er verstand sie nicht richtig.

„Nein, ich hab nur keine Lust jedes Mal die Leichen hier rauszuschleifen." Nun begannen beide zu lachen.

„Aber jetzt mal ehrlich, warum können wir sie nicht einfach liegen lassen, wo sie gestorben sind?", fragte derselbe Mann.

„So werden sie als Erstes mit dem in Berührung kommen, was ihnen Erlösung bringen wird, und womöglich werden sie so in der anderen Welt wieder glauben können."

Jinpei konnte einfach nicht verstehen, was er da hörte.

„Diese Typen reden von Erlösung und von dem schwarzen Zeug.“ Ihm ging ein Licht auf. „Das müssen Fanatiker sein, sowas wie eine Sekte. Wenn es stimmt, was ich über solche Typen gehört habe, sollten wir uns auf keinen Fall mit denen einlassen.“ Die ganzen Leichen taten ihm leid, sie mussten nur sterben, weil sie hier vorbeigekommen sind, ohne zu wissen, was hier abgeht.

„Aber was, wenn sie recht haben, wenn dieses schwarze Zeug gar nicht so schlecht war, wie alle sagen?“ Auch dieser Gedanke kam ihm in den Sinn. Doch hatte er keine Möglichkeit mehr darüber nachzudenken, denn die beiden Männer kamen immer mehr in seine Richtung. Alles, an das er gerade denken konnte, war sofort abzuhauen. Sonst würde er vermutlich so enden wie die Leute vor ihm, und seine Freunde würden mit großer Wahrscheinlichkeit dasselbe Schicksal ereilen. Er wartete, bis sie sich erneut einander zuwendeten, bevor er seine Deckung verließ. Jinpei versuchte, so schnell und unauffällig er konnte, zurück ins Feld zu kommen. Doch durch das Rascheln der Stiele wurden die Männer auf ihn aufmerksam und konnten sehen, wie er in das Feld flüchtete.

„Hey, von denen lebt noch einer.“ Einer der Männer zeigte auf Jinpei, der nun noch schneller versuchte im Feld unterzugehen. Die Wachen begannen zu schießen. Zum Glück für Jinpei waren sie zum einen schlechte Schützen und zum anderen hatte er es bereits ein gutes Stück ins Sonnenblumenfeld geschafft. Ihm war egal, ob er Spuren hinterließ, er wollte nur so schnell wie möglich zurück zu seiner Gruppe.

„Habt ihr das gehört?“ Ishikawa wendete sich der Gruppe zu.

„Das waren doch Schüsse, oder“, antwortete Rei.

„Oh mein Gott! Jinpei wird doch nichts passiert sein, oder?“ Harui war ganz aufgeregt.

Die beiden Wachen informierten ihre Kollegen und folgten dem Jungen dann in den Irrgarten von Blumen. Und für Jinpei sollte es wirklich ein Irrgarten werden, denn er wusste nicht mehr, in welche Richtung er flüchten sollte, er hatte keine Zeit gehabt, um sich zu orientieren, und sah sich im Laufen nur hektisch um. Doch alles um ihn herum sah gleich aus. Eine Pflanze glich der anderen. Er hörte, dass jemand näher kam, der nicht darauf bedacht war sich anzuschleichen, da er alle Pflanzen in seinem Weg einfach niederzutrampeln schien, was nicht zu überhören war. Seine Panik wurde mit jedem Schritt, die dieser Jemand machte, größer. Sein Herz raste. Das wiederum schürte nur seine Panik und umgedreht. Er hatte schon die Befürchtung, dass sein Herz jeden Moment aus seiner Brust springen könnte. Doch noch bevor das geschah, tauchte einer der Wachen direkt vor ihm auf.

„Das war's für dich." Er zielte auf Jinpei, nun kam auch der andere hervorgetreten und tat es ihm gleich.

„Ich ergebe mich, bitte erschießt mich nicht." Jinpei flehte um sein Leben. „Das war's, ich werde hier sterben, wäre ich doch nur gegangen, als ich noch die Chance hatte."

„Warte mal kurz." Einer der Männer schien auf seinen Kollegen einzureden.

„Was ist denn?", erwiderte der andere.

„Das ist keiner von denen da unten, der ist neu."

„Wir wollten dich nicht erschießen …", versicherte einer der Männer dem Jungen.

„Sondern nur etwas fragen", beendete der andere den Satz.

„Das gerade eben sah mir aber sehr danach aus, als wolltet ihr mich erschießen." Jinpei konnte seine Angst nicht verstecken, er machte sich fast in die Hose. Aber der Fakt, dass diese Typen anscheinend mit sich reden ließen, beruhigte ihn, wenn auch nicht sonderlich viel.

„Wir dachten, du wärst einer von denen, die wir zuvor schon gefragt und die nein gesagt hatten. Darum wollten wir dich aufhalten."

„Okay, und was ist das für eine Frage?" Er dachte, dass der einzige Weg, lebend aus dieser Situation rauszukommen, war ihre Frage so zu beantworten, wie sie es wollten.

„Was glaubst du, ist das für eine Substanz und was geschieht mit denen, die sie berühren?" In ruhiger Stimme stellte er diese Frage, die wie einstudiert klang. Das war sie vermutlich auch, wenn sie jeden der Toten und vermutlich noch mehr Leuten diese Frage bereits gestellt hatten.

Jinpei überlegte, was Nobu in dieser Situation tun würde. Er würde die Lage analysieren und versuchen genau das zu sagen, was diese Typen hören wollen, Hauptsache, er blieb am Leben.

Also brachte er alles, was er über sie in dieser kurzen Zeit hatte in Erfahrung bringen können, zusammen und eine Antwort, von sich von der er sich erhoffte, sie sei die Richtige: „Ich denke, dass es einen bei Kontakt erlösen wird." Er dachte daran, dass sie die Toten fehlgeleitete Seelen nannten und nicht den Anschein machten vor der Substanz fliehen zu wollen, sonst hätten sie sich nicht so verschanzt.

„Und warum läufst du dann in Richtung Norden?" Auf diese Frage war er nicht vorbereitet, doch konnte reinen Gewissens mit der Wahrheit antworten:

„Ich wurde von meinen Freunden gezwungen mitzukommen, ich hatte gar keine andere Wahl." Zumindest nach dem Streit war es die Wahrheit.

„Jetzt hast du sie, komm mit uns und wir werden gemeinsam die Erlösung erfahren, wenn es so weit ist. Und deine Freunde können dich dann zu nichts mehr zwingen." Einer der Männer steckte seine Waffe weg und streckte dem verängstigten Jungen seine Hand hin. Jinpei überlegte erneut, was Nobu machen würde, und ergriff die Hand.

„Aber wir können keine Versprechen machen, zuvor musst du mit dem Anführer sprechen." Jinpei wurde von den Männern aus dem Feld und zu einem der wenigen Eingänge in die Stadt gebracht.

„Und was passiert, wenn er mich ablehnt?“ Er wollte die Antwort eigentlich gar nicht erfahren.

„Das wirst du dann erfahren.“ Das war nicht die Antwort, die er hören wollte, sie machte ihn noch nervöser.

„Dai, du und ich, wir schauen nach, was passiert ist. Nobu, du bleibst hier bei den Mädchen und passt auf sie auf.“ Das war keine Bitte, die da aus Ishikawas Mund kam, es war ein Befehl.

Die beiden schlichen sich an den wahrscheinlichen Schusspunkt heran, während Nobu bei den Mädchen blieb und versuchte Harui zu beruhigen.

„Deinem Bruder ist nichts passiert, hörst du?“

Doch Harui konnte ihm einfach nicht glauben.

„Wie kannst du dir da so sicher sein. Seit Tagen sind wir dauernd in Lebensgefahr, da waren Schüsse und bei den letzten Schüssen sind mehrere Menschen gestorben.“ Sie war ganz aufgebracht.

„Ich kann dich gut verstehen, aber was willst du schon ausrichten? Wenn er wirklich in Gefahr ist, sind die Einzigen, die ihm jetzt helfen können, Ishikawa und Daisuke.“

„Und du, wieso bist du hier und nicht bei den anderen, du musst ihnen helfen.“ Harui war ganz außer sich.

„Ich muss hierbleiben und auf euch aufpassen, und vor allem muss ich dafür sorgen, dass du dich beruhigst.“ Nobu beugte sich zu ihr runter und versuchte sie zu beruhigen.

Bei der Verfolgung der Schüsse stießen sie auf die Stellen, an denen Jinpei offenbar verfolgt wurde. Überall waren Spuren von plattgedrückten Pflanzen und Fußabdrücken.

„Die Spuren sind nicht nur von ihm, da waren noch mindestens zwei weitere“, merkte Daisuke an.

„Gut beobachtet. Ja, es scheint ganz so, als wäre er verfolgt worden. Und ich wette mit dir, dass uns die Fußspuren zu dieser Stadt führen werden.“

„Verdammt, das ist alles meine Schuld.“ Daisuke konnte nicht anders, als sich selbst die Schuld zu geben.

„Nein, ist es nicht, das wär es erst dann, wenn du ihn gezwungen hättest zu gehen, aber das hast du nicht, also ist alles in Ordnung“, versicherte ihm der alte Mann.

„Solange wir Jinpei nicht haben, ist nichts in Ordnung, wir sollten den anderen Bescheid sagen.“

„Gut, dann geh du schon mal zurück und teil den Anderen unsere Vermutung mit, aber sag ihnen, dass es nur das ist, eine Vermutung, wir wissen noch nichts Genaues.“

„Und was machst du in der Zwischenzeit?“

„Ich werde herausfinden, was er entdeckt hat.“ Mit einem Lächeln verschwand Ishikawa in den Pflanzen. Dai war nicht wohl bei der Sache, er würde lieber mit ihm gehen, da der Letzte, der alleine gegangen war, jetzt verschwunden war. Doch war ihm bewusst, dass er ihn im Falle eines Angriffes nur aufhalten würde. Schweren Herzens ging er wieder zurück zur Gruppe, wie Ishikawa es ihm aufgetragen hatte.

Ishikawa war bereits am Rand des Feldes angekommen. Er konnte durch die Lücken zwischen den einzelnen Stielen die Toten sehen. Ohne unachtsam zu werden, näherte er sich langsam und hatte nun dasselbe Bild wie Jinpei vor Augen. Die Leichen direkt vor ihm, und ein paar Meter weiter die Zäune und Wachtürme. Er musterte die Lage und wollte schon wieder zurück, als er in der Ferne jemanden erkannte, der ungefähr Jinpeis Statur hatte. Der alte Mann ging wieder ein paar Schritte zurück und folgte unbemerkt den drei Leuten, die sich auf ein großes Tor zubewegten.

Näher dran konnte er erkennen, dass es sich wirklich um den Jungen handelte, doch zu seiner Verwunderung sah es nicht so aus, als würde er gezwungen werden mitzukommen.

„Ich muss da irgendwie reinkommen, nur wie?“ Er schaute sich die Wachtürme und die Zäune an. „Das könnte schwieriger werden als gedacht. Auch wenn das nur laienhaft gebaut ist. Irgendwie werde ich es schaffen müssen. Doch ich sollte erstmal zurück und den anderen berichten. Vielleicht fällt Nobu ja wieder etwas dazu ein, wie wir da reinkommen.“

Derweil war Daisuke wieder zurück bei der Gruppe, und was sofort auffiel, war, dass er alleine war.

„Also was war los, und wo ist Ishikawa?“ Nobu wollte keine Zeit verlieren.

„Ich fang am Anfang an. Wir haben Spuren einer Verfolgung entdeckt, beteiligt waren Jinpei und mindestens noch zwei weitere Männer. Aber wir denken, dass er noch am Leben ist, es hat nichts auf das Gegenteil hingedeutet.“

„Und wo ist er dann jetzt?“ Harui hielt es einfach nicht mehr aus nicht zu wissen, was los war.

„Ishikawa versucht näher ranzukommen und noch ein paar Infos einzuholen, er kommt zurück, wenn er alles hat. Ich weiß aber nicht, wann das sein wird.“

„Was sollen wir jetzt machen, ich meine, wir können doch nicht einfach hier rumsitzen und nichts tun, oder?“ Harui wurde immer panischer.

„Das müssen wir jetzt, solange wir nicht wissen, was mit ihm ist. Ihm geht es gut und wir müssen uns erstmal keine Sorgen um ihn machen. Davon sollten wir jetzt einfach mal ausgehen.“ Er versuchte die Gruppe im Ganzen zu beruhigen, bis er sich Harui im Einzelnen vornahm. „Harui, im Moment können wir nur eins tun und das ist darauf zu warten, dass Ishikawa zurückkommt. Deswegen hör auf dir Sorgen zu machen, solange wir noch nicht alle Fakten haben.“ Er wusste genau, wenn Jinpei tot ist – und das nur weil sie nichts unternommen haben–, würde Harui ihn für immer hassen. Doch das war ihm egal, solange sie sich für den Moment beruhigte und sie nachdenken konnten. Rei half ihm dabei, indem er Harui in den Arm nahm und sie an ihre Brust drückte. Harui wollte die Umarmung erwidern und bemerkte leichte Schnittwunden an Reis offengelegtem Bauch.

„Was ist mit deinem Bauch passiert?“

„Das kommt von den Blättern, manche davon sind ziemlich scharfkantig.“ Sie öffnete den Knoten und bedeckte wieder ihren

Bauch mitsamt den Wunden. Auch wenn sie nur oberflächlich waren, ließen die Wunden Harui erkennen, dass sie alle sich in Gefahr befanden und ihr Bruder nicht alleine war, sondern Freunde um sich wissen konnte, auch wenn sie sich erst kurz vorher gestritten hatten.

Ein Rascheln in der Nähe brachte alle dazu ihre Waffen zu ziehen und sich im Kreis schützend nebeneinander aufzustellen. Zwei Hände kamen als Zeichen des Friedens hervor und bald darauf der Rest des Körpers, es war Ishikawa.

Nobu steckte seine Waffe weg und begrüßte ihn direkt mit einer Frage: „Was konntest du rausfinden?"

„Erstmal zum Guten, Jinpei lebt. Jetzt zum Schlechten, am Rand des Feldes habe ich haufenweise Leichen entdeckt, außerdem wurde die Stadt in eine Art Festung umgebaut. Und jetzt zum Miesesten von allem: Jinpei befindet sich in dieser Festung und ich konnte keinen Weg hinein finden, ohne entdeckt zu werden."

„Okay, es ist gut, dass er noch lebt." In Gedanken schaute Nobu rüber zu Harui und dachte daran, dass er sein Versprechen halten konnte.

„Aber wir müssen trotzdem irgendwie da rein und ihn rausholen."

„Und ich glaube, da habe ich auch schon eine Idee." Nobu wirkte zuversichtlich.

„Wirklich, und wie sieht sie aus?" Ishikawa war mal wieder verwundert über den Einfallsreichtum des Jungen.

„Wir können vielleicht nicht über die Zäune, doch es ist immer noch eine Stadt und das heißt, es gibt eine Kanalisation."

„Das stimmt und an der Straße könnten wir unbemerkt hineingelangen."

„Aber es gibt noch immer ein Problem."

„Und das wäre?" Ishikawa dachte nicht mehr weiter.

„Diese Leute werden ihre eigenen Leute kennen und wenn einer von uns da einfach so reingeht, ist er erledigt. Das heißt, wir brauchen eine Ablenkung und auch dafür hab ich schon eine Idee. Jetzt bleibt nur noch das Problem, dass wir nicht wissen, wo Jinpei sich befindet und wir haben nicht die Zeit jedes Haus einzeln zu durchsuchen.“ Nobu hatte fast den perfekten Plan.

„Wozu haben wir denn Handys, heutzutage gibt es doch alle geographischen Daten ganz einfach zugänglich. Ich hab sogar schon eine Idee, wo er sein könnte.“ Rei brachte sich in die Planung ein.

„Er ist neu und sie wollen ihn vermutlich befragen, das heißt, wenn wir einen Ort finden, der dazu geeignet ist, besteht eine große Chance, dass wir dort Jinpei finden können.“

Nun machten alle ihre Handys an und suchten die Karte der Stadt nach eventuellen Orten ab. Ishikawa fühlte sich in diesem Moment so nutzlos wie nie zuvor. Es kamen gleich mehrere Gebäude in Frage: ein Polizeirevier, das Gemeindehaus und ein still gelegtes Fabrikgebäude.

„Gut Nobu, Daisuke und ich werden dort eindringen und ihn suchen, während der Rest für die Ablenkung sorgt.“ Ishikawa war für die Planung der Infiltration zuständig, während Nobu das Ablenkungsmanöver plante. Sie würden zuschlagen, sobald es dunkel wird. Das hieß, sie hatten nur noch wenige Stunden Zeit, bis der Plan für alle verständlich und fertig sein musste. Der Zeitdruck, den ihnen die Killer hinter ihnen machten, machte es noch schwieriger etwas Gutes zu planen.

Jinpei war zu der Zeit in einer Kammer eingesperrt und musste darauf warten, dass sich ihr Anführer Zeit für ein Gespräch mit ihm nahm, vor morgen würde es damit aber noch nichts werden, wurde ihm versichert. Doch den Eindruck, den er beim Gang durch die Stadt gewann, unterschied sich gänzlich von dem, den er im Kopf hatte. Er hatte erwartet, dass überall bewaffnete Wachen herumliefen und die Leute strenger bewacht werden würden. Doch innerhalb der Stadt sah es so aus wie in jeder anderen auch. Menschen, die ganz normal ihrem Alltag nachgehen. Nur hier und da sah man mal jemanden mit einer Waffe. Die Leute selbst waren unbeschwert, ganz anders als noch in Miyazaki, wo alle so schnell wie nur möglich die Flucht ergriffen hatten. Er fragte sich mehrfach, wo er da hineingeraten war.

Auch am Abend wurde beim Essen wieder aufs Warmmachen verzichten und kalt gespeist.

So wie auch die Tage zuvor war wieder eine gewisse Anspannung zu fühlen, doch diesmal war es nicht, weil sie verfolgt wurden, sondern weil sie kurz davor waren in eine gesicherte Stadt einzudringen.

Kapitel 18 Rettung

Der Plan war schnell erklärt, doch schwierig in der Ausführung. Nobu, Daisuke und Ishikawa schlichen sich heimlich in der Nacht zu einem Kanaldeckel und stiegen hinein, während die Mädchen für die Ablenkung sorgen.

„Hier Rei, ich bin auf Position.“ Sie alle blieben über eine Telefonkonferenz in Kontakt.

„Hier Umeko, bin auch auf Position.“

Ein paar Minuten später: „Hier Harui, bin jetzt auch auf Position.“

„Gut, wir melden uns erst wieder, wenn wir auch auf Position sind.“ Da in der Kanalisation kein guter Empfang herrschte, mussten sie erstmal offline gehen.

Die Mädchen waren im Feld in einer Reihe in Position gegangen.

„Denkt ihr, sie kriegen das hin?“ Harui war unsicher.

„Wenn das jemand hinkriegt, dann die drei.“ Rei musste das sagen, auch wenn sie selbst nicht sicher war, dass es klappt.

Die Jungs rannten währenddessen, ohne viel Lärm zu machen.

„Gut dass diese Typen die Kanalisation nicht überprüfen“, merkte Daisuke an, während er mit einer Taschenlampe vor sich leuchtete. Ishikawa befand sich nun laut Plan direkt unter einem der drei Orte, an denen Jinpei hätte festgehalten werden können. Und die anderen beiden machten sich gemeinsam auf zum nächsten Punkt.

„Wie läuft's mit Rei?“, fragte Nobu aus heiterem Himmel.

„Was, wovon redest du?“ Dai versuchte es weiterhin abzustreiten.

„Ich weiß zwar nicht, wer es sonst noch weiß, aber mir ist es schon vor einer Weile aufgefallen, dass zwischen euch was läuft."

„Seit wann hast du diese Vermutung?"

„Seit dem letzten Abend in der Villa, wo wir alle gemeinsam nochmal am Lagerfeuer gesessen haben."

„Du hast zwar mit der Sache an sich Recht, doch es ist erst später etwas passiert."

„Und wann?"

Die beiden versuchten sich durch die engen Tunnel durchzukämpfen, ohne dabei die Orientierung zu verlieren.

„Eigentlich wollten wir es ja für uns behalten, aber da du es sowieso schon weißt, kann ich es dir ja auch erzählen. Also nein, wir sind nicht zusammen und es ist auch nicht viel passiert, sie hat mich nur einmal geküsst", verriet ihm Daisuke.

„Und was war der Auslöser dafür?"

„Sie sagte, es habe mit der Sichelmondkette zu tun." Er erinnerte sich an ihre Worte damals, auch wenn er sich in dem Moment eher auf etwas anderes konzentrierte.

„Dann schätze ich mal, es war an dem Tag, an dem wir die Schlafsäcke und die Vorräte geholt haben."

„Ja, aber aktuell weiß ich nicht, ob das so eine gute Idee ist."

„Und seitdem ist nichts mehr passiert?"

„Nein leider nicht."

„Was willst du denn, willst du mit ihr zusammenkommen oder nicht."

„Ich möchte schon, aber ich bin mir einfach nicht sicher." Er wirkte besorgt.

„Natürlich, denn wenn es so weiterläuft, ist keiner von euch beiden glücklich. Sie mag vielleicht den ersten Schritt gemacht haben, in dem sie dich geküsst hat. Doch wenn sie immer noch auf eine Antwort von dir wartet, kannst du nicht erwarten, dass sie die nächsten Schritte von sich aus macht. Du musst ihr ein bisschen entgegenkommen." Nobu versuchte ihm, so gut er konnte, zu helfen, aber da beide noch nie eine Beziehung hatten, kannte er sich da auch nicht so gut aus.

„Das mag sein, doch momentan ist es eher schwierig, da wir nie unter uns sind, sondern immer alle um uns herum haben. Also wenn du eine Idee hast, nur raus damit."

„Ich habe leider keine, doch werde es dich wissen lassen, wenn es sich ändert. Solange nutze jede Gelegenheit, die sich dir bietet."

„Okay. Danke." Dai bemerkte, dass Nobu stehen blieb.

„Wenn wir uns nicht verlaufen haben, muss ich hier raus. Wir sehen uns dann später."

„Ja, bis später." Daisuke war nicht wohl bei der Sache, dass er alleine durch die Kanalisation stapfen musste.

Er hatte noch einen Weg von ungefähr 10 Minuten vor sich. Als er plötzlich das Geräusch von Schritten wahrnahm, versteckte er sich schnell.

„Scheiße, die überprüfen die Kanalisation wohl doch, ich hoffe, den anderen geht es gut." Die Schritte schienen jedoch nicht näher zu kommen, sie traten eher auf der Stelle. Darum traute Daisuke sich mit gezogener Waffe, um die Ecke zu schauen. Er suchte durch den Kegel der Taschenlampe die Schritte, aber er fand nur ein tropfendes Rohr.

„Verdammt noch mal, hier unten war wohl schon länger keiner mehr zur Inspektion." Als er sich das Rohr genauer anschaute, konnte er schnell ein Prüfsiegel darauf erkennen, das auf eine Prüfung vor 3 Monaten deutete. „Oder der Typ, der hier prüfen sollte, hat schlechte Arbeit gemacht." Erleichtert steckte er die Waffe wieder weg und machte sich auf seinen Weg, an dessen Ende er schon bald sein sollte.

Er fand den Deckel, der seiner sein sollte. Er kletterte ein paar der Sprossen hoch, bis sein Handy wieder Empfang hatte, und wählte sich erneut in die Konferenz ein, wo bereits alle auf ihn warteten.

Zur gleichen Zeit kamen aus dem Wald ein paar finstere Gestalten heraus, die geradewegs auf das Feld zusteuerten. Ihre Gesichter wurden durch Kapuzen verhüllt, es waren die Killer, die bei Umeko eingedrungen waren, zusammen mit ein paar anderen, die genauso gekleidet waren. Sie schauten hinunter auf das riesige Feld, nach ein paar Fingerzeichen von jemandem, der offensichtlich das Sagen hatte, teilte sich die Gruppe auf. Die Hälfte durchkämmte in mehreren Metern Abstand das Feld, während ihre Teamkollegen sich erneut aufteilten und zu gleichen Teilen an den beiden Seiten des Feldes entlanggingen. Doch davon bekam die Gruppe überhaupt nichts mit und verfolgte weiter ihren Plan.

Als alle auf ihren Posten waren, entzündeten die Mädchen zeitgleich Stöcke, die mit einem T-Shirt umwickelt und mit Alkohol, den Ishikawa für später aufhob, getränkt waren. Mit diesen improvisierten Fackeln liefen sie im Feld herum und zündeten die Pflanzen an. Der Plan für die Ablenkung war es ein Feuer zu legen, das groß genug war, dass es auf die Stadt übergreifen konnte.

Binnen weniger Minuten brannte das Feld lichterloh und die Brandstifter flüchteten, so schnell sie nur konnten, aus dem Feld und versuchten ungesehen zu bleiben. Für Umeko, die zuvor auffiel wie ein bunter Hund, war es ein Leichtes nicht gesehen zu werden. Denn jetzt war ihr rotes Shirt zusammen mit ihren blonden Haaren die perfekte Tarnung in dem Feuer.

Kaum dass sie den Kanaldeckel geöffnet hatten und ein paar Stufen nach unten kletterten, stieg ihnen ein beißender Geruch in die Nase.

„Gott, hier unten stinkt es ja tierisch, wie haben die anderen das nur ausgehalten?“ Die, welche den Geruch am härtesten traf, war Umeko, sie war ihr ganzes Leben mit den besten Gerüchen aufgewachsen. Von den besten Parfums, gut riechenden Pflegeprodukten bis hin zu dem besten Essen, das sie jeden Tag bekam, ihre Nase war nie einem solchen Gestank ausgesetzt worden.

„Mit der Zeit gewöhnt man sich dran. Bei uns zuhause hat es

immer nach Alkohol und Zigaretten gestunken, da macht mir das hier nicht mehr viel aus." Harui fand es zwar auch schlimm, aber kam eher als Umeko damit klar.

„Ich will mich aber nicht an diesen Gestank gewöhnen, ich will zurück in mein altes Leben, als die Welt noch in Ordnung war."

„Nur dass das leider nicht passieren wird, aber besser als das hier wird es hoffentlich trotzdem." Rei war immer noch zu Späßen aufgelegt.

„Ich weiß und ich hoffe das Gleiche, sonst bleib ich draußen in der Wildnis, der Wald ist wenigstens voll mit frischer Luft." Alle mussten lachen bei dem Gedanken, dass Umeko, das geborene Stadtkind, die sich überhaupt nicht im Wald auskannte, sich von dem gut riechenden, immer mit den neuesten Klamotten top gestylten und gut aussehenden Mädchen zu einem stinkenden, in dreckige Lumpen gekleideten Dschungelkind verwandelt.

Das Feuer fiel nun auch den Wachen auf, die ihren Vorgesetzten anriefen.

„Mister Kato, wir haben hier ein Problem."

Sofort meldete sich ein Mann, der der vermeintliche Chef des Wachpostens war.

„Um was für eine Art Problem handelt es sich?" Er blieb ganz ruhig.

„Hier draußen ist ein Feuer ausgebrochen, das schon fast das ganze Feld zerstört hat und bald sowohl den Wald als auch die Stadt erreicht. Die Leichen werden bereits verbrannt."

„Wer hat gerade Wache in diesem Bereich?" Er war nun schon hörbar aufgeregter, versuchte aber noch die Fassung zu wahren.

„Das ist Miyu."

„Und wieso ist Miyu das nicht schon früher aufgefallen?"

„Sie war kurz austreten." Das war Glück für die Kinder.

„Nehmen Sie sich alle Männer, die Sie holen können, und versuchen Sie das Feuer einzudämmen, bevor es zu starken Schaden in unserer Stadt auslöst, ich bin gleich zur Stelle. Und mit Miyu will ich danach auch noch reden.“ Mittlerweile versuchte er seine Fassung nicht mehr zu wahren und raste vor Wut über den inkompetenten Wachposten.

„Ja Mister Kato.“ Der Wachposten legte auf und kümmerte sich darum genug Männer für Evakuierung und Löschvorgang zusammenzutrommeln, da sie nur ein Löschfahrzeug hatten, musste die gesamte Stadt helfen, mit Eimern und Schläuchen das mittlerweile riesige Feuer zu löschen. In der gesamten Stadt herrschte eine große Panik und viele der Wachposten wurden abgezogen, um bei den Löscharbeiten zu helfen. Und während sich die Mädchen mittlerweile bereits in die Kanalisation zurückgezogen hatten, warteten die Jungs nur auf ihre Gelegenheit, um herauszukommen.

Als keine Wachen mehr da waren, um die drei Stützpunkte zu überwachen, verließ jeder sein individuelles Versteck.

„Was ist da draußen los, ich höre Sirenen und Gebrüll?“ Jinpei hielt einen der Wachposten auf, der gerade dabei war das Gebäude zu verlassen.

„Vor der Stadt ist ein Feuer ausgebrochen, in diesem Sonnenblumenfeld, in dem sie dich gefunden haben. Wir sollen jetzt die ganze Stadt evakuieren, damit auch dich.“ Er sperrte die Zimmertür auf und ließ den Jungen raus, packte ihn dann aber am Arm, um ihn in Sicherheit zu führen. Jinpei hatte den leisen Verdacht, dass seine Freunde hinter dem Feuer stecken müssen, um ihn hier rauszuholen. Er hätte nicht gedacht das sie nach ihrem Streit so einen Aufwand betreiben würden, um ihn zu retten.

Nobu, der vor dem Gemeindehaus darauf wartete, dass alle das Gebäude verlassen hatten, staunte nicht schlecht, als plötzlich der Mann rauskam, der Jinpei bei sich hatte.

„Hände hoch und lassen Sie den Jungen los.“ Nobu hatte sich hinter ihn geschlichen und die Waffe auf ihn gerichtet. Doch so einfach, wie er es sich vorstellte, wurde es dann aber doch nicht. Denn plötzlich zog der Mann eine Waffe. Daraufhin schoss Nobu ihm fast wie ein Reflex in die Schulter. Der Schuss ging in dem Lärm Sirenen unter, auch die Schreie wichen den Panikschreien der Menschen in der Stadt und die beiden konnten sich in die Kanalisation retten.

„Ich dachte, durch die Waffengesetze in Japan wäre es für Privatpersonen unmöglich an Schusswaffen zu gelangen." Jinpei war verwirrt.

„Hier ist eine Polizeistation, die müssen sie geplündert haben." Das war die einzige Erklärung, die Nobu dafür hatte. Sie stiegen beide durch den Deckel der Kanalisation, den sie hinter sich sofort schlossen.

„Hier Nobu, ich hab Jinpei, wir können hier weg." Die gesamte Gruppe hörte es, doch nicht bei allen lief es so reibungslos ab wie bei Nobu. Ishikawa hatte Probleme mit ein paar Leuten, die noch in der Polizeistation waren.

„Ich werde hier noch ein bisschen brauchen." In dem Moment ertönten mehrere Schüsse, die sowohl in dem Tisch, den er als Deckung nutzte, wie auch in der Wand hinter ihm einschlugen. Er merkte, dass sie nachladen mussten, und verpasste den Gegnern, die keine Deckung gesucht hatten, ein paar gezielte Schüsse und schaltete sie aus. Er hatte selbst kaum noch Munition und näherte sich den bereits Gefallenen und steckte ihre Waffen plus Munition ein. Die Männer, die vorher in der Deckung waren, konnten nicht sehen, dass er so nah an ihnen dran war, und wagten sich selbst ein gutes Stück nach vorne. Den Letzten von ihnen konnte er deshalb in einem Hinterhalt erschießen. Er sackte schnell die Waffen inklusive Munition ein und verschwand.

„Ich hatte Glück, dass diese Typen nicht ausgebildet waren und noch dabei zögerten, wenn es darum ging auf Menschen zu schießen, sonst sähe die Sache jetzt sicher ganz anders aus." Als er das Polizeirevier verließ, atmete er einmal durch und schlich sich dann weiter Richtung Kanaldeckel. Er wollte auf keinen Fall nochmal in eine Schießerei geraten, denn das nächste Mal könnten es ausgebildete Polizisten sein und nicht einfach nur Leute, die das erste Mal in ihrem Leben eine Waffe in der Hand hatten. „Wie kann es überhaupt sein, dass manche von den Typen so einfach Menschen erschießen können, ohne mit der Wimper zu zucken." Er dachte an die Berge von Leichen, die mittlerweile ebenfalls verbrannt waren. Auch die Stadt selbst war bereits von dem Feuer eingenommen.

Was aber niemand mitbekam, waren die Killer, die sich schon im Feld befanden, bevor es angezündet wurde. Sie waren wieder auf dem Weg zu einer sicheren, noch nicht von den Flammen eingenommenen Gegend, mussten sich vorher aber erst einmal sammeln.

Von den anfangs 20 Leuten fanden nur 17 wieder zusammen.

„Was ist mit dem Rest?"

„Ich hab gesehen, wie einer verbrannte, und konnte ihm nicht mehr helfen, von den anderen weiß ich nichts. Ich hab gemacht, dass ich da rauskam." Das deckte sich mit einigen der anderen Aussagen.

„Okay, dann brauchen wir nicht mehr auf die anderen zu warten. Wenn das Feuer ausgebrannt ist, suchen wir sowohl das Feld als auch die Stadt da unten ab." Die anderen bejahten wie auf Kommando.

Nun traf auch Ishikawa zum Rest der Gruppe und nach kurzen Höflichkeiten nahmen alle ihre Rucksäcke, die zuvor dort versteckt wurden, und gingen unterirdisch an der Stadt und den Flammen vorbei.

„Was ist passiert?" Daisuke verlor keine Zeit.

„Als ich erkannte, dass ich nicht entkommen kann, habe ich überlegt, was Nobu in der Situation gemacht hätte."

„Und was hätte ich gemacht?" Nobu war interessiert daran, wie Jinpei denkt, dass er sich verhalten hätte.

„Ich hab die Situation analysiert und ihnen das gesagt, von dem ich dachte, dass es mich am Leben hält."

„Und welchem großartigen Satz hast du es zu verdanken, dass du noch lebst?“

„Als ich mich hinter den Leichen versteckte“, Jinpei wurde kurz übel bei dem Gedanken, sprach dann aber weiter, „erzählten sie davon, dass diese fehlgeleiteten Seelen nun niemals die Erlösung finden würden. Also hab ich mir gedacht, dass diese Typen der Meinung sind, dass dieses schwarze Zeug uns die Erlösung bringen soll.“

„Kluger Junge, und du hast Recht, genauso hätte ich auch reagiert.“ Denn genau das war er: Auch wenn er bei weitem nicht mit Nobu mithalten konnte, waren weder seine Noten schlecht, noch seine sonstigen Aktionen unüberlegt.

„Ja, aber dadurch kam ich ins Nachdenken. Was, wenn es uns wirklich sowas wie die Erlösung bringt, wenn wir mit der schwarzen Substanz in Berührung kommen würden.“

„Darüber hab ich natürlich auch schon nachgedacht, aber es gibt einfach nichts, was dafür sprechen würde. Außerdem bin ich mir sicher, dass bereits einige Forschungsteams daran gedacht und es untersucht haben.“ Nobu war für jede Möglichkeit offen, solange es Beweise gibt, die das belegen.

„Aber wenn ich an Erlösung denke, denke ich auch gleichzeitig an Glauben und da kann ich nicht verstehen, wie diese Typen so viele Menschen töten konnten.“ Jinpei verwirrte es einfach.

„In der Vergangenheit kam es immer wieder vor, dass Leute andere Menschen, die nicht den gleichen Glauben wie sie teilten, töteten. Denk nur an all die Kreuzzüge im Mittelalter, die es in Europa gab. Auch wenn ich eher glaube, dass es damit anfing, dass Leute von außerhalb der Stadt Essen brauchten und auch gewillt waren Gewalt anzuwenden“, brachte Rei ihr großes Allgemeinwissen in diese Unterhaltung mit ein.

„Du meinst also, es war nichts weiter als Notwehr.“

„Nicht nur, es werden bestimmt auch einige dabei gewesen sein, die verrückt waren“, meinte Nobu.

„Ich finde, eure Unterhaltung ja sehr interessant, aber wie lange müssen wir noch hier unten bleiben? Langsam halte ich es nicht mehr aus.“ Umeko wollte zurück an die Oberfläche.

„Wir müssen noch ein bisschen hier unten bleiben“, meinte Ishikawa zu ihr.

„Und wie lange wird das dauern, hier unten stinkt es.“ Rei und Harui fingen an zu lachen, konnten aber nur in verwirrte Gesichter blicken.

„Insider.“ Rei speiste die anderen ab.

„Wir müssen noch mindestens so lange hier unten bleiben, bis wir die Stadt hinter uns haben.“

„Und was ist mit Schlaf?“, wollte Umeko wissen.

„Wenn du willst, kannst du gerne hier unten schlafen, wenn nicht, müssen wir heute darauf verzichten.“ Umeko schaute sich um und sah überall Spinnenweben und das dreckige Kloakenwasser und war sich ihrer ganz sicher.

„Ich verzichte. Die Rechnung für meine Schuhe bekommt ihr später.“ Mit einem angeekelten Blick schaute sie wieder hoch. An ihren Schuhen hing etwas Schleimiges, das nur noch entfernt an Wasser erinnerte. Sie wollte gar nicht wissen, was das genau war.

„Das dachte ich mir“, erwiderte Ishikawa mit einem Lachen.

Kapitel 19 Unterirdisch-Oberirdisch

Immer noch im Untergrund war Umeko nun nicht mehr die Einzige, die sich über den Gestank beschwerte:

„Langsam wird die Luft hier unten immer schlechter, wir sollten langsam wieder an die Oberfläche." Auch Rei konnte es nicht mehr aushalten.

Bei dem nächsten Gullydeckel schauten sie, ob sie weit genug weg von der Stadt waren, um wieder nach oben zu können. Doch es reichte noch immer nicht, sie brauchen noch ein paar Kilometer. Zwar waren sie mittlerweile unter der Stadt hindurch, doch das Feuer, das nun alles einnahm, war noch zu nah.

„Wir haben da oben echt ne ganz schöne Scheiße angerichtet, langsam hoffe ich, dass die Welt untergeht, weil wir sonst am Arsch sind", meinte Nobu scherzhaft.

„Aber was sagen wir in Tokio, wenn sie uns fragen?"

„Jinpei, das sind wir doch alles schonmal durchgegangen. Die toten Jäger waren Notwehr und das Feuer war ein Zufall, wo wir gerade einen gebraucht haben, doch das alles werden wir nur erzählen, wenn wir gefragt werden, verstanden?"

„Ja klar." Jinpei musste so antworten.

„Jetzt, wo wir ne Weile hier unten sind, hab ich mir überlegt, dieses schwarze Zeug ist doch angeblich auf Meereshöhe, was, wenn es nur eine Schicht ist und man darunter noch Leben könnte." Jinpei hatte einen Einfall.

„Das wäre durchaus zu überlegen, doch woher willst du wissen, ob es wirklich so ist. Außerdem haben wir unterirdisch noch schlechtere Lebensbedingungen. Wir haben kein Licht, keine Wärme, alles, was man zum Leben braucht, würde wegfallen."

Auch diese Eventualität ist Nobu schon einmal im Kopf durchgegangen, hat sie aber schnell wieder verworfen.

„Selbst wenn wir das alles hätten, würde ich mich doch lieber von diesem schwarzen Zeug erwischen lassen, als hier unten zu leben.“ Umeko konnte einfach nicht mit dem Gedanken leben ihr restliches Leben dort zu verbringen, auch wenn der zweite Teil des Satzes nur dahingesagt war.

„Es heißt ‚Das Nichts‘, so sagte es mir zumindest mein Vater. So wird es mittlerweile in den Forschungskreisen genannt.“ Rei hatte das schon fast wieder vergessen.

„Ob jetzt das Nichts oder schwarzes Zeug, ich will auf keinen Fall noch länger hier unten bleiben.“

„Aber sieh es doch mal positiv“, meinte Nobu

„Was ist daran bitte positiv?“ Umeko verstand nicht, wovon er redete, denn wenn sie sich umsah, war alles, was sie sehen konnte, dreckiges Wasser, Ratten und Spinnen.

„Hier unten werden uns die Killer nicht vermuten, und wir können unbeschwert bis nach Tokio reisen.“

„Da magst du zwar recht haben, aber das ist doch kein Leben.“

„Ruhig jetzt“, unterbrach Ishikawa sie forsch. Er nahm erneut den Weg der Sprossen auf sich, um durch einen Deckel zu schauen, während die Gruppe unten wartete. Er stemmte sich auf einmal gegen den Deckel und hob ihn aus seiner Verankerung.

„Sind wir jetzt endlich weit genug weg?“, fragte Umeko, die es gar nicht erwarten konnte aus der Kanalisation zu steigen.

„Ja, wir können wieder raus; selbst wenn das Feuer sich weiter ausbreiten sollte, sind wir weit genug weg“, erklärte ihr Ishikawa.

Der alte Mann war der Erste, der die Abwasserrohre verließ. Oben angekommen half er den anderen zuerst ihre Taschen und dann sich selbst zu befreien.

Umeko war selbstverständlich die Erste, die hochstieg.

„Also ihr könnt gerne da unten bleiben, wenn ihr euch sicherer fühlt, aber ich bin lieber hier oben.“ Kaum war sie wieder an der

Oberfläche, hatte sie ihr Lächeln zurück. „Den Gestank krieg ich nie wieder aus den Klamotten raus“, beschwerte sich Umeko immer noch.

„Wieso meckerst du auf einmal so, die ganze Zeit, als wir im Wald unterwegs waren, hast du dich auch nicht beschwert“, merkte Daisuke scherzhaft an.

„Ja, weil es im Wald nicht so stinkt, da sind sogar eher die schönen Gerüche, aber da unten gab es nichts, wofür es sich gelohnt hätte.“ Mit dieser gesamten Thematik konnte sie die Gruppe ungewollt wieder etwas aufheitern.

Es war noch früh am Morgen, die Sonne war noch nicht aufgegangen, und das Einzige, was neben dem Mond am Himmel noch ein bisschen Licht abwarf, war das Feuer in der Ferne. Mittlerweile hatte jeder seine Augen an die Dunkelheit gewöhnt. Darum konnten sie trotz der spärlichen Beleuchtung ihre Umgebung fast perfekt sehen.

Sie waren wieder weit weg von der brennenden Stadt, dafür aber in der Nähe einer anderen Stadt, die durch eine Landstraße mit der anderen verbunden war. Die Straße war zwar nur etwa drei Kilometer lang, doch würden sie diese erst am Morgen in Angriff nehmen. Sie würden sich bis dahin noch eine Weile ausruhen, damit war keinesfalls schlafen gemeint, sondern vielmehr nur die Beine hochlegen, die schon den ganzen Tag in Bewegung waren.

Umeko, die den Gestank an ihren Klamotten und sich selbst nicht mehr ertragen konnte, nahm eine kleine Flasche Parfum aus durchsichtigem rosa Glas aus einem der Rucksäcke. Dabei klapperte die Kette an ihrem Handgelenk und rasselte. Zuvor hatte sie sich genau gemerkt, wer was von ihr in seinen Rucksack packte. In diesem Fall traf es Daisuke. Sie sprühte ein paar Spritzer davon auf ihre Klamotten inklusive ihres Körpers und duftete dann nach frischen Zitrusfrüchten.

„Du hast Parfum mitgeschleppt“, merkte Daisuke an.

„Nein, das warst du, ich habe es nur eingepackt.“ Diesen Seitenhieb musste Daisuke einstecken.

„Willst du auch was oder hast du vor weiter zu stinken?“

Daisuke schnüffelte kurz an sich und verzog wegen des beißenden Gestanks das Gesicht. Die anderen taten es ihm gleich und auch sie verzogen alle der Reihe nach das Gesicht.

„Gut, ich nehme was.“ Widerwillig nahm Daisuke ihr Angebot an. Da er selbst noch nie Parfum getragen hatte, tat Umeko ihm den Gefallen und trug es ihm auf. Dasselbe machte sie auch bei dem Rest der Gruppe, wodurch das Fläschchen schneller geleert wurde, als erwartet. Zwar war noch etwas drin, doch wenn sie so etwas wie das Kanalabenteuer wiederholen sollten, würde es nicht mehr für alle genügen.

„Genug jetzt, wir sollten von der Straße runter.“ Ishikawa hatte recht. Wenn Autos kommen würden, könnte der Fahrer sie in dieser Dunkelheit leicht übersehen und überfahren. Es war zwar eher unwahrscheinlich, da die einzige Straße, die zu ihnen führt, durch Autos blockiert war, außerdem brannte hinter ihnen ein riesiges Feuer, das sie gegen die meisten Eventualitäten absichern würde. Trotzdem wollte er kein Risiko eingehen.

Müde und kaputt musste die Gruppe nach wenigen Stunden, in denen sie nicht geschlafen hatten, wieder auf die Beine. Laut hatte sich zwar niemand beschwert, aber innerlich hätten sie sich lieber noch ein bisschen mehr ausgeruht, diesmal am liebsten auch mit Schlaf.

Wieder zurück auf der Straße konnten sie im Licht der Sonne einen extrem großen Rauchschwaden entdecken. Nach ungefähr einer halben Stunde erreichten sie auch schon die nächste Stadt. Diesmal ohne Zäune und Wachtürme. Mittlerweile freuten sie sich schon darüber, wenn sie etwas Normalität zu sehen bekamen.

„Ich hätte nie gedacht, dass ich mich mal so über die Normalität freuen würde.“

„Stimmt“, wurde von mehreren der Gruppe bestätigt.

Doch in der Stadt angelangt, bemerkten sie, dass nicht alles Normalität war, denn die Stadt war genauso leergefegt wie Miyazaki, nur dass es eine kleinere Gegend war.

„Vielleicht finden wir da ja endlich mal wieder was zu essen, denn langsam gehen unsere Vorräte zur Neige, besonders das Wasser."

„Und wo sollen wir suchen, sollen wir etwa in die Häuser einbrechen?", fragte Jinpei.

„Nein nicht in den Häusern; wir schauen uns aber in den Geschäften um, ob wir da irgendwas finden können. Hier ist sowieso alles verlassen, da werden sich die Besitzer schon nicht beschweren, wenn wir uns da was mitnehmen." Sie durchforsteten die Stadt, fanden aber nichts, dass es wert gewesen wäre es sich genauer anzuschauen.

Sie spürten ein paar Wassertropfen auf ihrer Haut und schauten nach oben. Der Himmel war nicht so klar, wie es zu dieser Uhrzeit üblich wäre, er war recht düster. Zuerst fiel das gar nicht auf, da es immer noch recht früh am Morgen war.

„Das wird bald in einem großen Wolkenbruch ausbrechen, davor müssen wir uns irgendwo unterstellen." Über ihnen braute sich ein Gewitter zusammen.

Ganz in der Nähe war ein Einkaufszentrum, in dem sie sich unterstellen konnten.

„Warum gibt's in so einer eher kleinen Stadt eine Einkaufsstraße, die gibt's doch normalerweise nur in größeren Städten?" So klein war die Stadt zwar nicht, doch für ein eigenes Einkaufszentrum noch lange nicht groß genug. Das lag daran, dass die Stadt in den nächsten Monaten und Jahren ausbauen wollte und um das nötige Geld dafür zu sammeln, hatten sie sich dafür entschieden erst einmal ein Einkaufszentrum zu errichten. Jedoch war es noch nicht ganz fertig gebaut, auch wenn einige Geschäfte dort bereits eingemietet waren und bereits eine Auslage aufgebaut hatten.

„Wenn wir irgendwo was finden, dann hier."

Mittlerweile hat sich der kleine Nieselregen in einen starken Wolkenbruch gewandelt, der weiter weg den Brand eindämmte und ihn schließlich komplett gelöscht. Was nicht zuletzt daran lag, dass das Feuer schon vorher den meisten Brennstoff in der Stadt aufgebraucht hatte.

Die Verfolger mit den Umhängen warteten, bis das Feuer ganz erloschen war, während ihre Klamotten sich mit Wasser vollsaugten und ganze vier Kilo schwerer wurden. Dennoch bewegten sie keinen einzelnen Muskel und warteten geduldig darauf, dass das Feuer sich legte.

Als die Stadt endlich ausgebrannt war, konnten sie die Leichen untersuchen und überprüfen, ob ihre Zielperson, überlebt hatte oder nicht.

Erneut bejahten seine Männer wie in einem Chor den Befehl zur Suche. Zuerst durchstreiften sie das Feld und bargen ihre toten Kollegen. Danach gingen sie weiter in die Stadt. Sie stießen auf die Leichenberge, die durch die Hitze teilweise miteinander verschmolzen waren.

„Was ging denn bitte in dieser Stadt ab, die sind ganz sicher nicht durch das Feuer gestorben."

„Als ob dich das wirklich schockiert, du hast doch selbst schon über ein Dutzend Menschen getötet", sagte ein Anderer.

„Trotzdem ist es immer wieder interessant zu sehen, wie die Menschen durchdrehen, nur weil die Welt nicht mehr so ist wie früher."

Ein anderer, offenbar der Teamchef, fuhr die beiden an: „Ihr seid nicht hier, um zu labern, sondern um die Leichen zu untersuchen. Und zwar alle und ihr fünf helft ihnen, der Rest kommt mit mir in die Stadt." Immer noch im Befehlston schritt er mit den restlichen Männern in die Stadt.

Nun machte sich auch der Letzte daran die verkohlten Menschen auseinanderzuziehen und sie zu untersuchen. Auch wenn viele von ihnen durch die Hitze aneinandergeschmolzen waren. Es schien ihnen überhaupt nichts auszumachen, als würden sie es täglich machen müssen.

In der Stadt war das gleiche Spektakel, nur dass dort die Menschen nicht auf einem Haufen lagen, sondern überall verteilt.

„Das ist wohl diese Stadt voll mit Verrückten, die alles und jeden umbringen, der nicht ihrer Ideologie folgt. Vor denen wurden wir vor wenigen Tagen sogar gewarnt. Was für ein Schwachsinn, als ob diese Idioten irgendwas gegen uns hätten ausrichten können?"

„Die Ironie an der Sache erkennst du, oder?" Der Teamchef schaute mit einem „meinst du das ernst Blick" rüber zu seinem Kollegen.

„Doch schon, aber diese Typen waren vor zwei Wochen noch ganz normale Menschen, die zum Großteil noch nie eine Waffe in der Hand hatten. Als ob die wirklich eine Chance gegen uns gehabt hätten." Er hatte Zweifel an der Psyche mancher Menschen.

„Ist doch egal, die Typen sind tot, also nicht mehr unser Problem, und jetzt such weiter", befahl ihm der Anführer.

In dem Einkaufszentrum gab es bereits alle möglichen Arten von Geschäften. Von Läden, die alles zum Anziehen wie Klamotten oder Schuhe verkauften, einem Buchladen, ein Geschäft für alle nötigen Elektroteile, bis hin zu einem Lebensmittelladen. Dank der Dachfenster war auch im Inneren das Wetter draußen deutlich zu hören.

Auch wenn Umeko sich gerne durch die neuesten Modetrends hatte durchsuchen wollen, musste sie sich der Gruppe beugen und gemeinsam mit ihnen versuchen in das Lebensmittelgeschäft zu gelangen. Doch der war sicherer verschlossen als erwartet, denn hinter einer dicken Glasfront befand sich noch ein Rollgitter. Für beides brauchte man einen separaten Schlüssel und während sich das Glas hätte einwerfen lassen können, blieb immer noch das Gitter übrig, das nicht so leicht kaputt gehen würde.

„Von euch kann nicht zufällig einer Schlösser knacken." Jinpei schaute sich um und sah in kopfschüttelnde Gesichter: „Das dacht ich mir, wie wollen wir also da reinkommen?"

„Na wie wohl, wir schießen uns den Weg frei." Ishikawa hatte ein Lächeln auf den Lippen.

„Etwa so wie in den Filmen?"

„Genau, doch so einfach wie in den Filmen wird das hier nicht." Daisuke musste seine Hoffnungen senken.

„Was meinst du?", fragte Jinpei, der sich nie wirklich mit dieser Thematik befasst hatte und nicht wusste, wovon er sprach.

„Er meint, dass es nicht möglich ist mit so kleinen Kalibern wie in den Filmen ein Schloss einfach so im Vorbeigehen zu öffnen", erklärte ihm Ishikawa. Jinpeis Hoffnungen sanken ein gutes Stück. „Aber lass den Kopf nicht hängen, durch die Glasfront kommen wir ohne Probleme durch und ich hoffe, dass das Schloss für das Gitter dahinter nicht so hochwertig ist, sonst haben wir bald keine Munition mehr. Ich konnte zwar ein bisschen was bei meinem Ausflug zur Polizei ergattern, aber das wird nicht ewig reichen." Ishikawa bat die anderen hinter ihm etwas in Deckung zu gehen. Er wollte nicht, dass sie von möglichen Querschlägern erwischt werden.

Auch er ging in Deckung und nahm das Jagdgewehr heraus. Mit zwei gezielten Schüssen auf das Glas war das erste Hindernis auch schon in tausend Stücke zerschellt. Als er das zweite Mal abdrückte, fiel ihm wieder die Alarmanlage ein, die in so einem Fall immer ansprang. Doch alles, was zu hören war, waren die tausenden kleinen Glassplitter, die zu Boden fielen. Von einer Alarmanlage war nichts zu hören.

„Komisch." Verwundert schaute er sich in der Umgebung um.

„Was ist los?" Daisuke bemerkte das verwunderte Gesicht seines guten Freundes.

„Die Alarmanlage."

„Welche Alarmanlage?", warf Jinpei ein. Als Antwort kam ein Blick zurück, der so viel sagte wie „Genau". Jetzt schauten sich alle verwundert um. Strom gab es weiterhin, aber wieso es ruhig blieb, konnte sich keiner erklären.

„Lasst uns hier schnell fertig werden, mir ist das Ganze nicht geheuer." Ishikawa trat näher an das Rollgitter heran und zielte auf das Schloss, das hinter der Schiene für das Glas versteckt war.

„Bitte sei billig." Das war das erste Mal, dass er bei dem Bau eines Geschäftes hoffte, dass es schlechte Sicherheitsvorkehrungen geben würde. Schon nach dem ersten Schuss war das Schloss zwar stark beschädigt, öffnen ließ es sich aber dennoch nicht. Also feuerte er ein zweites Mal. Dieses Mal wurde das Schloss komplett zerfetzt. Ishikawa dachte, dass es jetzt ein Leichtes wäre, das zweite Hindernis zu öffnen, doch immer noch nichts. Verwirrung machte sich in ihm breit. Er schaute sich um, wobei er ein zweites Schloss auf der anderen Seite des Gitters entdeckte. Gut versteckt hinter der Schiene der Glasfront hatte er es übersehen. Diesmal schoss er direkt zweimal, um keine Zeit zu verlieren. Nachdem mehrere Funken in die Luft spritzten, ließ sich das Tor endlich aufhebeln. Drinnen waren viele Regale bereits leergeräumt, auch wenn vieles davon einfach nur auf dem Boden davor lag. Meist komplett zertrampelt und nicht mehr essbar. Trotz des Chaos, das hier herrschte, schien der Ladenbesitzer einfach nur so schnell wie möglich weggewollt zu haben.

Gerade wegen der mit Sicherheit gering ausfallenden Beute teilten sie sich auf, um in dem mittelgroßen Laden nach Brauchbarem zu suchen. So wie es aussah, hatte der Laden noch ziemlich lange verkauft, selbst nachdem alles den Bach runterging.

Ishikawa, der in die Abteilung für Alkohol ging, um dort den verlorenen Whiskey zu ersetzen, staunte nicht schlecht, als er sah, wie viel im Vergleich zu den Lebensmitteln noch da war. Zwar standen nur noch ein paar dutzend Flaschen in den Regalen, doch bei den Lebensmitteln standen vielleicht noch ein gutes Dutzend Dosen. Die verderblichen Lebensmittel waren entweder alle vergriffen oder bereits eingegangen. Ishikawa schnappte sich zwei Flaschen gefüllt mit Whiskey und packte sie in seine Tasche, danach ging er zu den anderen und half ihnen bei ihrer Suche. Zwar konnten sie weit mehr finden, doch passte nicht alles in die Taschen.

Umeko bot an jetzt auch endlich mal etwas zu tragen. Doch Ishikawa hatte etwas dagegen und wollte sich zuvor noch einmal die Wunde ansehen. Umeko zog widerwillig ihr T-Shirt hoch und zeigte die Wunde, die mittlerweile immer noch nicht ganz verheilt war, weswegen er sie wieder ein paar Dehnübungen hat machen lassen.

„Holt mir mal bitte einer in der Medizinabteilung einen Erste-Hilfe Kasten." Sofort eilten zwei der Jungs los, um ihn zu holen.

„Das sieht ja schonmal gut aus, ich denke, du kannst wieder leichte Sachen wie Klamotten tragen."

„Okay, sehr gut, dann habt ihr wieder mehr Platz in euren Taschen und wir können mehr Essen mitnehmen."

„Aber in einer Hinsicht muss ich dich leider enttäuschen, denn wenn du dachtest, dass mit der Verheilung alles wieder so wie vorher wird, lagst du falsch. Es wird eine Narbe zurückbleiben." Ishikawa hatte bei der schlechten medizinischen Verpflegung nichts anderes erwartet.

„Damit kann ich leben, solange sie mich nicht behindert."

„Sollte sie im Normalfall nicht."

„Was ist denn in letzter Zeit schon normal?" Mit einem skeptischen Blick beäugte sie den falschen Arzt, der ihr das Leben gerettet hatte.

Mittlerweile waren die anderen mit dem Erste-Hilfe-Koffer zurück und wollten wissen, ob sie sonst noch irgendwie helfen können.

„Ja könnt ihr, packt ihre Klamotten in einen separaten Rucksack und noch ein bisschen was von dem Essen bei euch rein."

Gesagt, getan: Keine drei Minuten später hatte nun auch Umeko einen gepackten Wanderrucksack. Sie selbst überprüfte, ob alles, was sie auf die Schnelle benötigen könnte, auch bei ihr eingepackt wurde.

Kapitel 20 Fernglas

Ishikawa konnte nicht anders, als am Elektrofachhandel anzuhalten, wobei er sah, dass dort ein elektronisches Fernglas in der Auslage lag. Erneut feuerte er einen Schuss auf die Glasscheibe und wartete ab, bis sie in tausenden Scherben klirrend auf den Boden fiel. Ohne weitere Hindernisse ging er gemeinsam mit Nobu hinein. Er schnappte sich gleich zwei von ihnen, eins für sich selbst und ein weiteres für Daisuke.

„Man weiß nie, wofür das gut ist und wenn es nur während der Nachtwache zum Sterneanschauen verwendet wird." Er packte seines sofort aus und erkannte, dass die Batterien darin nicht zu gehen schienen. Deshalb ging er zügig durch die Reihen, um zu schauen, ob er noch Batterien dafür bekommen konnte. Was er fand, war eine ganze Reihe voll mit den unterschiedlichsten Batteriearten. Zwei Packungen AAA-Batterien sollten reichen, dachte er sich. Erneut versuchte er es zum Laufen zu bringen, diesmal mit Erfolg. Mit dem kleinen Rädchen an der Oberseite konnte er den Zoom einstellen. Nach einer Weile hatte er es geschafft und sich das Vergrößerungsglas in die Tasche gesteckt, bevor er sich wieder auf die Suche nach Nobu und den anderen gemacht hatte. Da es mittlerweile aufgehört hatte zu regnen, wollte er schnell weiter.

„Können wir nicht noch kurz hierbleiben, wir haben noch nicht mal was zu Mittag gegessen." Darum bat Umeko, die Einkaufshäuser ihr zweites Zuhause nennen konnte, die Gruppe. Kaum dass sie es erwähnte, kam der Hunger, den alle zu unterdrücken versucht hatten, wieder hervor.

„Dann lasst uns wieder zurück zu dem Geschäft gehen und schauen, was wir davon machen können." Sie fanden ein paar Lebensmittel, die noch nicht abgelaufen waren, und trugen sie zusammen. Hauptsächlich bestand ihre Beute aus Süßwaren, die nicht so schnell schlecht wurden. Frische Kochzutaten hingegen wurden nur in magerer Ausführung gefunden.

„Das reicht doch niemals für uns alle." Rei sprach das aus, was alle zuvor dachten.

„Wir können es ja noch mit Dosenessen strecken." Ishikawa, der in seiner Zeit beim Militär nur selten mit frischen Zutaten kochte, fand dies eine gute Idee.

„Werden wir wohl so machen müssen. Na dann übernehme ich mal zusammen mit Nobu das Kochen." Rei hingegen versuchte so häufig, wie es ihr geringer Lohn zuließ, mit frischen Zutaten zu kochen, genau wie Nobu, nur dass er genug Taschengeld bekam, um den ganzen Monat nicht von Fertiggerichten abhängig sein zu müssen. Alle zusammen trugen sie die Sachen in das einzige Restaurant, das bereits eingezogen war und eine Küche besaß. Während die anderen draußen warteten, gingen Nobu und Rei in die Küche und begannen mit den Vorbereitungen.

Nobu fragte Rei, was sie kochen wollen, woraufhin sie erwiderte: „Wie wäre es mit einem Eintopf, der dauert zwar eine Weile, doch dürfte alle Zutaten verbrauchen?" Sie band sich während der Entscheidung ihre langen schwarzen Haare zu einem hohen Pferdeschwanz zusammen. Danach krempelte sie sich die Ärmel ihres dünnen, hellblauen Pullovers, den sie sich anzog, weil es durch den Regen ein ganzes Stück kühler wurde, nach hinten, bevor sie sich Hände wusch. Danach tat Nobu es ihr gleich.

„In der Zeit, in der wir kochen, könnt ihr euch ja schonmal den Weg für die nächsten Tage zurechtmachen", sagte Nobu zu den anderen, während er sich aus dem kleinen Ausgabefenster der Küche beugte.

„Wie lange braucht ihr, ich habe hier irgendwo eine Karte von der Gegend gesehen. Da können wir uns ja schonmal umsehen", gab Daisuke mit interessiertem Blick in die Küche zurück.

„Eine ganze Weile, ihr könnt euch Zeit lassen", meinte Nobu daraufhin.

„Dann will ich aber mal hoffen, dass das Essen auch gut schmeckt, wenn es schon so lange dauert.“ Mit einem Lachen verließ er zusammen mit dem Rest der Gruppe das Restaurant, um auf der Karte den Weg zu studieren.

„Na dann wollen wir die Erwartungen mal erfüllen.“ Rei war hoch motiviert. Nobu nickte ihr zu und machte sich daran die ersten Stücke Fleisch mit einem Messer zu zerkleinern.

Nach ungefähr 20 Minuten war der Reiseplan für die nächsten Tage erledigt. Doch das Essen musste noch eine ganze Weile kochen. Da es jetzt allerdings keiner weiteren Aufmerksamkeit bedurfte, konnten auch die beiden Köche den weiteren Weg erfahren.

Eine gute halbe Stunde später war der Eintopf dann endlich fertig und füllte schon das ganze Restaurant mit dem Duft der einzelnen ineinandergreifenden Zutaten. Rei versuchte mit Nobu sieben identische Portionen auf die Teller zu verteilen.

„Wir haben noch jede Menge, also schlagt zu!“ Damit eröffnete Rei die Mahlzeit.

Ein paar Kilometer entfernt beendeten derweil die verschleierten Männer ihre erfolglose Suche und machten sich auf die Reise in die nächste Stadt. Obwohl sie die ganze Nacht nicht geschlafen hatten, zeigten sie keinerlei Müdigkeits- oder Erschöpfungserscheinungen.

„Weiter geht's, wir haben keine Zeit zu verlieren.“ Ohne seinen Männern eine Verschnaufpause zu geben, befahl er ihnen weiterzugehen.

Nachdem sie fertig gegessen hatten, versuchten sie die Reste irgendwie einzupacken, um sie am Abend einfach nur aufwärmen zu müssen.

„Es fühlt sich so an, als hätte ich schon ewig nicht mehr so gut gegessen.“ Mit einem Lächeln schaute Daisuke auf die Köchin, während er Nobu gänzlich außen vor ließ.

„Das freut mich“, gab Rei, die immer noch ihren Zopf hatte, mit einem Lächeln erfreut zurück. Durch die Arbeit an der heißen Herdplatte hatte sie ihren Pullover mittlerweile komplett ausgezogen und trug ihn nun um die Hüfte.

Der weitere Weg führte sie zu einer Sternwarte, zu der sie in einer Zwei-Tages-Reise hinlaufen mussten. Der Weg ging einen leichten Berg hoch, bis er auf einer Lichtung endete. Die Gruppe begann das Kaufhaus zu verlassen, wobei Umeko traurig an den Klamottenläden vorbeischreiten musste, ohne auch nur eines davon anprobieren zu dürfen.

Beim Verlassen des Kaufhauses blickten alle in den Himmel und sahen einen nun wolkenlosen hellblauen Himmel. Der Geruch von frischem Regen lag in der Luft und von den Dachvorsprüngen tropften noch vereinzelt Regentropfen auf den Boden.

„Ich liebe den Geruch von frisch gefallenem Regen“, merkte Rei an.

„Wieso das denn?“, wollte Daisuke wissen.

„Ich weiß es nicht, es ist einfach so.“ Mit einem Blick zu ihm ergänzte sie den Satz um ein paar Worte: „Aber bei etwas anderem weiß ich den Grund.“ Daisuke ließ den letzten Teil unkommentiert, wusste aber sofort, was sie meinte. Dafür aber teilte Umeko ihr Interesse mit den anderen:

„Wovon sprichst du?“

„Das ist geheim.“ Mit einem verlegenen Blick wendete sie ihr Gesicht von Umeko ab. Sie hatte vergessen, dass sie nicht alleine waren, und sich versprochen.

Nach einem kurzen Blick zurück in die Stadt fingen sie an den Berg zu besteigen. Der Boden unter Umekos Füßen gab direkt nach, dabei rutschte sie leicht weg. Beim Rausziehen schmatzte der Schlamm unter ihren Füßen. Sie blickte nach oben und der

Weg zur Spitze schien unter diesen Bedingungen endlos. Umeko, die zuvor nur kleine bis gar keine Lasten trug, erkannte nun, wie viel ihre Freunde die ganze Zeit körperlich schultern mussten, bei manchen mochte sie gar nicht daran denken, wie viel sie auch geistig ertragen mussten. Der Weg unterschied sich nicht viel von dem der letzten Tage, auch die Unterhaltungen ergaben nicht mehr viel Stoff, da mittlerweile alles gesagt wurde, was man erzählen wollte.

Da sie ihre Reise erst am Nachmittag fortgesetzt hatten, hatten sie es vor Einbruch der Dunkelheit nicht sehr weit geschafft. Was wiederum bedeutete, dass sie sich schon auf die Suche nach einer Schlafmöglichkeit begeben mussten. Es war schwierig eine Stelle zu finden, in der man nicht sofort im Boden versank. Der Regen hatte ihnen für den Abend jede Möglichkeit genommen sich wieder aufzuwärmen. Jeder Stock, den sie fanden, war durchnässt und hätte sich niemals anzünden lassen. Wieder stiegen ihnen die bekannten Gerüche in die Nase und selben Geräusche in ihre Ohren. Da sie jedoch keine ebene Stelle finden konnten, mussten sie an Bäume angelehnt schlafen, um nicht wieder runterzurollen.

Während seiner Schicht spielte Daisuke ein bisschen mit dem Fernglas, das er von Ishikawa geschenkt bekommen hatte, herum. Er schaute sich ein bisschen den Sternenhimmel an, bevor er es zurück in die Stadt schwenkte und dort doch tatsächlich ein Haus entdeckte, in dem noch Licht brannte. Für ihn war es eine Sensation und er zoomte noch etwas weiter heran, sofern das Gerät in seiner Hand es zuließ. Doch selbst mit dem maximalen Zoom konnte er nur ganz verschwommen ein paar Silhouetten an den beleuchteten Fenstern erkennen. Was ihn aber vor allem interessiert, war, wieso das gesamte Haus und nicht nur ein oder zwei Zimmer beleuchtet waren.

„Da muss eine größere Gruppe Unterschlupf gefunden haben“, sagte er leise zu sich selbst und realisierte, was er da gerade beobachtete. „Jinpei, weck sofort die anderen auf!“ Jinpei näherte sich ihm vorsichtig.

„Was ist denn los, warum soll ich die anderen aufwecken, die haben gestern überhaupt nicht geschlafen.“

„Mach es einfach.“ Widerwillig begann er die anderen wachzurütteln, während Dai weiterhin das Haus im Auge behielt.

„Was gibt es denn so Wichtiges, dass du uns während deiner Schicht weckst?“ Rei war noch total müde und wollte einfach nur weiterschlafen.

Mit einem breiten Grinsen im Gesicht rechtfertigte er sich: „Ich hab, glaub ich, unsere Verfolger entdeckt.“

„Was?“ Ishikawa riss ihm sofort das Fernglas aus der Hand und schaute selbst hindurch. Er brauchte einen Moment, bis er das Haus fand, auf das Daisuke deutete; als er es dann allerdings fand, gab er seinem Schützling recht.

„Du könntest Recht haben und wenn dem so ist, könnten wir im Vorteil sein, denn sie wissen nicht, dass wir sie entdeckt haben.“ Nun hatte auch Nobu sein neues Spielzeug herausgeholt und sie schauten zu dritt in die Stadt.

„Ich hätte nicht gedacht, dass sich die verwendete Kugel so schnell lohnen würde.“ Nun zeigte sich auch auf dem Gesicht des alten Mannes ein breites Grinsen. Ishikawa wandte sich mittlerweile Nobu zu:

„Was hälst du davon, wenn wir diesen Typen eine Falle stellen, in der Sternwarte zum Beispiel.“

„Gute Idee, unter den aktuellen Umständen sollten wir vor ihnen da oben sein. Die Zeit, ihnen eine Falle zu stellen, sollten wir dann auch noch zur Genüge haben.“

Rei, die immer noch recht verschlafen wirkte, kniete sich zu Daisuke runter, der immer noch damit beschäftigt war die vermeintlichen Verfolger zu beobachten. Dai bemerkte es und wollte ihr das Gerät in seiner Hand reichen, da er davon ausging, dass sie auch einmal anschauen wollte, über was sie alle so aufgeregt waren. Bei dem Versuch, es zu greifen, verlagerte sich ihr Schwerpunkt dank ihres nicht gerade festen Stands und des abschüssigen Bodens nach vorne. So rutschte sie mit dem Oberkörper nach vorne aus. Daisuke bemerkte es, legte schnell das Fernglas aus der Hand und versuchte sic aufzufangen. Dabei drehte er sich ihre Richtung und versucht mit dem linken Bein einen festen Stand für beide herzustellen. Sie fiel ihm direkt in die Arme, dabei stieß sie mit ihrem Kopf gegen seine Stirn. Rei verweilte eine Weile in der innigen Umarmung. Er konnte dabei sowohl das Zitrus-Parfum wie auch den Geruch des Eintopfes vom Mittag in ihren Haaren riechen.

„Ähm du kannst mich jetzt wieder loslassen." Verlegen schaute sie hoch zu ihm.

„Sicher?" Er wollte sie am liebsten noch eine Weile so in den Armen gehalten.

„Nein, eigentlich nicht." Sie flüsterte es gerade so laut, dass nur die beiden es hören konnten.

Er nahm sie ein Stück zurück, womit sie überhaupt nicht gerechnet hatte.

„Ist dir denn nicht kalt?" Sie trug wieder nichts weiter als ein einfaches T-Shirt, kombiniert mit einer Unterhose, über die sie schnell die Hose zog, die neben ihrem Schlafsack lag.

„Nein, gerade nicht." Sie legte ihre Hände auf seine Brust und schaute hoch in sein Gesicht. Bevor mehr passierte, erinnerten sie sich, dass sie nicht alleine waren, und standen auf.

„Willst du dir das Haus immer noch anschauen?"

„Nein eigentlich nicht, ist sicher nicht so spannend." Auf jeden Fall würde für sie an diesem Tag nichts mehr interessanter werden als der Vorfall gerade.

„Also ihr hattet es gerade von einem Plan." Sie versuchte die Aufmerksamkeit der anderen wieder auf den Plan zu richten. Auch wenn es so aussah, als hätte niemand von ihnen etwas gesehen, wollte sie einfach sichergehen.

„Dass die immer noch denken, wir würden nichts bemerken, oder." Umeko wandte sich an Daisukes besten Freund Nobu.

„Allgemein denken hier viele, dass ihre Gefühle unentdeckt bleiben.“ Mit einem leichten Kopfneigen zeigte er auf Harui. „Aber solange sie es geheim halten wollen, sollten wir ihren Wunsch auch respektieren.“ Sie versuchte gar nicht die Anspielung auf Harui kleinzureden, da sie genau wusste, dass es nichts bringen würde.

Wieder zurück beim Thema erklärte Ishikawa den ungefähren Plan an alle: „Ja, wir haben einen Plan. Wir wollen sie in der Sternwarte in einen Hinterhalt locken, doch Genaueres können wir erst planen, wenn wir uns das Gelände dort angesehen haben.“

„Wir müssen sie ausschalten und nicht nur einsperren. Wir brauchen eine langzeitige Lösung“, ergänzte Nobu.

Aber wenn sie es durchziehen wollen, würden sie nochmal eine ganze Mütze voll Schlaf brauchen.

„Wir behalten sie weiterhin während der Schichten im Auge und sollte irgendetwas passieren, werden Nobu und ich sofort informiert.“ Das sollte es für die Nacht an Informationen gewesen sein.

„Stehen wir morgen früher auf oder so wie immer?“ Umekos Frage war durchaus berechtigt.

„Wir werden entweder so aufstehen wie immer oder sobald sich bei denen da unten etwas tut. Je nachdem, was früher eintrifft. Wir dürfen auf gar keinen Fall unseren Vorteil und den Vorsprung verlieren.“

„Er hat Recht, denn der Plan wird nur funktionieren, wenn wir beides auf unserer Seite haben.“ Nobu verdeutlichte die Wichtigkeit dieser Aussage noch einmal. Am liebsten wäre er jetzt schon aufgebrochen, doch den meisten fehlte die Energie dafür.

„Das ist vielleicht unsere einzige Chance, denn morgen können wir sie schon nicht mehr so gut beobachten bzw. gar nicht mehr.“ Mit einem besorgten Blick schaute er in die Gesichter aller und versuchte so die Sicherheit des Plans zu gewährleisten. Eine gewisse Gefahr blieb trotzdem. Immerhin hatten sie überhaupt keine Daten über sie.

„Ich möchte ehrlich zu euch sein, es wird auf keinen Fall so einfach wie der kurze Schusswechsel mit diesen Jägern vor zwei Tagen. Als ich diese Typen das erste Mal gesehen habe, hatte ich Angst. Ich konnte vor Angst nicht atmen. Als ich diesen Typen in die Augen gesehen habe, konnte ich dort nichts weiter als Kälte erkennen. Selbst der Lauf einer auf mich gerichteten Waffe hat mich noch nie so reagieren lassen." Er hielt kurz inne, um seine nächsten Worte mit Bedacht wählen zu können. „Ich sage euch das alles, weil ich vielleicht seit der Sache mit den Jägern für ein paar von euch den Eindruck eines unbesiegbaren Kriegers mache. Doch ich will euch versichern, dass dem leider nicht so ist und ich habe Bedenken, dass ich gegen diese Typen gewinnen kann. Selbst mit Nobus Intellekt wird die kommende Zeit sehr schwer werden."

Doch gerade das machte Nobu nur noch mehr an.

„Endlich mal wieder ein neuer Gegenspieler", dachte er sich. Für ihn war das alles nicht mehr als ein Schachspiel im echten Leben mit erhöhtem Einsatz, wodurch viele Spielzüge, die auf die Opferung einer Figur basierten, nicht möglich waren. Während er der König war, sah er in Ishikawa die Königin, mit der er so gut wie jeden Spielzug machen konnte, und die galt es auf jeden Fall zu bewahren. Seinen besten Freund sah er in dieser Partie als Turm an, an dem man nicht so leicht vorbeikommen würde. Rei hingegen war eher so etwas wie ein Springer, da sie auch mal um die Ecke denken konnte. Denn Rest sah er nur als Bauern an, die es aufzuwerten galt.

Im echten Leben jedoch war für ihn keiner wichtiger als der andere und er musste jeden Spielzug doppelt und dreifach überprüfen, bevor er ihn ausführen konnte. Das Problem war dabei nur, dass sein Gegner ihm ein Zeitlimit gesetzt hatte, das es einzuhalten galt, denn wenn nicht, würden sie alle sterben.

In der Nacht konnte er nur schwer Schlaf finden, da er die ganze Nacht alle Eventualitäten durchgegangen war.

Dabei ließ er zu keinem Augenblick das Haus aus den Augen, jedoch tat sich die ganze Zeit nichts. Hin und wieder huschten ein paar Schatten an den Fenstern vorbei, was für ihn der Beweis war, dass sie noch immer dort waren.

Doch gerade als die Schichten wechselten und Nobu gleichzeitig mit Ishikawa auf das Haus schaute, ging das Licht aus. Ob die Typen einfach nur schlafen gingen oder sich zum Aufbruch bereit machten, war unbekannt. Trotzdem war das für die beiden das Zeichen, dass sie aufbrechen müssen. Sie weckten die anderen, packten in Windeseile die Schlafsäcke und brachen auf. Frühstück gab es unterwegs, ein paar Müsliriegel aus dem Geschäft war alles, was sie hatten.

Kapitel 21 Sternwarte

Alle stapften sie schnellen Schrittes zur Spitze des kleinen Berges, auf der die Sternwarte bereits auf sie wartete.

„Denkst du, der Plan wird aufgehen?“ Jinpei tuschelte leise mit seiner Schwester.

„Wenn Nobu ihn plant und Ishikawa ihn umsetzt, kann doch eigentlich nichts schieflaufen.“

Immer wieder hielten Ishikawa oder Nobu an, um zu schauen, ob sie die Kapuzenmänner erspähen können, doch leider ohne Erfolg. Sie wollten nicht plötzlich in der Nacht überrascht werden, denn eine Nacht würden sie noch in der Finsternis des Waldes verbringen müssen. Unabhängig davon wie schnell sie die Anhöhe hinauf wanderten. Doch was Nobu den ganzen Tag über nicht machte, war mit irgendjemandem reden, er schwieg schon die ganze Zeit. Außer in seinem Kopf. Wie in der Nacht zuvor ging er jedes nur erdenkliche Szenario durch, das er sich ausdenken konnte.

„Eine Frage Umeko: Wie kannst du in diesen Schuhen ganz normal den Berg hochmarschieren?“ Daisuke verwies auf die Absätze.

„Alles nur Übungssache, bei der Höhe kann man schon nach wenigen Tagen ganz normal damit laufen, fast so als wären sie überhaupt nicht da“, antwortete sie ihm.

„Bei höheren Absätzen kann es aber auch gerne mal länger dauern, bis man darin so gut laufen kann“, klinkte sich Rei in die Unterhaltung ein.

„Wenn wir angekommen sind, kann ich sie dir gerne mal zum Üben überlassen.“

„Au ja, das würde ich gerne mal sehen.“ Rei blickte ihn freudig an.

Als Daisuke kopfschüttelnd ablehnte, wendeten sich die beiden Mädchen einander zu und lachten.

„Schade, aber da kann man wohl nichts machen.“ Schulterzuckend und mit enttäuschtem Blick gingen die beiden weiter.

„Du hättest mal ihren Schuhschrank sehen sollen, da hab ich Absätze gefunden, die waren dreimal so hoch. Ich hätte gerne gesehen, wie sie darin diesen Berg hier besteigt.“ Nobu konnte sich kurz aus seinen Gedanken befreien, als er das Gespräch mit anhörte. Dank des Gesprächs davor musste Daisuke sich vorstellen, wie er in eben solchen Schuhen diesen Berg bestieg.

„Da lauf ich lieber auf meinen Händen hier hoch.“ Nun begannen auch Nobu und Daisuke zu lachen.

Am Abend teilte er der Gruppe seine Idee mit, wie er dachte, dass der Plan sicherer werden würde.

„Was haltet ihr davon die Nacht durchzuwandern, so bleiben wir in Bewegung und können die Sternwarte noch in der Nacht erreichen und uns dort zur Not ausruhen.“

„Aber wir sind doch schon vorgestern die ganze Nacht wachgeblieben, und gestern hatten wir alle nur wenig Schlaf, ich weiß nicht, ob ich das schaffe.“ Harui äußerte ihre Bedenken.

„Sie hat Recht, du und auch ich sowie Daisuke oder Rei können vielleicht mal kurz ohne Schlaf auskommen, aber der Rest nicht.“ Ishikawa konnte bereits aus Erfahrung sprechen, was so etwas anbelangte.

„Da habt ihr zwar Recht, doch wenn wir in der Sternwarte sind, können wir uns ausruhen und erst morgen mit dem Aufbau des Planes beginnen.“ Nobu ließ den Fakt, dass nicht alle Menschen so sind wie er, bei seiner Entscheidung oft außer Acht.

„Ich bitte euch, das würde den Plan um einiges effektiver machen und wir hätten mehr Zeit, um die Ausführung zu planen.“ Er machte ihnen ein Angebot. „Die, die nicht so lange ohne Schlaf auskommen, können sich doch während der Planungsphase ausruhen.“ Er wartete auf ihre Reaktion.

Sie erkannten, dass er hätte noch ewig so weiterreden können. So hätte er sie früher oder später überreden können, seine Argumente führten am Ende immer dazu. Selbst durch das Ergebnis änderte sich Nobus Mimik kein Stück, da er bereits mit diesem Ausgang gerechnet hatte.

In der Nacht konnten sie den Weg vor sich nur dank des schwach leuchtenden Mondes sehen, der sein silbernes Licht, so gut er konnte, durch die Baumkronen schickte, um ihnen zu leuchten. Zwar war der Weg nicht steiler geworden, doch durch die schwachen Lichtverhältnisse musste jeder Schritt gut bedacht sein. Dadurch streckte sich der Weg in die Länge.

„Warum gibt es hier denn keinen Weg?“ Umeko machte das, was sie am besten konnte. Sie schloss mal wieder von ihrem früheren Leben im Luxus auf den ganzen Weg.

„Tja, wir leben eben nicht alle im Luxus, aber in diesem Fall hast du Recht, es müsste einen Weg geben, um Güter und Bauteile nach oben zu schaffen.“ Rei fand es auch komisch.

„Ich hoffe, der Rock geht dadurch nicht kaputt.“ Umeko hatte sich am Tag zuvor im Einkaufszentrum einen knielangen hellblauen Rock angezogen.

„Hey Nobu, können wir kurz reden?“ Daisuke gesellte sich zu seinem besten Freund, der schon eine ganze Weile wieder ins Schweigen verfallen war.

„Was gibt's?“ Nobu musste erst mal aus seinen Gedanken in die Realität zurückfinden.

„Ich verstehe ja, dass du diese Typen kriegen willst, das tun die anderen auch. Aber du solltest trotzdem versuchen daran zu denken, dass nicht alle Menschen so sind wie du oder ich und einfach so ohne Probleme eine Nacht ohne Schlaf auskommen können.“ Am meisten Sorgen machte er sich um die Psyche seines Freundes, er dachte, es könnte der Zeitpunkt sein, an dem selbst

Nobus' stabile Psyche brechen könnte. „Du musst verstehen, dass ich nicht gekommen bin, weil die anderen mich darum gebeten haben. Ich bin gekommen, weil ich mir langsam Sorgen um dich mache. Du nimmst die Last der ganzen Gruppe auf dich. Dadurch hast du nicht nur deine eigenen Probleme, sondern auch die von allen anderen."

„Ich verstehe dich." Nobu konnte seine Beweggründe nachvollziehen. „Aber wenn wir diese Typen nicht erwischen, bevor sie uns erwischen, haben wir bald keine Probleme mehr und können den lieben langen Tag schlafen."

„Trotzdem solltest du versuchen mehr auf uns zu hören und anfangen uns zu vertrauen. Wir sind alle für dich da. Außerdem kannst du vieles auch auf Ishikawa oder mich abwälzen. Das ist überhaupt kein Problem." Das war, worauf Daisuke die ganze Zeit hinauswollte.

„Ich kann nichts versprechen, aber ich werde es versuchen. War das alles?"

Mit einem besorgten „Ja" fiel er wieder etwas zurück, während Nobu wieder in seine Gedankenwelt eintauchte.

„Ist mit ihm alles in Ordnung?" Auch Rei war um ihn besorgt.

„Er macht sich so viele Gedanke über den Plan, aber ich kann es schon nachvollziehen. Ich hoffe, er beherzigt meinen Rat."

„Der da wäre?" Rei hatte nicht das ganze Gespräch mit angehört.

„Ich habe ihm nahegelegt, dass er uns mehr vertrauen und auf uns hören soll. Er ist mit diesen Sorgen nicht alleine."

„Ich hoffe auch, dass er sich deinen Rat zu Herzen nimmt."

„Ich auch." Das war Harui, die beide Gespräche mitverfolgt hatte. Rei drehte sich zu ihr um und fragte sie:

„Wie denkst du darüber?"

„Ich denke, er will das Richtige tun, doch er will es zu sehr und gönnt weder sich selbst noch uns dadurch eine Pause."

Inzwischen war es schon 3 Uhr und somit noch ein ganzes Stück vor dem Sonnenaufgang, weswegen der Mond weiterhin die einzige Lichtquelle blieb. Endlich konnten sie erkennen, dass sich der Berg dem Ende neigte. Die Freude, endlich die Sternwarte zu erreichen, wurde jedoch von der Kraftlosigkeit überwältigt.

Weitere zehn Minuten später standen sie dann auch schon direkt davor. In einem Kreis um das runde Gebäude waren Pflastersteine in einem Radius von 10 Metern angeordnet. Das riesige Teleskop war auf sie gerichtet. Doch eines fehlte und das war der Eingang. Sie gingen um das Gebäude herum und sahen nicht nur die einzige Tür, die ins Innere führte, sondern auch einen Weg, der von der anderen Seite des Berges heraufführte.

„Da hast du deinen Weg." Mit einem Lachen wendete sich Nobu zu Umeko um.

„Du hast doch zugehört." Umeko war erstaunt.

„Nur weil ich selbst nichts sage, heißt das noch lange nicht, dass ich nicht zuhöre, was andere sagen." Nobu wunderte ihre Äußerung jedoch kein bisschen.

„Oh okay."

„Tja, der Weg und die Tür sind ja ganz schön, aber leider ist die Tür verschlossen." Mit enttäuschtem Blick wackelte er ein weiteres Mal an der Tür.

„Vielleicht kommen wir ja durch die Öffnung für das Teleskop hindurch." Mit dem Daumen deutete Nobu in die Richtung.

„Das sind aber schon ein paar Meter und selbst mit einer Räuberleiter kommen wir da nicht hoch", merkte Daisuke an.

„Vielleicht finden wir hier ja irgendwo eine Leiter. Helft mal beim Suchen." Lange mussten sie nicht suchen. Ein paar Meter abseits stand ein kleiner Holzverschlag, der nur mit einer Holztür gesichert war.

„Die kriegen wir auf. Daisuke." Der Junge wusste sofort, was Ishikawa von ihm verlangte. Beide nahmen Anlauf und rannten mit voller Wucht gegen die Tür. Sie knarrte nur, ohne sich zu öffnen. Ein weiterer schwungvoller Stoß, diesmal gaben die Scharniere nach und es war ersichtlich, dass nur noch ein weiterer Stoß notwendig war, um sie komplett auszubrechen. Ein letztes Mal nahmen sie Anlauf und fielen mit großem Schwung zusammen mit der Tür auf den Boden.

Ein Blick hinein verriet, dass es der Schuppen für den Hausmeister war. Jede Menge Krempel lag überall verteilt. Das, was sie suchte, fanden sie dennoch. Es lehnten gleich zwei Leitern in der hintersten Ecke des Schuppens. Doch nur eine davon war groß genug, um damit die Wand hochzukommen.

Sie lehnten sie in einem Winkel von 75 Grad an die Wand. Ishikawa war der Erste, der die Sprossen hochstieg. Ein paar Stufen weiter oben schaute er wieder nach unten und Nobu reichte ihm einen der Rucksäcke nach oben. Mit nur einer Hand stieg er weiter hinauf, ganz oben angelangt war er bereits 20 Meter über dem Boden. Dort legte er die beiden Rucksäcke auf eine Art Vorsprung und kletterte wieder runter, um zwei weitere zu holen. Das machten sie noch ganze dreimal. Während der ganzen Zeit hielt Nobu die Leiter unten fest. Nun da keine Rucksäcke mehr zu transportieren waren, blieb er auch selbst auf dem Vorsprung knien, hielt die Leiter von oben fest und half jedem Einzelnen dabei ins Innere zu gelangen.

„Nobu, Daisuke, Jinpei, wehe einer von euch schaut mir unter den Rock." Umeko sagte das einfach aus Reflex.

„Selbst wenn wir wollten, es ist so dunkel, da erkennt man sowieso nichts." Daisuke weitete seine Augen und drehte den Kopf ein wenig. Eine Reaktion ließ nicht lange auf sich warten, denn sowohl von Umeko als auch Rei bekam er einen leichten Schlag ab.

„Was, wofür war das denn jetzt schon wieder?" Bei Umeko konnte er die Reaktion verstehen, doch er verstand nicht, wieso auch Rei zugelangt hatte. Er schaute zu ihr rüber und sah in Augen, die ihn angifteten. In diesem Moment realisierte er die Situation, in die er sich gerade gebracht hatte, und versuchte sich zu rechtfertigen.

„Tut mir leid, ich bin ziemlich müde." Er hoffte, dass er die Situation noch retten konnte, doch sie stellte sich als Nächstes in die Schlange und zeigte ihm die kalte Schulter.

„Da bist du jetzt selbst dran schuld“, dachte er und war damit zufrieden, doch als Nobu ihm dasselbe sagte, antwortete er nur mit „Klappe“ und reihte sich ebenfalls ein. Nobu konnte nicht anders, als zu Lachen. Auch Ishikawa musste kichern, als er das Gespräch aus einiger Höhe mitanhörte. Er fand es schön, dass er es doch immer noch mit Kindern zu tun hatte und nicht mit irgendwelchen abgestumpften Leuten.

Nun kletterte einer nach dem anderen die Leiter hoch, bis nur noch Hauri und Nobu am Boden zurückblieben. Harui hatte schon bei dem Gedanken daran Höhenangst bekommen.

„Harui, es ist alles in Ordnung, schau einfach nicht nach unten.“ Das beruhigte sie jedoch noch nicht ganz. „Und wenn etwas passiert, werde ich dich auffangen.“

Mit einem leisen immer noch unsicheren „Okay“ kletterte sie die ersten Stufen nach oben, nur um sich dann wieder nach unten umzusehen. Doch da es noch dunkel war, konnte sie nichts anderes erkennen als eine Silhouette, die ihr sagte, dass sie wieder nach oben schauen sollte und nicht wieder nach unten blicken dürfe.

Ishikawa streckte ihr bereits seine Hand entgegen, die sie nur allzu dankbar ergriff, bevor sie ins Innere gezogen wurde. Nun blieb nur noch Nobu übrig.

Als dann auch endlich der Letzte oben angekommen war, zogen sie die Leiter nun auch ins Innere, denn es war noch nicht vorbei, sie mussten immer noch von dem Vorsprung runter auf den Boden gelangen. Die Reihenfolge blieb die gleiche. Ishikawa stieg ohne irgendetwas hinunter, um dann mit ausgebreiteten Armen darauf zu warten, dass die Anderen das Gepäck nach und nach hinunterwarfen. Mit dem fertigen Gepäck waren nun die Schüler an der Reihe.

Die Leiter wurde wieder eingefahren und in eine Ecke gestellt.

„Zeit uns ein bisschen umzuschauen.“ Kaum waren diese Worte

ausgesprochen, erkundete jeder alleine oder zu zweit das riesige Gebäude.

„Können wir den kein Licht anmachen?“

„Nicht bis wir es nicht geschafft haben das Teleskop zu verschieben.“ Nobu sah sich weiterhin nach einer Art Bedienpult um, das Jinpei offenbar gefunden hatte.

„Denkst du, das hier könnte uns dabei helfen.“ Er zeigte auf einen Tisch mit jeder Menge Knöpfen und Schalthebeln.

„Das könnte es sein.“ Nobu leuchtete mit seiner Taschenlampe die einzelnen Knöpfe an, um zu sehen, ob da irgendwo etwas vom Teleskop stand. Er wurde mehr als nur fündig, über ein Dutzend Bedienelemente. Auf einem davon stand Kuppelausrichtung.

„Das muss es sein“, dachte er sich und drehte ein bisschen an dem Hebel, und tatsächlich: Ein für dieses Gebäude relativ leiser Motor fing an zu arbeiten und die Ausrichtung der Kuppel änderte sich zusammen mit dem Teleskop, das durch die Öffnung lugte. Er drehte so lange daran, bis sich die Öffnung über der Eingangstür befand.

Er leuchtete mit seiner Taschenlampe auf die Tür, wo er einen Lichtschalter vermutete. Kurz drauf gedrückt, schon wurde der ganze Saal beleuchtet. Nun konnten sie weitere Türen entdecken, hinter denen sich bei jeder etwas anderes verbarg. Hinter der ersten befand sich das Bad mit einer Dusche.

„Die werde ich gleich mal nutzen.“ Umeko, die sich schon genauso lange wie alle anderen nicht mehr gewaschen hatte, musste diese Dusche einfach als Erste benutzen. Sie nahm sich einen Stapel Wechselklamotten mit und verschwand für eine Weile mit dem Klacken des sich schließenden Türschlosses in dem Raum.

Weiter hinten befand sich ein Vorratsraum, den sie sofort musterten. Es befanden sich kaum verderbliche Lebensmittel darin, stattdessen aber Regale voll mit Nahrung in Dosen.

„Wir sollten die verwenden und nicht unsere.“ Ishikawa hatte ganz Recht.

Rei und Daisuke hatten sich in der Zwischenzeit von der Gruppe abgespalten. Sie wollte sich die Sterne ansehen und Dai fand es eine gute Gelegenheit, um noch einmal mit ihr reden zu können.

„Und was Interessantes zu sehen?“ Daisuke versuchte irgendwie in cin Gespräch zu kommen, ohne gleich auf das eigentliche Thema zu sprechen zu kommen.

„Dasselbe könnte ich dich auch fragen.“ Sie konterte mit einer Gegenfrage.

„Was meinst du?“ Er schaute sich kurz um und erkannte, dass sie ihren Hintern genau in seine Richtung streckte. Sie musste sich über Linse des Teleskops beugen, um etwas sehen zu können.

„Ja also, Nein, also ich meine …“ alles was er rausbrachte war Gestammel.

„Was jetzt: ja oder nein?“ Rei hatte sich wieder ihm zugewandt und schaute ihn fragend an. Er wusste egal, was er jetzt sagen würde, es konnte falsch sein.

„Was will sie jetzt hören? Soll ich ihr sagen, dass ich auf ihren Hintern geschaut habe, oder doch lieber, dass ich es nicht getan habe.“ Er haderte mit sich selbst, entschied sich dann letzten Endes für die Wahrheit.

„Ja“, er wartete schon darauf, dass sie wieder verärgert war.

„Na also, geht doch, war das jetzt so schwer?“ Sie wirkte zufrieden. Jedenfalls war er froh, dass sie nicht sauer wurde.

„Also wegen vorhin.“ Er kam endlich zu dem Thema, das er schon die ganze Zeit ansprechen wollte, wurde aber direkt unterbrochen.

„Jetzt mach den schönen Moment nicht direkt wieder kaputt, okay. Es ist alles in Ordnung.“ Daisuke hoffte, dass das stimmte, denn er wollte auch nicht weiter darüber nachdenken müssen.

„Also, du hast immer noch nicht auf meine Frage vom Anfang geantwortet.“ Er lenkte das Gespräch wieder in eine ganz andere Richtung.

„Was war nochmal die Frage?“

„Ob du was Interessantes gesehen hast, also hast du?“

„Ich hab etwas sehr Schönes entdeckt. Komm, schau auch mal durch.“ Sie nahm ihn am Arm und führte ihn zu der Linse, durch die er sehen musste.

„Stimmt, du hast Recht, es ist wirklich sehr schön.“ Zu sehen war ein kleiner blauer Sternennebel.

„Vielleicht hätten wir vor der Kuppelbewegung noch was Spannenderes gesehen.“

„Wieso denn das?“

Rei, die ein bisschen Ahnung von Astrologie und auch Fotographie hatte, erklärte ihm das: „Je länger man ein Objekt wie jetzt zum Beispiel den Sternenhimmel beleuchtet, desto tiefer wird der Einblick und je tiefer der Einblick, desto schöner ist meistens das Bild.“

„Ah verstehe und Nobu hat es quasi kaputt gemacht, in dem er es bewegt hat.“ Rei sah, dass er es einigermaßen verstanden hatte.

„Was hab ich kaputt gemacht?“ Nobu kam hinzu, hatte aber nur den letzten Teil des Gesprächs mitbekommen.

„Den Blick durch das Teleskop.“

„Ach, du meinst wegen der Belichtung.“

Nobu kam nur herüber, um die beiden zu bitten, dass sie bei der Suche nach dem Schlüssel helfen sollen. Alle bis auf Umeko die immer noch im Bad war, suchten bereits danach. Bisher jedoch noch ohne Erfolg.

„Brauchst du den Schlüssel für deinen Plan“, fragte Rei.

„Nicht direkt, es ist sogar besser, wenn er nicht da wäre, ich will nur auf Nummer sicher gehen.“

„Heißt das, du hast bereits einen Plan?“

„Ja, aber den erkläre ich später ausführlich.“ Mit dieser Antwort waren die beiden genau wie alle anderen erstmal versorgt, es beruhigte sie zu wissen, dass er überhaupt einen Plan hatte.

Kapitel 22 Der Plan

Nachdem sie wirklich jeden Winkel abgesucht und dabei keinen Schlüssel gefunden hatten, waren sie sich sicher, dass es auch keinen gab. Nun endlich kam auch Umeko wieder aus dem Bad und trug dabei nichts anderes als eine graue Jogginghose zusammen mit einem weißen Top. Ihre nassen, eher dunkelblonden Haare trug sie in einem Dutt über ihrem Kopf. Da sie ihre frisch gewaschenen Füße nicht sofort wieder durch den staubigen Boden dreckig machen wollte, trug sie schwarze Kuschelsocken. Von ihr wehte ein fruchtig frischer Duft herüber, weswegen sie nicht die Einzige bleiben sollte, die sich den Schweiß der letzten Tage vom Körper waschen wollte.

„Haben wir noch genug Zeit, um zu duschen, durch die ganze Suche bin ich noch dreckiger als zuvor geworden. Hier hat wohl jemand schon ne ganze Weile nicht mehr sauber gemacht", fragte Rei, die nach Umeko am meisten auf ihr Äußeres achtete. „Oder brauchst du uns noch, um den Plan vorzubereiten."

„Nein, den Einzigen, den ich brauche, ist Ishikawa, der Rest kann aber trotzdem helfen." Schon in der Mitte des Satzes hatte sich Rei ihr Zeug geschnappt und war in die Dusche verschwunden, in der es noch dampfte und die Spiegel beschlagen waren. Im Inneren war es ganz schwül durch den heißen Wasserdampf.

„Na, wie gerne würdest du jetzt Mäuschen spielen?" Daisuke ließ den Satz einfach unkommentiert.

„Können wir jetzt mal über den Plan reden." Ishikawa wollte, dass sie die Zeit, die ihnen noch blieb, gut nutzten.

„Dann wollen wir mal alles vorbereiten." Mit einem Lächeln ging Nobu zielsicher auf die Leiter zu. Um den Plan ausführen zu können, benötigten sie einige der Gegenstände, die Nobu mit dem hastigen Blick in dem kleinen Schuppen gesehen hatte. Während Nobu nach oben kletterte, hielt Ishikawa die Leiter unten fest. Danach folgte er Nobu, wobei Daisuke die Leiter sicherte. Oben auf dem Vorsprung hoben sie dann die Leiter an und hievten sie auf die andere Seite. Diesmal stieg nur Nobu hinab in den vom Sonnenaufgang leicht rötlich gefärbten Steinkreis. Er schaute sich schnell um. Er wollte sichergehen, dass ihn niemand beobachtete, bevor er in den Holzverschlag ging. Nach ein paar Minuten kam er mit jeder Menge Krempel wieder heraus. Darunter ein langes Seil, das er sich über die Schulter gelegt hatte, und eine Bohrmaschine zusammen mit ein paar Metallteilen zum Anschrauben. Er musste zweimal gehen, da er nicht alles auf einmal hatte nehmen können.

„Wofür ist der ganze Krempel?“ Ishikawa staunte nicht schlecht.

„Das wirst du gleich sehen.“ Er wandte sich von dem alten Mann ab und ging rüber zu Umeko. „Ist in der Dusche ein Fenster?“

„Was, äh nein.“ Umeko war bis zu diesem Zeitpunkt die Einzige, die bereits geduscht hatte. Rei war nun bereits eine ganze Weile dort drin.

„Gut, im Vorratsraum auch nicht, also müssen wir nur die beiden Doppelschlafzimmer und die Eingangstür verschließen.“

„Was meinst du mit verschließen, ich dachte, die Eingangstür wäre zu.“ Umeko verstand seinen Plan, den er noch nicht erklärt hatte, nicht.

„Das stimmt, aber ich will sie komplett einschließen, denn vielleicht kann ja einer von denen Schlösser knacken. Deswegen werden wir die Türen mit Winkeln verschrauben, sodass sie auf keinen Fall aufgehen werden.“

Einen kleinen Moment später öffnete sich die Tür des Bades und Rei trat heraus. „Tschuldigung, dass es so lange gedauert hat. Hat ziemlich lang gebraucht, bis ich den ganzen Dreck und Staub aus den Haaren bekommen hatte.“

„Kein Problem, du kommst nämlich genau richtig.“ Nobu war glücklich, dass nun endlich alle da waren.

„Richtig für was?“ Sie schaute ihn verwirrt an.

„Ich will euch jetzt meinen Plan verraten.“

Rei erwähnte, dass sie bereits den Hauptsinn des Plans mit angehört hatte, weswegen sie einfach fortfuhren, ohne eine Erklärung extra für sie abzuliefern.

„Und was passiert dann, sie können doch immer wieder die Leiter benutzen und herausklettern, oder nicht.“

„Doch, und genau darauf baue ich. Denn wenn sie das tun, können sie nur einzeln das Gebäude verlassen und geben uns somit die Chance sie zu erschießen.“ Umeko wusste nicht, was sie mehr schockierte, der Fakt, dass sie ihre Verfolger erschießen wollen, oder doch eher, dass sie nichts dagegen hatte.

„Ähnelt das nicht mehr einer Hinrichtung?“ Umeko fand, dass es nicht der schlimmste Plan war, den er in der letzten Zeit hatte. Die Idee mit dem Feuer, das am Ende die gesamte Stadt mit all ihren Bewohner niedergebrannt hatte, wenn auch ungewollt, war ihrer Meinung nach viel grausamer gewesen. Und da hatte sie auch schon freiwillig mitgemacht. Außerdem hatte sie persönlich etwas gegen diese Leute. Immerhin waren sie verantwortlich dafür, dass sie jetzt in der Wildnis herumstapften.

„Und wie willst du sie überhaupt dazu bringen, dass sie alle hier reinkommen?“ Das war die Frage aller Fragen, doch sie sollte nicht unbeantwortet bleiben.

„Wir werden so tun, als wären wir noch hier, während wir uns aber in Wirklichkeit im Wald in der Nähe verstecken werden. Und da diese Typen Profis zu sein scheinen, werden sie bereits mit einem Hinterhalt rechnen und erstmal nur einen reinschicke, der auskundschaften soll und wenn der grünes Licht gibt, werden die anderen bis auf ein paar wenige ins Innere gehen. Aber selbst wenn draußen ein paar stehen, sind die kein Problem, solange es nicht zu viele werden. Das heißt, unsere Ablenkung muss standhaft genug sein.“

„Und wie schaffen wir das?“ Umeko wollte ganz sichergehen,

dass Nobu auch wirklich alles mit einberechnet hatte. Sie wollte diese Typen bluten sehen wie kein anderer.

„Das wird alles nur funktionieren, wenn sie nicht wissen, dass wir eine Nachtwache abhalten und wie viele wir sind."

„Das sind aber ziemlich viele Wenns, findest du nicht?"

„Wenn diese Wenns nicht wären, hätte ich keinen Plan, der uns so sicher gewinnen lassen würde."

„Hast du auch einen Plan B für den Fall, dass sie diese Wenns alle kennen." Nun schaltete sich auch Ishikawa in die Planbesprechung ein. Er kannte sich nur zu gut mit schiefgelaufenen Plänen aus. Wie oft hatte irgendjemand, der noch nie ein Schlachtfeld gesehen hatte, ihnen einen angeblich perfekten Plan überreicht. Genauso oft wie sie auch gescheitert waren. Deshalb ist er nach einigen schiefgelaufenen Plänen nie wieder ohne einen Plan B in die Schlacht gezogen.

„Dann werden wir sie aus der Distanz zu dritt erschießen, während der Rest weiter nördlich den Berg herunterläuft."

„Bei dem Plan kann aber ziemlich viel schiefgehen." Rei war nicht wirklich überzeugt von der Funktionsfähigkeit des Plans.

„Mir fehlen sowohl Mittel als auch Wege, von der Zeit mal ganz abgesehen. Aber wenn jemand eine bessere Idee hat, bitte immer raus damit." Er schaute sich in den Gesichtern seiner Freunde um und sah, dass sie erkannten, dass man schnell eine große Klappe riskieren kann. Wenn es dann aber darum geht Ergebnisse zu liefern, konnten sie nicht mithalten.

„Was müssen wir machen?" Auch wenn Harui nicht zu 100 % von der Idee überzeugt war, hatte sie keinen besseren Vorschlag und wollte so viel helfen, wie sie nur konnte.

„Wir müssen als Erstes die vier Matratzen aus den beiden Schlafzimmern und die Ersatzmatratze aus dem Lagerraum holen, die werden wir dann hier auf dem Boden ausbreiten zusammen mit Decke und Kopfkissen. Das Sofa dürfen wir dabei natürlich auch nicht vergessen." Er zeigte auf ein braunes Sofa, bei dem das Leder schon ziemlich abgenutzt aussah und auf dem außer zwei Kissen nichts weiter lag.

„Außerdem werde ich gleich nochmal rausgehen und den Bunsenbrenner holen, den ich im Schuppen gesehen hatte, um den wir dann hier in der Mitte ein paar der Dosen aus dem Vorratsraum stellen werden. Das wäre es erstmal, ich erkläre weiter, wenn das erledigt ist.“ Sie machten sich immer in Zweierteams daran die Matratzen aus den Zimmern zu holen, während er und Ishikawa wieder nach draußen gingen. Diesmal holte er den Rest der Sachen, die für den Plan wichtig waren, heraus und versuchte, so gut er konnte, das Gefühl zu hinterlassen, dass nicht viel fehlte, indem er ein bisschen Ordnung schaffte. Dazu musste er lediglich ein bisschen Ordnung in den Schuppen bringen, schon sah es so aus, als wenn nichts fehlen würde.

„Was hältst du von seinem Plan?“ Umeko sprach zu Jinpei, während sie gerade eine Matratze in den großen Saal schleppten.

„Ich denke, dass, wenn er nicht von Nobu kommen würde, niemand auch nur ein bisschen Vertrauen da reinsetzen würde, ich vermutlich auch nicht. Das ist es, was mir Angst macht, dennoch hoffe ich, dass es klappt.“ Den letzten Satz sagte er gerade mal so laut, dass Umeko es als Einzige noch hören konnte.

Etwa 20 Minuten später war alles so weit gesagt. Die Sonne stand nun schon fast direkt über ihnen und es würde nicht mehr lange dauern, bis sie ihren Höchststand erreicht hatte.

„Wie geht es jetzt weiter?“

„Wir werden ein paar unserer Sachen opfern müssen. Es muss auf jeden Fall so aussehen, als wenn jemand unter den Decken liegt. Den Großteil davon können wir mit Decken erledigen. Aber leider nun mal nicht alles, das heißt, dass wir ein paar unserer Klamotten opfern müssen. Außerdem müssen wir drei unserer Rucksäcke gefüllt hier lassen.“

„Wieso das denn?“ Umeko wollte erst den Grund wissen, bevor sie sich von ihrem Zeug trennte.

„Weil es so noch echter aussieht."

„Und wieso dann nur drei Stück, wo hier doch ganz klar sechs Leute schlafen."

„Weil ich den Rucksack vom Handwerker aus dem Schuppen hab und außerdem hab ich im Einkaufszentrum in weiser Voraussicht einen Rucksack mitgehen lassen. Ich dachte, der könnte uns irgendwann mal helfen."

„Aber das wären dann doch immer nur noch fünf."

„Ich gehe davon aus, dass sie wissen, dass Umeko verletzt ist und deswegen nicht schwer tragen kann. Also rechne ich für dich keinen Rucksack ein."

„Verstehe, und wie geht es dann weiter?" Umeko hatte zwar immer noch keine Lust darauf ihre Klamotten einfach so hier zu lassen.

„Wir sollten das erstmal vorbereiten."

Jeder spendete ein paar Kleidungsstücke, die dann sorgfältig unter der Decke vorbereitet wurden, damit es in der Dunkelheit so echt aussah wie nur möglich. Allerdings war das Problem eher es im Hellen echt aussehen zu lassen. Doch nach einer kurzen Weile sah es annehmbar aus. Blieb nur die Hoffnung, dass sie nicht erst mitten am Tag auftauchen.

In den Rucksäcken war trotz fehlender Klamotten kein Platz mehr, eher genau das Gegenteil war der Fall: Durch die Rucksäcke, die wegfielen, hatten sie Platzprobleme, weswegen sie sich dazu entschlossen ein paar der Lacken noch gegen Klamotten auszutauschen, da es wichtiger war Platz für Essen zu schaffen als für Klamotten. Doch es lief auf dasselbe hinaus, sie konnten einfach nicht mehr genug Essen mitnehmen, um die ganze Gruppe lange genug zu versorgen. Ihre einzige Chance bestand also darin zu hoffen, dass es in der nächsten Stadt einen Laden gab, in dem sie Rucksäcke auftreiben können. Das war jedoch ein Problem, um das sie sich später kümmern mussten.

„Das war aber noch nicht alles, wir müssen auch dafür sorgen, dass sie die Betten nicht zu genau untersuchen wollen.“ Das war das Einzige, was bei der Ablenkung noch gefehlt hatte.

„Und wie willst du das jetzt wieder hinkriegen?“, fragte Daisuke neugierig.

„Das ist Umekos kleine Spezialaufgabe von mir.“ Er schaute zu Umeko, die kurz ihren Dutt öffnete, um ihn sich mit ihren mittlerweile getrockneten Haaren erneut machen zu können. Er traf sie unvorbereitet, weshalb sie kurz innehielt und dabei einen Strang ihrer Haare packte.

„Und wie hast du dir das vorgestellt, ich muss doch hoffentlich nicht als Köder hierbleiben?“ Sie hatte nun wieder Angst, obwohl bisher alles darauf hinauslief, dass sie auf jeden Fall überleben würde, selbst wenn der Plan schiefging.

„Ja und nein. Du wirst hier sein, aber nicht direkt, es wird deine Stimme sein, die zu hören ist.“

„Aber fällt das nicht sofort auf, wenn meine Stimme zu hören ist, ich aber nicht zu sehen bin.“ Sie dachte, dass sie vielleicht ein Handy in eines der Betten legen würden und sie dann dort anruft oder so was in der Art.

„Du wirst unter der Dusche sein, wir werden zuvor mit einem Handy die Geräusche aufnehmen, die du machst, wenn du unter der Dusche stehst.“

„Und warum soll ich das machen, außer Rei und mir war doch heute noch niemand duschen. Es kann doch einer von euch machen.“ Umeko mochte den Gedanken, unter der Dusche aufgenommen zu werden, ganz und gar nicht.

„Erstens weil Männerstimmen zu tief sind, weshalb sie von anderen Männern nicht so stark wahrgenommen werden wie die Stimmen einer Frau, die viel höher ist.“

„Dann bleiben aber immer noch zwei andere.“

„Der zweite Grund ist, dass Harui zu unsicher ist, um das zu schaffen, sie könnte irgendwelche Fehler bei der Aufnahme machen, die alles auffliegen lassen würden. Außerdem gehst du doch sowieso noch einmal duschen oder nicht.“

„Ja schon, aber dann bleibt immer noch Rei."

„Ja, aber wenn Rei unter Dusche genauso ist, wie sie normal in der Schule war, kommt gar nichts. Was wiederum heißt, sie würde unter der Dusche extra irgendwelche Geräusche machen, und da könnten auch wieder Fehler passieren. Glaub mir einfach, dass du die Beste dafür bist."

„Na gut, ich mach's, aber dafür bist du mir was schuldig." Umeko konnte sich noch immer nicht mit dem Gedanken anfreunden.

Langsam wurde es Zeit für das Mittagessen, die Sonne stand schon wieder auf der anderen Seite der Kuppel und läutete den Nachmittag ein. Alles, was danach noch gemacht werden musste, waren die Winkel, die noch in den Räumen mit Fenster und der Haupt-Tür angebracht werden mussten. Erneut plünderten sie die Vorratskammer und zum ersten Mal auf ihrer Reise war es kein offenes Feuer, über dem sie kochten, wenn man das Mittagessen in dem leeren Restaurant mal weglässt. Ein großer und entscheidender Nachteil gegenüber einer offenen Feuerstelle oder einem Herd war, dass nur eine Dose nacheinander gemacht werden konnte. Wenn man alleine irgendwo Campen geht, mag das vielleicht nicht ins Gewicht fallen. Bei einer größeren Gruppe dauert es so aber bedeutend länger.

Nach einer gefühlten Ewigkeit war auch die letzte Dose erhitzt und bereit zum Verzehr. Der Bunsenbrenner sollte für die Zeit unbedingt außer Betrieb sein, da noch genug Gas vorhanden sein musste, um die Winkel zurechtzubiegen. Mit bloßen Händen wäre das unmöglich, mit Hitze jedoch war es schon bedeutend einfacher. Nobu schlang sein Essen förmlich runter, bemerkte aber erst nach seinem letzten Bissen, dass er damit der Einzige war. Alle anderen ließen sich Zeit und genossen das Essen. Ihm blieb also nichts anderes übrig, als auf sie zu warten, da er nicht alleine mit dem heißen Metall hantieren wollte.

„So wie ich das jetzt verstanden habe, braucht ihr uns doch nicht mehr, richtig?" Harui schaute zu Nobu, Daisuke und Ishikawa, die bereits ein eingeschworenes Team geworden waren, wenn es darum ging den Plan in die Tat umzusetzen. Doch außer Nobu kannte niemand den Plan in allen Einzelheiten, weshalb auch seine beiden Teamkollegen ihn fragend anschauten und nur ein einfaches Nicken als Antwort bekamen.

„Gut, dann geh ich jetzt auch mal duschen", sagte sie und vergrub ihre Hände und fast auch ihr Gesicht in ihrem Rucksack, um sowohl ihr Duschzeug als auch neue Klamotten hervorzuholen.

„Na wie gerne würdest du da jetzt Mäuschen spielen?" Daisuke drehte den Spieß um und ging Nobu nun mal auf die Nerven mit seiner Beziehung, die noch nicht über eine einfache Freundschaft hinausging.

„Klar, warum nicht." Daisuke war sowohl von der Tatsache überrascht, dass er eine Antwort bekam als auch von der Antwort selbst.

„Hast du das nur gesagt, damit du deine Ruhe hast oder war das ernst gemeint?"

„Wenn ich nur meine Ruhe haben wollte, hätte ich was anderes oder gar nix gesagt. Denn so hat es ja offensichtlich nicht funktioniert. Ich versteh nicht, wieso es dich so überrascht, sie ist trotz allem noch ein Mädchen mit gewissen Vorzügen. Klar, sie hat jetzt nicht die Top-Figur wie Rei oder Umeko, aber kleine Fettpolster sind auch nicht verkehrt."

„Das hätte ich jetzt nicht gedacht, aber ja du hast Recht, ein paar Fettpolster sind auch nicht verkehrt."

Ein kurzer Aufschrei gefolgt von klirrendem Metall. Der Winkel in Nobus Hand wurde so heiß, dass die Zange sich bereits bis zum Griff erwärmen konnte. Er nahm schnell den Hammer und schlug das Stück auf den passenden Winkel, um ihn an eine Tür befestigen zu können.

Die körperliche Arbeit gepaart mit der Hitze des Metalls ließ bei den dreien den Schweiß fließen. Sie mussten eine kurze Pause eingelegen, da ihre Körper langsam dehydrierten. In dieser Zeit kam Harui aus der Dusche zurück, in der Hand den Stapel der alten dreckigen Wäsche, die durch neue mehr oder weniger frische Klamotten getauscht wurden.

Als sie näher kam, um ihre alten Sachen wieder im Rucksack zu verstauen, musterte Nobu sie von Kopf bis Fuß, wobei ihm auffiel, dass ihre charakteristischen Zöpfe auf beiden Seiten fehlten. Dennoch blieb ein Kompliment von seiner Seite nicht aus:

„Du siehst gut aus." Harui ließ ihre Klamotten auf den Rucksack fallen und drehte sich zu Nobu um, da sie dachte, sie hätte sich verhört.

„Findest du wirklich?" Sie wollte es noch einmal aus seinem Mund hören.

„Ja, du siehst wirklich gut aus." Sie bekam nur ein erfreutes „Danke" heraus, ehe sie sich wieder umdrehte und den Rucksack packte. Innerlich machte sie wieder einmal Freudensprünge über das erste Kompliment von Nobu, das sie wirklich als eines wahrnahm. Jedoch mussten die drei wieder an die Arbeit, um noch vor Einbruch der Dunkelheit fertig zu werden. Denn es gab noch ein weiteres Problem, es stand ihnen nur eine Bohrmaschine zur Verfügung. Doch nachdem schon ein paar Winkel gebogen waren, machte sich Daisuke daran sie so an den Türen zu befestigen, wie Nobu es ihm gesagt hatte. Sie schafften es noch vor Sonnenuntergang mit den Arbeiten fertig zu werden.

Nun war nur noch eines zu tun, und das war der einzige Part, den explizit Umeko übernehmen musste. Sie ging also wie auch schon am Morgen unter die Dusche und streifte ihre Klamotten von ihrem Körper. Doch nicht ohne dabei die ganze Zeit das Handy im Auge zu behalten. Irgendwie hatte sie das Gefühl beobachtet zu werden. Doch der erste Schritt war bereits getan, sie war nun so, wie Gott sie schuf. Zuerst drehte sie das Wasser auf, bevor sie dann endlich den Mut fand auf den Aufnahmeknopf des Handys zu drücken. Sie hielt kurz die Luft an, als es begann die Sekunden zu zählen, doch all das war schnell wieder vergessen, als die ersten warmen Wassertropfen ihre Haut berührten. Nachdem ihr kompletter Körper mit einem dünnen Wasserfilm bedeckt war, vergaß sie alles um sich herum – besonders das Handy – und summte eine kleine Melodie. Je länger sie es genoss, desto öfter wechselte die Melodie von einem Lied zum anderen. Erst als sie fertig war und das Wasser abstellte, fiel ihr auf, dass ein Handy mit ihr in diesem Bad lag. Sie hatte total vergessen, wieso sie gerade dort war. Sofort stoppte sie die Aufnahme und sperrte den Bildschirm. Sie erinnerte sich schnell wieder, was ihre eigentliche Aufgabe war, und sie hoffte, dass sie damit erfüllt sein würde, sie wusste nicht mehr, was sie machte.

Diesmal verzichtete sie auf den Dutt und kam einfach raus.

„Und hast du es erledigt?"

Sie reichte ihm das Handy mit dem Satz: „Alles erledigt." Nobu war erleichtert zu hören, dass alles gut gegangen war. Nun konnte auch er entspannt unter die Dusche steigen in dem Wissen, dass sein Plan vollendet wurde. Das Wasser wusch nicht nur Schweiß und Dreck ab, sondern auch seine Sorgen. Als er fertig war, fühlte er sich wie neu geboren.

Ishikawa tauchte plötzlich mit sieben Gläsern in der einen Hand und einer der beiden Whiskeyflaschen in der anderen auf.

„Vor einem Einsatz haben wir früher immer alle zusammen einen Drink genommen, ich weiß, ihr seid noch minderjährig, doch ich würde diese Tradition gerne fortführen." Er stellte jedem ein Glas hin und füllte etwas aus der Flasche dort hinein. Allein der Geruch reichte bei manchen schon aus.

„Also seid ihr alle dabei?" Sie schauten sich an und nickten zustimmend in dem Wissen, dass er nichts anderes erlauben würde.

„Gut, dann trinken wir darauf, dass das morgen das erste und einzige Mal sein wird, dass wir aus diesem Grund die Gläser heben müssen." Alle führten ihr Glas in die Mitte, um anzustoßen, und schlangen dann den Inhalt des Glases in einem Rutsch hinunter. Jedem brannte danach die Kehle, selbst bei Ishikawa, der aber keine Reaktion zeigte, da er es gewohnt war. Sie alle verzogen das Gesicht wegen dieser neuen, fast schon ekeligen Erfahrung.

Trotz guten Plans und eines kleinen Aufheiterungstrunks durften sie die Nachtwache nicht schleifen lassen. Es war mittlerweile schon zu einer Art Routine geworden und alles war froh, dass wenigstens etwas Alltag in diese sonst so verdrehten Zeiten kam.

„Die Sterne heute sind noch schöner als damals, als die Reise begann." Daisuke lag zusammen mit Rei auf einer Matratze und blickte hoch in den Sternenhimmel.

„Das stimmt." Rei wollte schon damit anfangen, dass man genau wegen dieses guten Blicks diesen Ort für eine Sternwarte ausgesucht hatte. Da sie aber die Situation nicht mit ihren wissenschaftlichen Fakten zerstören wollte, drückte sie sich einfach noch fester an ihn.

„Denkst du wirklich, dass wir diese Sterne nie wiedersehen werden, sobald wir in Tokio angekommen sind."

„Leider ja, man kann dort jetzt schon keine Sterne beobachten. Und wenn noch mehr Menschen dort leben und alles noch heller wird, könnten das hier vielleicht wirklich die letzten Sterne sein, die wir jemals zu Gesicht bekommen." Der traurige Unterton war nicht zu überhören.

„Dann sollten wir das hier zu etwas ganz Besonderem machen." Daisuke drehte seinen Kopf zur Seite und gab Rei einen Kuss.

Kapitel 23 Die Konfrontation

Die letzte Schicht, die noch im Dunkel hätte stattfinden sollen, wurde dafür verwendet alles und jeden nach draußen zu verfrachten. Ohne spezielle Ausrüstung dürfte sie so niemand sehen. Sie ließen aber auch einiges drinnen, damit es weiterhin so aussah, als wäre noch jemand im Inneren sein.

Die Mädchen und Jinpei mussten nun weiter Richtung Süden gehen, um sich in Sicherheit zu bringen. Wenn sie weit genug weg und außer Hörweite waren, sollte Umeko die Aufnahme abspielen, bis ihr etwas anderes gesagt werden würde. Währenddessen brachten sich Nobu und Daisuke in Position und justierten bereits ihre Gewehre auf das Ziel. Sie legten sich flach auf den Boden. Sie spürten den Tau auf ihrem Körper, der ihnen einen kalten Schock durch den ganzen Körper schickte. Doch das hieß es zu überstehen. Daisuke entdeckte durch sein Zielfernrohr eine Gestalt in der Dunkelheit, die versuchte in das Innere zu gelangen. Sie kletterte an einem Seil die Wand nach oben. Erst jetzt fiel ihm auf, dass er Ishikawa gar nicht sah, wie er seinen Platz vorbereitete. Ohne weiter darüber nachzudenken, griff er zu seinem Handy, bis ihm einfiel, dass Ishikawa selbst gar keines besaß. Stattdessen rief er Nobu an. Er war überrascht eine tiefe, raue Stimme, die er sofort als die von Ishikawa identifizieren konnte, zu hören. Er hatte sich das Handy von Nobu genommen und es gegen das von jemand anderem ausgetauscht. Ishikawa war sich sicher, dass Daisuke als Erstes Nobu anrufen würde. Ishikawa entschuldigte sich dafür, dass er nicht schon früher die Wahrheit sagen konnte.

„Wieso tust du das, wir hatten doch einen Plan." Daisuke fiel kein Grund ein, der es für ihn gerechtfertigt hätte.

„Ich will einfach nur sicher sein, dass wir gewinnen, und das mit gestern Abend war gelogen. Wir haben nie zusammen getrunken, wenn wir wollten, dass eine Mission gut verläuft. Ganz im Gegenteil, es war für den Fall, dass es einer nicht zurückschaffte, er sollte die Gelegenheit bekommen noch ein letztes Mal mit allen die Gläser heben zu dürfen. Es tut mir wirklich aufrichtig leid, dass ich dich nun auch schon verlassen muss, doch es geht nicht anders." Kurz kam nichts mehr, bis mit einem „Leb wohl" aufgelegt wurde.

„Nein", er wählte die Nummer erneut, doch diesmal ging direkt die Mailbox dran. Ishikawa hatte das Handy sofort ausgeschaltet, nachdem er auflegte. Als Nächstes wählte er die Nummer von Jinpei, da er wusste, dass Nobu dieses Handy auf jeden Fall hatte. Umekos wurde für die Aufnahme gebraucht, Haruis als Lautsprecher und Reis Handy, um den Anruf zu tätigen. So war zumindest der Plan, er hoffte, dass sich wenigstens daran nichts geändert hatte.

„Was ist denn jetzt?" Nobu wollte nicht riskieren aufzufliegen und flüsterte nur in den Lautsprecher hinein.

„Ishikawa, er ist wieder drinnen."

„Er ist was?" Nobu war schockiert, da er es selbst nicht gesehen hatte.

„Er sagte, das gestern war sein letzter Drink." Daisuke versuchte nicht auch noch loszugehen.

„Wir können da jetzt nicht mehr rein, das ist zu spät, die können jeden Moment hier auftauchen. Wir müssen uns jetzt darauf vorbereiten." Daisuke konnte einfach nicht fassen, dass Nobu immer noch so kaltherzig war, doch bevor er auflegte, sagte Nobu noch etwas, das er sich selbst bereits dachte. „Ich kann dir nicht versprechen, dass er das überlebt, also lass uns diese Typen endgültig erledigen."

„Ja, das werden wir." Daisuke war entschlossener als je zuvor.

Es dauerte keine zehn Minuten, bis 17 vermummte Gestalten aus exakt derselben Stelle wie sie noch am Vortag aus dem Wald kamen. Es war kein einziges Geräusch zu hören gewesen. Wenn sie also ein paar Leute die Umgebung haben sichern lassen, würden weder Nobu noch Dai sie bemerken, bis es zu spät wäre.

Langsam ging die Sonne auf und man konnte mehr als nur Silhouetten sehen, es waren schon fast Gesichter zu erkennen. Einer der Männer schickte zwei andere um das Gebäude, damit sie nach einem Eingang suchen konnten. Sie kamen zurück und berichteten von der verschlossenen Tür auf der anderen Seite. Es war die Einzige, die sie nutzen konnten.

Der Mann, der die anderen losschickte, zeigte nun auf den Holzverschlag mit der eingetretenen Tür. Wieder gingen zwei der Männer los, um ihn zu untersuchen, und kamen nach einigen Augenblicken mit der Leiter unter dem Arm zurück. Gemeinsam gingen sie um das Gebäude. Wieder bekamen sie ein Zeichen und lehnten daraufhin die Leiter gegen die Außenwand. Alles ohne auch nur einen Ton von sich zu geben. Ohne ein Wort sagen zu müssen, kletterte einer Sprosse für Sprosse die Leiter hoch und lugte oben angelangt über die Schwelle.

Da die Sonne auf der anderen geschlossenen Seite der Kuppel war, konnte er nicht viel erkennen. Gerade so waren die Matratzen zu erkennen und auch dass jemand darauf zu schlafen schien, war gerade so zu sehen. Der Mann bekam ein Seil hochgeschmissen, das er an einem Griff befestigte und sich langsam nach unten abließ.

Er wanderte umher und konnte noch ein paar weitere Sachen sehen, die exakt für diese List aufgebaut wurden, darunter den Bunsenbrenner und die vollen Büchsen. Bevor er jedoch dazu kam sich genauer umzuschauen, wurde er von einem Geräusch, das sich nach fließendem Wasser anhörte, abgelenkt. Ihm fiel auf, dass eine der Matratzen leer war. „Wohl ein Früh-Duschscher“, dachte er sich und näherte sich dem Geräusch.

Nun konnte er auch das Summen einer Melodie hören. Das Handy gab sein Bestes, um das rauschende Wasser zu übertönen. Licht schien unter der Tür hindurch, weshalb er sich noch ein

Stück näherte. Er näherte sich nur so weit, bis er erkennen konnte, dass es sich um eine Frauen- oder viel eher Mädchenstimme handelte. Er drehte wieder um und nahm sich leise eine der Dosen, diese band er dann an das untere Ende des Seils und warf es mit aller Kraft aus der Öffnung in der Luke. Es war das Zeichen für seine Leute, dass sie ebenfalls ins Innere kommen sollen. Kurze Zeit später waren bis auf drei, die draußen Wache halten sollten, alle im Inneren. Sie sahen sich um und entdeckten schnell den Lichtschalter. Jeder zückte ein Messer, bevor es angemacht wurde. Der komplette Saal erstrahlte nun in hellem Licht. Die Männer an den Matratzen konnten erkennen, dass es keine Menschen waren, die dort lagen, sondern nur Klamotten und alte Lacken.

„Du Idiot, das ist ne Falle", rief einer von ihnen, doch da war es bereits zu spät gewesen. Vergebens versuchten sie in einen der Räume mit den Fenstern zu gelangen, die Winkel taten ihre Arbeit perfekt.

Ishikawa, der sich derweil im Vorratszimmer versteckte, konnte sehen, wie die Falle bis dahin perfekt zuschlug, er grinste leicht, wusste aber, dass jetzt der schwere Teil für ihn kommen würde. In beiden Händen hielt er eine Glock 9 mm mit einem Magazin von 16 Schuss bereit. Er hatte keine Ersatzmagazine, das hieß, sobald die Pistolen leer waren: entweder den Tod für ihn oder einen erbitterten Kampf Mann gegen Mann, den er mit Sicherheit verlieren würde, also erneut den Tod mit sich brachte.

Als die meisten von der Tür abgewandt waren, um nach einem Ausgang zu suchen, riss er die Tür auf und schoss gezielt um sich. Dabei traf er einige der Männer, ein paar gingen zu Boden, der Rest wurde nur verletzt. Er versuchte in Deckung zu gehen und wurde dabei von einem fliegenden Messer am Bein erwischt, jedoch nicht ohne selbst noch einmal jemanden getroffen zu haben. Hinter dem großen Teleskop in Sicherheit spürte er die Wärme des Blutes seinen Unterschenkel entlangfließen. Das Dunkelblau der Hose wurde dunkler und das Blut wollte gar nicht aufhören zu fließen. Endlich fand er die Zeit sich einmal umzusehen und erkannte, dass mindestens fünf von ihnen bereits tot waren. Leicht zu erkennen an den riesigen Blutlachen um sie herum.

„Da hat sich der Junge ja ein feines Willkommensgeschenk für uns ausgedacht." Der Mann, der sich die ganze Zeit so aufführte, als wäre er der Anführer, nahm endlich seine Kapuze ab und enthüllte sein Gesicht. Ishikawa staunte nicht schlecht, als er in das Antlitz des Mannes blickte, der wie der perfekte Durchschnittsjapaner wirkte. Weiche Gesichtszüge, kurze schwarze Haare mit braunen Augen. Das Einzige, was ihn vom Durchschnitt unterschied, war dieser eisige, gefühllose Ausdruck in seinen Augen, der verriet, dass er nicht zum ersten Mal mordete und vermutlich schon Dutzende von Menschen auf dem Gewissen hatte. Ein kalter Schauer durchzog seine alten Knochen in dem Wissen, dass sein Gegenspieler trotz seines vergleichsweise jungen Alters mehr Erfahrung darin hatte andere zu töten als er selbst.

„Hier kommt ihr nicht mehr raus, ohne dass ihr sofort erschossen werdet." Erst jetzt fragte er sich, woher er von Nobu wissen konnte und noch merkwürdiger war, dass er annahm, der Plan sei von ihm. Es war fast so, als würde er ihn kennen.

„Das würde auch erklären, wieso ich eben auch von draußen Schüsse gehört hatte. Das heißt dann wohl, dass unsere Wachen bereits tot sind." Aus einem unerklärlichen Grund fing er an zu grinsen. Doch das war es nicht gewesen, was Ishikawa schockierte.

„Jemand, der kaltherzig so viele Menschen auf dem Gewissen hat, kann nicht mehr ganz klar im Kopf sein", dachte Ishikawa sich. Was ihn eher erstaunte, war, dass der Typ die Schüsse draußen von denen hier drinnen unterscheiden konnte.

Aber es stimmte, die drei Wachen draußen vor der Sternwarte wurden mit vier Schüssen getötet. Zwei von Daisuke und zwei von Nobu, der seinen ersten verwundete aber nicht tötete, weshalb er noch ein zweites Mal hatte abdrücken müssen.

„Ihr dachtet euch wohl, ihr legt euch nur mit einer Bande Kinder und einem alten Mann an, aber da habt ihr euch deutlich geirrt." Er wollte sie zur Kapitulation bringen, doch es scheiterte.

„Wir wussten genau, worauf wir uns einlassen, aber ich bin ehrlich, ich hatte nicht damit gerechnet, dass ihr Anführer jemanden ins offene Messer laufen lassen würde", erwiderte er. Es herrschte nun schon seit einiger Zeit Ruhe zwischen den Parteien, das kam Ishikawa seltsam vor. Da er wusste, dass er es mit Leuten zu tun hatte, die im Verborgenen handeln, war er besonders auf der Hut.

„Er wusste nichts davon. Das war meine eigene Entscheidung, die ich zum Wohle der Kinder bereit war zu treffen." Mit den letzten Worten drehte er sich um und feuerte die verbliebenen Kugeln auf alles ab, das sich bewegte. Doch ohne seine Deckung bot er eine perfekte Zielscheibe für die Messer. Erst als die Schlitten seiner Pistolen nicht mehr nach vorne fuhren, gab auch sein Körper nach und sackte zusammen, er hatte erneut bei vier von ihnen das Licht ausgeknipst, aber zu welchem Preis. In seinem Körper steckten über ein halbes Dutzend Messer. Das Blut floss nur so aus seinem Körper.

„Danke, dass du so viele Jahre durchgehalten hast, auch wenn ich nicht immer gut zu dir war."

„Noch irgendwelche letzten Worte?" Der Anführer der Killer stand mit einem Messer über dem geschundenen in Blut getränkten Körper.

Ishikawa erlebte sein gesamtes Leben in einem Augenblick erneut. Er bereute einige seiner Entscheidungen, oft hatte er nicht schnell genug gehandelt, weswegen Kameraden von ihm nicht wieder sicher nach Hause zurückkamen.

„Hätte ich doch nur früher gehandelt, dann wärt ihr jetzt vielleicht noch am Leben." Sehr oft hatte er diesen Gedanken durch seinen Kopf gejagt. Nicht selten hatte ihm das Tränen in die Augen getrieben, so wie jetzt auch. Endlich konnte er zu sich selbst sagen, dass er rechtzeitig gehandelt hatte.

„Ich bereue meine letzte Entscheidung kein bisschen, im Gegenteil, ich bin froh, dass ich sie getroffen habe.“ Mit diesen mit letzter Kraft ausgesprochenen Worten schloss er seine Augen, ließ seine Arme zur Seite sinken und wartete darauf, dass es vorbei war.

Als er einen schneidenden Schmerz an zwei seiner Finger spürte, fasste er wieder neue Kräfte. Schlagartig öffnete er die Augen, drehte seinen Kopf und sah nur wenige Zentimeter entfernt eines der Messer. In der Eile des Gefechts hatte er die Toten, die überall herumlagen, ignoriert. Er sah wieder Hoffnung und packte nach dem Messer. Sein Gegner erkannte den Kampfeswillen und stürzte sich auf den alten Mann, der es gerade noch schaffte, das Messer zu schwingen. Fast zeitgleich drangen die Klingen in die Körper ein. Während es bei dem Anführer nur die Bauchgegend erwischte, schaffte dieser es Ishikawa mit einem Streich seinen Hals aufzuschneiden.

„Du warst ein würdiger Gegner.“ Blut floss unaufhörlich und bedeckte bald den ganzen Boden um ihn herum sowie den Mann, der dafür verantwortlich war. Ishikawas graue Haare erstrahlten nun in einem dunklen Rot.

„Wie kommen wir jetzt hier raus, wenn es stimmt, dass wir erschossen werden, sobald wir da hochgehen.“

„Probiere es doch einfach mal aus, zum Wohle der Mission“, witzelte der Anführer. Mit einem Ruck zog er das Messer aus seinem Bauch und warf es klirrend neben sich auf den Boden. Er presste seine Hand auf die Wunde, während er den Mann vor sich beäugte.

Dieser folgte ohne zu zögern dem Befehl, obwohl es seinen Tod bedeuten könnte. Oben angekommen konnte er seine drei toten Kameraden am Boden liegen sehen, allerdings keinen Schützen. Doch dafür sahen die Schützen ihn, Nobu hatte perfekte Sicht auf ihn und feuerte, ohne zu zögern. Er traf etwas oberhalb der Brust, doch es reichte aus. Der Getroffene fiel rückwärts den Vorsprung hinunter und schlug mit einem dumpfen Ton tot unten auf. Er hatte den Dreh noch nicht so ganz raus und das frustrierte ihn.

„Wir werden also wirklich sterben, wenn wir hier rauswollen. Na dann wollen wir doch mal sehen, wer länger durchhält.“ Mit einem Lächeln sprach er die Herausforderung aus.

Nobu wollte noch zehn Minuten warten und sich dann der Sternwarte nähern, um ihnen endgültig den Garaus zu machen. Das war zwar nicht Teil des ursprünglichen Plans, doch das galt auch für Ishikawa, und er wollte seinen Tod nicht vergebens gewesen sein lassen.

Zusammen mit Daisuke näherte er sich vorsichtig der Kuppel, da zehn Minuten lang keiner mehr rausgekommen war. Beide hatten das Gewehr die ganze Zeit schussbereit. Die Attentäter hatten denselben Plan und schickten ebenfalls einen weiteren Mann nach oben. Und das Letzte, was dieser Mann sah, waren zwei Kinder, die sich vorsichtig auf ihn zubewegten und bei Sichtkontakt einen Kopfschuss landeten. Als der dumpfe Klang des toten Körpers zu hören war, wussten die beiden, dass jetzt die Zeit war, um zu handeln. Sie nahmen die Leiter und verschoben sie in einen Bereich, der vom Inneren der Kuppel nicht einsehbar war.

Während Nobu unten den Boden absicherte, ging Daisuke auf den äußeren Vorsprung und legte das Gewehr an. Der Wind umspielte sein Gesicht und wirbelte gleichzeitig seine Haare auf. Er schaute sich durch das Suchfernrohr im Saal um und entdeckte neben den verbliebenen vier Attentätern den Leichnam seines Freundes Ishikawa, der in einer riesigen Blutlache lag. Trauer und Wut erfüllten seinen Geist gleichermaßen.

Er zielte und drückte ab, woraufhin nur noch drei Leute in dem Saal am Leben waren, die sofort in Deckung gingen. Dennoch konnte er alle sehen, doch nur einen von ihnen von seiner aktuellen Position aus erschießen. Keine weitere Sekunde hatte er gewartet, ein weiterer Schuss ertönte und ein weiterer fiel in seinem Versteck tot um. Bevor er die Leiter runterkletterte, warf er die Patronenhülse aus. Gemeinsam mit Daisuke schob Nobu die Leiter auf die andere Seite der Öffnung. Wieder war es Daisuke, der hochkletterte. Der Junge sah sich kurz um und entdeckte, wie einer der beiden aus seinem Versteck spähte, die Chance blieb nicht ungenutzt. Jetzt war nur noch ein Einziger übrig.

„Das alles ist so viel größer, als ihr es euch jemals ausmalen könnt. Mit unserem Tod habt ihr den Stein nur ins Rollen gebracht." Es wirkte wie das Gerede von einem Mann, der Angst hatte zu sterben, weswegen er ihm keine weitere Beachtung schenkte. Er zeigte sich und begann überheblich zu lachen, wobei er die Arme zu einem Kreuz formte und sich seinem Schicksal ergab.

Daisuke zielte und erinnerte sich zurück an die Zeit, die er zusammen mit Ishikawa erleben durfte und dass sie nun vorbei war. Eine Träne lief seine Wange runter, als er abdrückte. Der Geruch des Schießpulvers sollte ihm nun auf ewig mit Ishikawas Tod in Verbindung bleiben. Er warf die Patronenhülse aus, die in die Blutlache kullerte und gegen den Leichnam von Ishikawa stieß. Als letzte Tat schnitt er das Seil durch, das sie benutzten, um wieder nach oben zu gelangen. Ganz langsam kletterte er die Sprossen herunter in dem Wissen, dass es nun vorbei war. Doch das Opfer, das dafür zu erbringen war, war unerwartet und viel zu groß. Endlich auf dem Boden angekommen brach der Junge in Tränen aus und Nobu hielt ihn tröstend in den Armen. Auch ihm rinnen die Tränen die Wange runter, zwar kannte Nobu Ishikawa bei weitem nicht so gut wie sein bester Freund, doch war es auch für ihn traurig, dass er tot war.

„Es ist vorbei, es ist endlich vorbei." Nobu versuchte Dai mit der positiven Nachricht des Tages zu trösten, doch dieser hörte ihm nicht zu.

„Wir müssen wieder da rein und unser Zeug holen." Nobu wollte ihn mit einer Aufgabe beschäftigen.

„Du musst da alleine runter, ich … ich will das da nicht noch einmal sehen." Nobu war einverstanden, solange er die Leiter festhielt. Obwohl er wusste, dass alle tot sein sollten, griff er zur Waffe und entsicherte sie nur für den Notfall. Zuerst war das Handy im

Bad dran, die anderen sollten ebenfalls Bescheid wissen, dass es vorbei war. Dann erst waren die Rucksäcke und die überall verstreut liegenden Klamotten an der Reihe. Er hatte Mühe, nicht ständig zu der Leiche seines ehemaligen Freundes zu schauen. Aus Mitleid schnappte er sich ein Bettlaken und legte es über den toten Körper, um ihn zu bedecken. Schlagartig färbte sich das Lacken rot. Die ganze Zeit spürte Nobu eine gewisse Anspannung in dem Raum. Nobu nahm sich das Seil, das abgeschnitten auf dem Boden lag, und knotete die Hälfte der Rucksäcke daran fest. Das andere Ende nahm er mit nach oben, wo er es durch den Griff der Kuppel fädelte. Er hängte sich daran und segelte langsam nach unten, in Windeseile baute sich der schlaue Kopf einen einfachen Flaschenzug. Es galt nun das Seil irgendwo festzumachen. Letzten Endes wurde es ein Kleiderhaken in der Nähe. Wieder oben ließ er einen Rucksack nach dem anderen mit einem zweiten Seil nach unten. Das wurde noch zweimal wiederholt, beim letzten Mal mit den kleinen Rucksäcken aus dem Kaufhaus.

Beide warteten sie auf ihren Rucksäcken sitzend auf ihre Freunde, die sich zuvor in Sicherheit gebracht hatten. Es dauerte fast eine halbe Stunde, bis sie wieder zurück waren. Was sofort auffiel, war, dass sie nur zu zweit waren.

„Wo ist Ishikawa?“ Die beiden Jungs schauten sich an und wussten nicht, wie sie es sagen sollten.

„Also es ist so.“ Nobu, dem nur selten die Worte ausgingen, wusste nicht, wie er es schonend rüberbringen konnte. „Er ist auf eigene Faust ins Innere gegangen und hat für uns alle hier sein Leben gelassen. Nur dank ihm konnten wir es schaffen zu siegen.“

„Nein, bitte sag, dass das ein Witz war.“ Sie wollten es nicht wahrhaben.

„Leider nein.“ Nun brachen auch unter denen, die ihn nicht einmal zwei Wochen kannten, die Tränen und die Trauer aus. Jinpei bedauerte es, dass er dem alten Mann zuvor vorgeworfen hat, dass er sich selbst in Sicherheit bringen würde, sollte es gefährlich werden.

Kapitel 24 Das Leben geht weiter

An diesem Tag sollte eigentlich der Sieg gefeiert werden, doch stattdessen wurde in Stille getrauert. Sie sahen nun nicht mehr wie Menschen aus, sondern vielmehr wie Untote, mit ihren roten Augen, den hängenden Schultern und einem leeren Blick. Besonders bei Nobu und Daisuke war es schlimm, speziell bei Letzterem, der ihn von allen am besten kannte. Nobu konnte bis heute nie verstehen, warum Menschen trauerten, das war für ihn einfach eine chemische Reaktion im Körper, doch nun wusste er, dass es mehr war als nur das. Er wünschte sich es nie wieder spüren zu müssen. Ab sofort musste er die Verantwortung tragen, da nun niemand mehr da war, der es für ihn hätte machen können.

„Du kanntest ihn doch als Einziger außer Dai schon vor all dem hier, oder?“ Harui war sich sicher, doch bemerkte er, dass auch er niedergeschlagen war, und ihn aufmuntern wollte.

„Ja aber bei weitem nicht so gut wie Daisuke.“

„Und wie war er so, besonders als Vaterersatz?“

„Er war sich der Verantwortung, die er trug, immer bewusst und konnte mit fast jeder Situation umgehen. Er war verdammt gut darin deine Laune zu heben.“ Er schaute Richtung Himmel, als wolle er ihm ins Gesicht sehen und ihn mit dem letzten Satz um Hilfe bitten. Doch niemand wird ihm helfen, er muss von nun an alleine mit der Gruppe zurechtkommen. Dabei fiel ihm ein Satz ein, den Daisuke vor Kurzem erst sagte: „Du solltest uns mehr vertrauen und öfter auf uns hören.“ So seine Worte. Er wollte von nun an genau das tun, denn er würde Hilfe gebrauchen können, um diese Gruppe am Laufen zu halten.

Das Mittagessen mussten sie am Straßenrand einnehmen, sie nutzten das verbliebene Gas des schon zuvor relativ leeren Gaskochers, um das Essen zu erhitzen. Jedoch wusste Nobu noch vom Vortag, dass es viel zu lange dauern würde alles einzeln zu machen, weswegen er schnell in den Wald direkt nebenan ging, um Feuerholz zu suchen. Die Hitze des Bunsenbrenners sorgte dafür, dass sich das Holz auch ohne Anzünder schnell entfachte. Auf der größeren Fläche war es nun ein Leichtes, mehrere Dosen auf einmal zu erhitzen, und gleichzeitig wurde beim Gas gespart.

Der gepflasterte Weg ging nun links den Weg runter, doch auf der Karte, die sie im Internet gesehen hatten, führte er sie nicht geradewegs nach Norden, weswegen Nobu schon ziemlich früh auf seine Freunde hören wollte.

„Welchen Weg wollen wir gehen, links haben wir einen echten Weg, rechts müssten wir zwar durch den Wald, würden aber früher ankommen." Die Entscheidung war einstimmig. Zeit war ihr größter Feind, auf den Luxus hatten sie schon lange verzichtet. Sie hatten bereits einen Tag verloren, außerdem konnte niemand sagen, wie weit „das Nichts" noch weg war.

Rei machte sich die ganze Zeit Sorgen um Daisuke. Sie war überhaupt nicht dazu im Stande sich vorstellen zu können, was er im Moment durchmachen musste. Für ihn war Ishikawa mehr als nur ein Freund gewesen. Nach dem Tod seiner Eltern war Ishikawa eine Art Ersatzfamilie für ihn, er hatte ihm in den wenigen Jahren mehr beizubringen versucht, als seine echten Eltern es vermutlich vermochten.

„Hey, hör mal, wenn du reden möchtest, ich bin für dich da."

„Schon in Ordnung, alles, was ich gerade brauche, ist ein bisschen Ruhe." Das waren die ersten Worte, die Daisuke seit dem Kampf sagte.

„Na gut, komm einfach auf mich zu, wenn du Gesellschaft brauchst." Sie wusste, dass nicht alles in Ordnung war, doch es wäre nicht unbedingt besser geworden, wenn sie ihn dazu gezwungen hätte mit ihr zu reden. Besorgt ging sie weiter, konnte Daisuke aber nicht aus den Augen lassen.

„Ich verstehe, dass alle nicht in bester Stimmung sind, doch wir müssen uns wieder zusammenreißen und uns auf die Reise konzentrieren.“ Nobu hatte zwar dieselbe Stimmung, doch musste er jetzt dafür sorgen, dass die Reise ein Erfolg werden würde.

Am Abend war auch das große Lagerfeuer nicht in der Lage, die Stimmung wieder zu erhellen. Das Essen hatte ziemlich fad geschmeckt, noch fader als es von Fertiggerichten so üblich war. Die Stille wurde nur vom Knistern des Feuers unterbrochen, erst später gesellte sich dazu noch der Klang einer Mundharmonika. Die wiederum eine düstere Stimmung aufkommen ließ, aber es doch irgendwie vermochte die Stimmung zu heben. Daisuke hatte sie in der Hand, spielte irgendein Lied darauf.

„Jetzt noch ein Klavier und wir könnten ‚Piano Man‘ spielen“, sagte Rei scherzhaft.

„Wo hast du das denn gelernt?“ Jinpei war ganz neugierig.

Daisuke nahm sie herunter und antwortete ihm.

„Das hat mir Ishikawa mal beigebracht, er sagte, dass sie früher oft beim Militär gespielt hätten.“ Er schwelgte in Erinnerungen, als er die Mundharmonika erneut ansah.

„Das ist ja cool.“ Jinpei war richtig fasziniert davon. „Denkst du, dass ich das auch lernen könnte?“

„Klar warum nicht, ich kann es dir ja beibringen.“ Daisuke wirkte schon direkt fröhlicher. Er freute sich darüber das Wissen, das er von Ishikawa erlernt hatte, weitergeben zu können. Nobu nahm aus seinem Rucksack etwas heraus, das nach einer zweiten Mundharmonika aussah.

„Hier du kannst die hier benutzen, die habe ich heute Morgen beim Gepäck gefunden und gedacht, ich nehme sie einfach mal mit.“ Jinpei schaute sie mit begeisterten Augen an.

„Die gehörte Ishikawa.“ Mit dieser Bemerkung senkte er die Begeisterung des Jungen wieder ein großes Stück. „Aber das macht nichts, er hätte sicher nichts dagegen, wenn du sie nehmen würdest." Mit einem betrübten Nicken setzte sich Jinpei neben Daisuke und schaute ihm aufgeregt dabei zu, wie er das Instrument bediente, und bekam einige der Griffe erklärt.

„Dein Bruder ist bemerkenswert", sagte Nobu zu Harui, die ihn nur fragend anschaute. „Ich meine damit, dass er es geschafft hat Daisukes Laune zu bessern, ohne dass er es vorgehabt hatte."

„Daisuke sieht in ihm so eine Art jüngeres Spiegelbild und sich selbst jetzt wohl in der Rolle von Ishikawa." Rei fühlte immer mehr von Daisuke angezogen.

„Ich finde es auch interessant, dass er von sich aus auf ihn zugegangen ist. Vor zwei Wochen musste ich ihn noch dazu drängen auf ihn zuzugehen." Auch Umeko war nicht entgangen, dass sich Jinpei geändert hatte. „Aber findest du es wirklich in Ordnung, dass wir hier Musik spielen."

„Natürlich, wer sollte bitte auf uns aufmerksam werden, etwa ein Reh?" Nobu war davon überzeugt, dass nichts passieren konnte. „Es gibt niemanden, der uns noch schaden möchte. Diese Killer haben wir ausgeschaltet. Und so eine Sache wie in der Stadt oder das mit den Jägern war einmalig und wird sich sicher nicht wiederholen." Nobu konnte am Morgen nicht hören, was der Killer Daisuke mit seinen letzten Worten zugerufen hatte. Daisuke hielt es zudem auch nicht für wichtig genug, um es Nobu gegenüber zu erwähnen. Aber dennoch hatte Umeko Recht, man konnte niemals vorsichtig genug sein. Sie waren ganz sicher nicht die einzige Gruppe, die dort draußen zu Fuß nach Tokio unterwegs war. Und deren Vorräte neigten sich vermutlich auch bereits dem Ende zu. Wenn sie auf eine Gruppe treffen würden, denen ihr Überleben wichtiger war als die Menschenrechte, hätten sie erneut Probleme.

„Okay, wir werden wieder Nachtwache halten, doch das werden wieder die längeren Schichten wie ganz am Anfang in der Wohnung." Er schaute Umeko an, als bräuchte er ihre Erlaubnis, um irgendwelche Entscheidungen zu treffen.

„Da hab ich nichts dagegen. Stehen wir dann auch wieder früher auf?"

„Ja genau, so haben wir wieder mehr vom Tag und kommen vielleicht auch ein bisschen weiter. Und wegen der Musik würde ich mir keine Sorgen machen. Die ist ja nur so lange da, wie wir alle wach sind, danach herrscht ja wieder Ruhe." Umeko schaute ihn skeptisch an, wusste aber, dass nichts, was sie sagen könnte, ihn hätte umstimmen können.

„Denkst du, wir sind die Einzigen hier draußen?" Harui schaute ihn fragend an.

„Ich bezweifle es, denk nur mal an die Jäger oder die Menschen von der Straße mit den ganzen verlassenen Autos. Es wird bestimmt noch viele andere geben, die zu Fuß unterwegs sind. Aber jeder, der unserem Weg bis hierhin gefolgt ist, wird uns meiden wollen, so gut es geht." Er dachte kurz an die Ereignisse der vergangenen Tage. „Ein paar tote Jäger, eine ganze abgebrannte Stadt mit einem Haufen von Toten und zu guter Letzt die Toten oben in der Sternwarte, mit uns wird sich kaum einer anlegen wollen, da bin ich mir sicher. Zumindest keiner, der das alles gesehen hat."

„Wie gehen wir jetzt weiter, haben wir ein bestimmtes Ziel oder laufen wir einfach nur Richtung Norden?", fragte Rei den neuen Anführer der Gruppe.

„Lebensmittel haben wir noch genug, also sollten wir versuchen Städte erstmal zu meiden und weiter durch die Wälder gehen. So minimieren wir das Risiko auf Menschen zu treffen." Bei jedem Tier, dem sie begegnen, wollten sie versuchen es zu jagen.

Harui fragte Nobu während ihrer gemeinsamen Schicht: „Wie willst du jetzt weitermachen?"

„Na wie schon, ich werde weiterhin alles dafür tun, dass wir es sicher nach Tokio schaffen. Auch wenn es jetzt um einiges schwieriger werden wird. Denn Ishikawa hatte mehr Erfahrung als wir alle."

„Na und, gegen deine Intelligenz würde das auch nicht weiterhelfen, oder." Harui lobt ihn immer in den höchsten Tönen.

„Das eine hat mit dem anderen nichts zu tun. Mit Lebenserfahrung kann man auf Ideen kommen, auf die ich nie im Leben kommen würde." Leider musste er ihre Erwartungen in ihn senken.

„Oh okay, ich verstehe." Sie zögerte kurz, bevor sie ihre nächste Frage stellte: „Darf ich mich an dich anlehnen?" Sie hatte Angst vor dem, was weiterhin passieren könnte, und brauchte einfach eine starke Schulter zum Anlehnen.

„Natürlich." Nobu konnte sie gut verstehen, auch er hatte Angst, doch versuchte es nicht nach außen zu zeigen, um seiner Gruppe ein starker Anführer zu sein.

Sie legte ihren Kopf auf seine Schulter, schaute jedoch in eine andere Richtung als er, um einen anderen Bereich abzudecken.

„Ich liebe dich."

„Was?" Nobu konnte alles verstehen, aber genau deswegen war er sich nicht sicher über das, was sie da gerade zu ihm sagte.

Harui wiederholte die drei Worte noch einmal, diesmal sogar noch selbstbewusster als zuvor: „Ich liebe dich."

Nobu wusste nicht, was er darauf antworten sollte, da er noch nie in so einer Situation gewesen war.

„Das kam jetzt überraschend, wieso so plötzlich?" Nobu wollte noch mehr Zeit für sich rausholen.

„Weil mir heute schmerzlich bewusst geworden ist, dass jeder von uns beiden morgen tot sein könnte. Deswegen wollte ich, dass du es zumindest weißt, du musst mir auch keine Antwort darauf geben." Nobu unterbrach sie.

„Ich wusste es schon längst."

„Das habe ich mir schon gedacht, es war ja nicht gerade unauffällig, wie ich gehört habe."

„Nein nicht wirklich." Beide fingen leise an zu lachen. „Aber wieso überhaupt, das habe ich mich schon immer gefragt."

„Es ist einfach. Du bist charmant, schlau, gutaussehend und würdest alles tun, um deine Freunde zu beschützen."

Nobu hatte keine Antwort für sie, zwar war sie mittlerweile mehr als nur eine Freundin für ihn, doch war er sich nicht sicher, ob es schon so weit war, dass er von Liebe sprechen konnte. Sie hatten in den letzten Tagen viel zusammen durchgemacht und sie wurde auch immer mutiger. Die Harui von vorher hätte sich in zwei Jahren noch nicht getraut ihm ihre Gefühle zu gestehen.

„Kann ich dir die Antwort später geben?“ Nobu wirkte verunsichert.

„Natürlich, ich hab ja gesagt, dass ich keine Antwort von dir erwarte. Ich wollte es dir nur sagen.“ Auch wenn sie nicht erwartet hatte, dass er antwortet, war sie ein bisschen traurig darüber und schmiegte sich noch enger an ihn.

Er streichelte mit seiner Hand über ihren Kopf. Dabei bemerkte er, dass sie wieder ihre Zöpfe nicht drin hatte. Das war ihm am Tag gar nicht aufgefallen. Sie sah ohne die Zöpfe erwachsener und nicht mehr so kindlich aus. Außerdem wirkte sie so viel attraktiver und auch reifer. Sie hatte zwar immer noch ein wenig von dem Kindlichen, aber es war bei weitem nicht so extrem wie noch die Tage davor.

„Sie wird wohl schneller erwachsen, als sie eigentlich vorhatte“, dachte sich Nobu mit einem Blick auf sie. Da war ihre Schicht auch schon wieder vorbei.

„Es wird Zeit, dass wir Rei und Umeko aufwecken.“

„Gute Nacht“ Er war hundemüde und überließ ihr das Wecken der Anderen.

„Gute Nacht“, gab sie zurück.

Am nächsten Morgen sah Daisuke schrecklich aus, er hatte Augenringe so tief wie Vulkankrater von den ganzen Tränen, die vergossen wurden. Aber auch die anderen sahen nicht unbedingt besser aus. Sie hatten noch nie so schlecht geschlafen.

„Du siehst echt scheiße aus.“ Nobu scherzte über Daisukes Aussehen.

„Du siehst nicht unbedingt besser aus“, gab dieser zurück. Alle fingen daraufhin an zu lachen. Daisuke war wieder mehr oder weniger der Alte. Er verstand ziemlich schnell, dass es niemandem eine große Hilfe wäre, wenn er weiterhin Trübsal geblasen hätte.

„Schön dass es dir wieder besser geht." Rei war es ebenfalls aufgefallen und sprach ihn deshalb beim Frühstücken darauf an.

„Hast du dir etwa Sorgen gemacht?", fragte er neckisch.

„Ja natürlich." Sie wollte ihn nicht anlügen.

„Oh das kommt jetzt aber überraschend."

„Wieso kommt das überraschend, nenn mir einen Grund, wieso ich mir keine Sorgen machen müsste."

„Keine Ahnung, aber wenn ich so wirke, ist es ja gut; es würde nämlich niemandem helfen, wenn ich schlechte Laune verbreiten würde."

Währenddessen klärte Harui ihre beste Freundin über die Ereignisse der letzten Nacht auf.

„Und was hat er gesagt?" Umeko wirkte ganz aufgeregt.

„Er hat nur gesagt, dass er es schon davor wusste."

„Sonst nichts?" Sie hatte sich mehr erhofft und war enttäuscht worden. Was aber beide nicht bemerkten, war, dass Nobu Harui die ganze Zeit im Auge hatte und ebenfalls über die Ereignisse der letzten Nacht nachdachte.

„Sie hat sich ziemlich geändert, seit wir unterwegs sind", war alles, an das er denken konnte. „Allgemein haben sich alle geändert. Sie haben sich an das Leben angepasst, dass sie jetzt führen müssen, um zu überleben. Es sind zwar bei weitem noch nicht alle bereit den Abzug zu drücken, doch sie sind auf einem guten Weg", spann er seine Gedanken weiter.

„Okay, mal alle herhören. Ich habe euch etwas mitzuteilen." Alle hielten an und drehten sich zu Nobu um.

„Bisher haben wir gesagt, dass nur Daisuke und ich Waffen tragen dürfen, doch es wird Zeit, dass sich auch der Rest daran gewöhnt sie zu tragen. Ich habe in der Sternwarte noch ein paar zusammengetragen." Er öffnete die Tasche und holte einige Schusswaffen wie auch Messer hervor. „Rei bekommt das dritte Jagdgewehr und ebenfalls eine Pistole. Umeko, du bekommst ebenfalls eine. Harui oder Jinpei, wer von euch will die letzte Pistole?“ Die Zwillinge schauten sich kurz an, bevor Harui sich meldete. Sie dachte, dass sie so mehr von der Last verstehen würde, die Nobu die ganze Zeit auf sich nahm. Es war ein Sechsschussrevolver und hatte somit die wenigsten Kugeln zum Abfeuern.

Er machte mit seiner Ansprache weiter. „Wovon wir genug für jeden haben, so dass er zwei bekommen kann, sind Messer. Aber passt bei beiden Waffen auf, dass ihr sie wirklich nur im Notfall einsetzt. Das gilt besonders für die Schusswaffen, denn wir haben nur die Munition, die direkt darin ist. Wenn wir also keine Kugeln mehr haben, sind sie nichts weiter als ein Haufen Metall, der gut in der Hand liegt. Also sollte jeder eurer Schüsse wohl überlegt sein. Habt ihr das verstanden.“

Alle antworteten mit einem einstimmigen „Ja“ und die Ansprache ging weiter.

„Von nun an werde ich diese Gruppe leiten und mein Bestes dafür tun, dass wir es sicher nach Tokio schaffen werden. Wenn jemand etwas dagegen hat, soll er seine Bedenken bitte jetzt äußern.“ Alle schwiegen, da sie sich keinen besseren Anführer vorstellen konnten als ihn. Danach ging die Reise weiter.

Ende des ersten Buches